LA VIE DE VAINQUEUR

LA BASE DE

LA VIE

CHRÉTIENNE NORMALE

WATCHMAN NEE

Living Stream Ministry
Anaheim, California • www.lsm.org

Troisième édition, septembre 2010

Traduit de l'anglais
Titre original : *The Overcoming Life*

(French Translation)

ISBN 978-1-57593-914-8

23 24 25 25 / 12 11 10 9

Distribué par

Éditions CdV
268 boulevard Gambetta, 59200 Tourcoing
www.courantdevie.fr
contact@courantdevie.fr

Publié par

Living Stream Ministry
2431 W. La Palma Ave., Anaheim, CA 92801 U.S.A.
P. O. Box 2121, Anaheim, CA 92814 U.S.A.

Imprimé en France par Présence Graphique à Monts

TABLE DES MATIÈRES

PRÉFACE

Ce livre *La Vie de vainqueur* se compose de messages délivrés par Watchman Nee en 1935. À l'exception du chapitre quatre, ces messages furent donnés à Shanghai en septembre et en octobre. Le chapitre quatre fut délivré à Chuenchow, dans la province de Fukien, au cours du mois de novembre de la même année. Ces messages révèlent que le Christ excellent qui est en nous est notre victoire. Leur contenu est riche et précieux. Puisse le Dieu qui ordonne à la lumière de briller du sein des ténèbres, briller dans nos cœurs à travers ces mots et nous conduire à expérimenter toutes les richesses de la vie en Christ ! Amen !

Chapitre Un

NOTRE EXPÉRIENCE

Références bibliques : Rm 7.21, 3.23

LA VIE QUE DIEU A ORDONNÉE POUR UN CHRÉTIEN

La Bible nous montre que Dieu a ordonné, pour chaque chrétien, une vie emplie de joie, de paix, en communion totale avec Dieu et entièrement conforme à Sa volonté. La vie que Dieu a préparée pour un chrétien est une vie détachée des convoitises du monde. Elle chemine séparée du péché et est victorieuse sur le péché. Elle est sainte, puissante et victorieuse. Elle connaît la volonté de Dieu et est en communion ininterrompue avec Dieu. Dans l'Écriture, c'est la vie que Dieu a ordonnée pour un chrétien.

Dieu a ordonné une vie qui est cachée avec Christ en Dieu. Par quoi cette vie peut-elle être atteinte, affectée, ébranlée ? Tout comme Christ est inébranlable, nous aussi sommes inébranlables. Tout comme Il est transcendant sur toutes choses, nous aussi sommes transcendants sur toutes choses. Notre position devant Dieu est la même que celle de Christ devant Dieu. Nous ne devrions jamais nous considérer comme étant destinés à la faiblesse et à l'échec. Dans la Bible, il n'y a pas de place pour une telle pensée chez un chrétien. On lit dans Colossiens 3.4 : « Christ, notre vie. » Christ est bien au-dessus de tout. Rien ne peut Le toucher. Alléluia ! C'est cela, la vie de Christ !

La vie que Dieu ordonne pour un chrétien est une vie emplie de paix et de joie. C'est une vie pleine d'activité, de dynamisme, et conforme à la volonté de Dieu. Mais quel genre de vie vivons-nous ? Si nous ne vivons pas la vie que Dieu a ordonnée, il nous faut vaincre et franchir les obstacles dans ce domaine. Par conséquent, il nous faut voir où nous en sommes aujourd'hui. Ce n'est pas un sujet sur lequel on s'exprime aisément. Certaines de nos expériences peuvent être bien tristes. Cependant, nous constaterons notre manque lorsque nous nous humilierons. Ce n'est qu'à ce moment que Dieu nous accordera la grâce.

HUIT GENRES D'ÉCHEC CHEZ UN CHRÉTIEN

Quel genre de vie vivons-nous ? C'est une vie liée par la loi du péché. « Car le vouloir est avec moi, mais la capacité de faire le bien ne l'est pas » (Rm 7.18). Notre vie est une vie d'échec ; elle est liée par le péché. Dieu nous a donné une vie si élevée, et cependant nous vivons une vie d'échec. Selon notre expérience et ce que nous disent les Écritures, un chrétien connaît huit formes d'échec, c'est-à-dire huit genres de péché.

Péchés spirituels

La fierté est un péché spirituel. La jalousie est un péché spirituel. L'incrédulité est un péché spirituel. Montrer du doigt les erreurs des autres est un péché spirituel. Le manque de prière est un péché spirituel. Douter de Dieu est un péché spirituel et ne pas nous abandonner à Dieu est aussi un péché spirituel. Certains ont la victoire dans le domaine spirituel, mais davantage échouent.

Autrefois, j'étais assailli par la fierté. Toute forme de fierté est un péché spirituel. Toute forme de fierté qui vous empêche de progresser représente un péché spirituel. Une personne fière ne supporte pas de voir que d'autres sont meilleures qu'elle, la surpassent dans les affaires du monde et dans le domaine spirituel. Si quelqu'un la devance au niveau spirituel, elle fera tout pour trouver ses défauts et l'humilier. La jalousie est un péché dans notre vie spirituelle aussi bien que dans l'œuvre du Seigneur.

Certains sont la proie d'un cœur méchant et incrédule. Si vous leur demandez s'ils croient ou pas, ils répondront qu'il n'y a pas un mot ou une phrase, dans la Parole de Dieu, auquel ils ne croient pas. Mais si vous leur demandez s'ils font confiance aux promesses de Dieu, ils admettront qu'ils en sont incapables. Dès qu'ils subissent la moindre épreuve, ils sont saisis de panique. Ils sont tout à fait incapables de faire confiance à la Parole de Dieu. Un jour, la femme de Martin Luther revêtit une robe d'enterrement et dit à son mari qu'il était dans une telle détresse qu'il semblait que son Dieu était mort.

Nombreux sont ceux dont la vie ou la communion avec Dieu ne sont pas adéquates. Jour après jour, ils vivent d'une façon déréglée. Ils passent leurs journées sans prier ni lire la Bible, éloignés de la face de Dieu, sans communion avec Lui. Ils passent même leurs journées à redouter la pensée de communier avec Lui. C'est une vie d'impiété. Nous avons péché, nous avons échoué et nous n'avons pas vécu d'une façon spirituelle. Nombreux sont ceux parmi nous qui ne se sont jamais appliqués à apprendre les leçons adéquates pour mettre de côté le moi.

On raconte que deux frères n'étaient pas en bons termes l'un avec l'autre à cause d'une broutille. Ils prenaient leurs repas ensemble, se servant au même plat. L'un sélectionnait toujours les morceaux de choix pour lui-même. Lorsque l'autre s'en aperçut, il ne dit rien pendant plusieurs jours. Au bout de deux semaines, il ne pouvait plus supporter cette attitude, et il se sépara de son frère. Le genre de personne que vous êtes se manifeste dans les petites choses que vous faites. J'aime beaucoup lire la biographie de Hudson Taylor. Lorsqu'il voyageait pour prêcher, il choisissait presque toujours la pire des chambres et le pire des lits. Bien que ce soient de petites choses, la manière dont une personne réagit révèle si elle vit devant Dieu ou pas.

Péchés de la chair

Il n'y a pas que des péchés spirituels. Il y a aussi les péchés de la chair. L'adultère est un péché de la chair, les regards indisciplinés sont un péché de la chair et des relations inappropriées avec d'autres sont aussi un péché de la chair. Nombreux sont ceux qui ont échoué à cause de ces choses. Nombreux sont ceux qui ont péché par leurs yeux car ces derniers n'ont pas été disciplinés. Beaucoup ont des relations déplacées avec leurs amis. Ce sont des péchés de la chair. Ce sont des péchés que l'on commet dans sa conduite. Certains péchés n'ont rien à voir avec le corps. D'autres sont en relation avec le corps.

Frères et sœurs, maîtrisez-vous vos yeux ? J'admets que de

nos jours, les yeux ont beaucoup d'occasions de pécher. Il vous faut traiter ce problème devant le Seigneur. Il y a de nombreux chrétiens qui ne feront jamais l'expérience de la vie de vainqueur que Dieu veut leur donner à moins que le Seigneur ne s'occupe de leurs yeux.

L'amitié est une autre chose qu'il nous faut surveiller de près. Un frère peut bâtir une amitié extraordinaire avec un non-croyant. Selon le monde, ce n'est pas un péché. Mais selon la vie ordonnée par Dieu pour un chrétien, cette amitié extraordinaire est un péché. C'est vrai aussi pour les sœurs. Un jour, un missionnaire d'Occident déclara que certains non-croyants avaient essayé de développer des amitiés extraordinaires avec lui. Lorsqu'il se rendit compte que c'était un péché, il rejeta ces amitiés.

Péchés de la pensée

Il n'y a pas que des péchés spirituels et des péchés de la chair. Il y a aussi des péchés de la pensée. Nombreux sont ceux qui n'ont pas de péchés spirituels. Dans une certaine mesure ils ont vaincu leur chair. Mais ils ne peuvent vaincre leurs pensées. Certains ont des pensées vagabondes. D'autres ont des pensées insidieuses, d'autres des pensées fluctuantes. Certaines pensées ne sont ni vagabondes, ni insidieuses, ni fluctuantes, mais elles sont impures ou illusoires. Certains sont emplis de doutes. D'autres sont obsédés par un désir pressant de tout connaître. Ils veulent tout savoir, et n'auront de cesse qu'ils n'atteignent ce but. Ceux qui ont ce genre de pensées n'ont pas fait l'expérience de la vie de vainqueur. Nous ne devrions pas penser qu'il n'y a rien d'anormal chez nous. Peu ont, en fait, la victoire sur leurs pensées. Beaucoup ont des pensées vagabondes, fluctuantes, et qui vont à la dérive. Avoir des pensées qui dérivent est sérieux, mais avoir des pensées impures l'est encore davantage. Certains ont des pensées impures qui subsistent en eux d'une façon tenace. Un jour, j'ai rencontré une sœur qui m'a confessé que ses pensées vagabondaient sans cesse. J'ai rencontré un autre chrétien qui m'a confessé que ses pensées étaient toujours impures. Cela montre que nous ne vivons pas la vie de Dieu. Il nous faut venir à bout de ces choses.

L'imagination a nui à de nombreux chrétiens, ainsi que le

doute. Par exemple, quand nous rencontrons un frère dans la rue et qu'il n'est pas très aimable, nous pouvons penser qu'il est en colère contre nous ou qu'il pense du mal de nous. Mais lorsque nous arrivons à la maison, nous pouvons apprendre que cette attitude inamicale était due au fait qu'il n'avait pas bien dormi la nuit précédente, qu'il avait la migraine ou qu'il passait par une épreuve terrible. Nous pensions qu'il s'agissait d'un problème qui était lié à nous, mais, en fait, nous n'étions pas en cause. Notre imagination nous cause souvent du tort, et cependant nous pensons souvent pouvoir discerner ce qui se passe dans le cœur des autres. Il nous faut prendre conscience du fait que seul le Seigneur peut sonder « les entrailles et les cœurs » (Ap 2.23). Beaucoup imaginent que d'autres sont comme ceci ou comme cela. Nous avons péché dans nos pensées. Nous avons porté trop de jugements. Nous nous faisons trop d'illusions. Frères et sœurs, nous devons venir au Seigneur et régler ces choses. Si nos pensées ne sont pas domptées, nous ne pouvons entrer dans une vie de victoire en Dieu.

Il y a un frère qui est obsédé par le désir de tout connaître. Il lui faut connaître le pourquoi de toute chose. Il analyse tout et veut tout savoir. Son intelligence est très active. Il n'a pas confiance en Dieu, et cependant il veut connaître absolument tout ce qui l'entoure. Frères et sœurs, ce genre de désir pressant de tout connaître est aussi un péché. Il nous faut aussi permettre au Seigneur d'œuvrer en nous.

Péchés dans le corps

Certains péchés sont liés au corps. Ce ne sont pas nécessairement des choses impures. Du point de vue humain, elles peuvent ne pas être de grosses choses. Mais pour un chrétien, il s'agit de péchés. Certains sont trop préoccupés par la nourriture, d'autres par le sommeil. Certains font trop attention à leur santé ou à leur tenue. Certains se laissent prendre par l'habitude du grignotage. D'autres aiment trop leur corps. Toutes ces choses sont des péchés devant le Seigneur.

Beaucoup de chrétiens sont liés par la nourriture. En tant que chrétiens, ils n'ont jamais jeûné. On peut deviner leur genre rien qu'en observant la façon dont ils mangent, dès qu'ils prennent leurs baguettes. Un frère déclara : « J'ai un gros appétit, un appétit de loup. » Frères et sœurs, le fait de trop manger est aussi un péché. Ceux qui ne peuvent se contrôler en matière de nourriture commettent un péché.

Certains font une tête terrible lorsqu'ils n'ont pas suffisamment dormi. Ils agissent alors avec impatience et parlent de manière incohérente. C'est aussi un péché.

Certains abusent des collations et dépensent une fortune là-dedans. D'autres font trop attention à leur tenue. Ils insistent toujours sur le fait de porter de beaux vêtements. Certains aussi sont obsédés par la santé. Tout doit être parfait pour eux. Ils considèrent ceci ou cela comme étant un poison, ou mauvais pour le corps. Tout est pour eux restriction et menace. Frères et sœurs, voilà des exemples d'obsession du corps. Trop de gens aiment trop leur propre corps. Ils n'acceptent pas la souffrance, et ne supportent pas même de s'approcher de ceux qui sont malades. Ils sont liés par leur corps. Paul déclara : « Je gifle mon corps et je fais de lui mon esclave » (1 Co 9.27). Il dompta son corps. Ne pas le faire est un péché. Nous devrions dompter notre corps. Beaucoup ont sacrifié leur prière du matin pour dormir plus longtemps. Beaucoup ont sacrifié à la nourriture le temps qu'ils auraient dû passer à lire la Parole. Beaucoup sont incapables de servir le Seigneur car ils accordent trop d'importance aux collations et à leur apparence extérieure. Toute négligence dans notre maîtrise de soi, dans ces domaines, est un péché.

Péchés liés au tempérament

Le tempérament est lié au caractère de l'homme. Il constitue ses traits personnels. Chaque personne est née avec un certain tempérament. Le Seigneur n'est pas venu nous délivrer seulement du péché, mais aussi de notre tempérament. Certains sont nés têtus. D'autres sont nés très légalistes. Pour eux, deux et deux font quatre. Ils sont très scrupuleux mais, en même temps, très rigides. Ce qu'ils considèrent comme juste est juste, et ce qu'ils considèrent comme faux est faux. Ils sont très inflexibles. Où qu'ils soient et quoi qu'ils fassent, ils se comportent toujours en juges suprêmes. Ils sont sans aucun doute souvent très justes, mais leur justice blesse. Ils manquent de bonté et de douceur envers leurs frères. Leur justice est dure et inflexible. Frères et sœurs, c'est aussi un péché.

D'autres sont trop faibles. Ils ont peur de porter des responsabilités. Ils acceptent tout. Ils sont exactement le contraire des têtus que nous venons de mentionner. Certains se fourvoient en pensant qu'un homme gentil est un homme saint. Mais combien d'hommes gentils Dieu a-t-il employés ? Le Fils de Dieu était-Il un homme gentil sur terre ? Frères et sœurs, ce genre de tempérament est aussi un péché et on devrait le reconnaître.

Certains ne sont ni trop durs ni trop gentils, mais ils aiment se montrer. Où qu'ils soient, ils veulent se faire remarquer. Où qu'ils aillent, ils veulent toujours parler. Même s'ils n'ont pas l'occasion d'intervenir, ils veulent quand même faire le tour de l'assistance et saluer chacun. Où qu'ils se trouvent, ils ne sont satisfaits qu'au moment où chacun a remarqué leur présence. Ils manifestent leur présence partout, et ils ne peuvent jamais se tenir tranquilles.

Certains frères sont très timides. Où qu'ils aillent, ils n'aiment pas se faire remarquer. Ils s'assoient toujours dans un coin. C'est aussi un péché, et il doit être traité par Dieu.

Certains frères sont très rapides. D'autres sont très lents. Un jour, un frère déclara : « Loué soit Dieu ! J'ai un tempérament vif. Je me mets vite en colère et j'oublie tout aussi vite. Je peux exploser le matin mais en cinq minutes tout est fini. Quand je pars au travail, j'ai tout oublié. » Cependant, sa femme et ses enfants souffrent toute la journée. Quand il rentre du travail, sa femme souffre toujours. Cela semble très étrange au mari. Il se considère même comme étant très bon ! C'est un péché, et il faut aussi qu'il soit traité.

Certains sont lents en tout. Ils peuvent laisser une affaire de côté une journée entière ou même dix jours. C'est de la paresse. Ce tempérament doit aussi être corrigé.

Chacun a ses propres particularités. Certains, tout en étant sauvés, sont très sévères envers les autres ; ils suscitent des conflits dans certaines situations. Tout compte pour eux. Ils ne profitent jamais des autres, mais ils ne permettent pas non plus aux autres de profiter d'eux. Ils ne blessent jamais les autres, mais si d'autres les blessent, ils agiront œil pour œil et dent pour dent. Ils sont très calculateurs et ne laissent jamais rien passer.

Certains ne sont pas sévères envers les autres. Mais ils sont très mesquins. Ils profitent des autres même s'il ne s'agit que de quelques centimes. Ils ne volent pas autrui, mais ils profitent même de leurs serviteurs et de leurs chauffeurs.

Certains sont très bavards. Où qu'ils aillent, il n'y a pas de temps mort. Ils font des commérages sur telle famille et critiquent telle autre. Certains sont volubiles en ce qui concerne les vérités. Il faut qu'ils racontent tout ce qu'ils savent. Certains aiment exagérer. Ils ne mentent pas, mais quoi qu'ils disent, ils exagèrent. Tous ces tempéraments sont en relation avec notre langage. Si nous désirons vaincre et vivre une vie de vainqueur, il nous faut régler toutes ces choses. Nous sommes incapables de nous en débarrasser. Il nous faut vaincre.

Il me faut parler de ces sujets car la marche quotidienne du chrétien d'aujourd'hui est loin d'être pieuse. Certains frères ne peuvent voir que les défauts des autres ; ils sont incapables d'apprécier leurs vertus. Seules des critiques sortent de leur bouche. Un jour, un frère du nord de la Chine fit une grande découverte concernant la victoire. Auparavant, il ne pouvait s'arrêter de critiquer. Lorsqu'une personne venait à lui, il lui faisait remarquer six ou sept choses qui n'allaient pas en elle. Lorsqu'une autre arrivait, il lui faisait remarquer six ou sept autres problèmes. Je dis à ce frère que s'il voyait chez les autres tant de problèmes, c'était parce que lui-même était le problème. C'était son tempérament, sa nature. Frères et sœurs, toutes ces choses sont des péchés. Tout chrétien vainqueur vit au-dessus de ces choses, au lieu de leur être soumis.

Le manque de volonté d'obéir à la Parole de Dieu

Non seulement nous péchons ouvertement, mais la Bible nous montre que faire preuve de négligence devant Dieu en ce qui concerne notre résolution d'obéir à Sa Parole est aussi un péché. Frères et sœurs, combien de commandements de Dieu avez-vous lus, et à combien avez-vous obéi ? Combien de maris aiment leurs femmes, et combien de femmes se soumettent à leurs maris ? Une femme dit un jour qu'elle savait qu'elle devrait se soumettre à son mari ; cependant, elle discutait toujours un peu avant de le faire. Elle finit par se rendre compte qu'elle n'avait jamais fait preuve de réelle soumission selon la norme du commandement de Dieu. Cela, bien sûr, est un péché.

Combien de chrétiens se rendent compte qu'être affligé est un péché ? La Bible nous dit qu'il faut sans cesse nous réjouir. Combien de chrétiens ont obéi à ce commandement ? Il faut nous rendre compte qu'être affligé est un péché. Quiconque ne se réjouit pas pèche. Dieu nous commande de ne nous inquiéter de rien. Si nous nous inquiétons, nous avons péché. Selon le commandement de Dieu, être affligé et s'inquiéter sont des péchés. Bien sûr, selon l'homme, ils n'en sont pas. Cependant, la Parole de Dieu dit que l'affliction et l'inquiétude sont des péchés.

Nous devrions rendre grâces pour tout. Dieu nous commande de le faire. Pour tout, il nous faudrait dire : « Dieu ! Je Te remercie et Te loue ! » Même lorsque nous rencontrons des difficultés, il nous faudrait quand même dire : « Dieu ! Je Te remercie et Te loue ! » Je connais l'histoire d'une femme qui avait neuf enfants. Elle pensait que la parole qui disait de ne pas être inquiet était vraiment une erreur, arguant qu'une mère devait être inquiète. Elle pensait que ne pas être pleine d'inquiétude était un péché. Elle avait perdu deux enfants à cause de son inquiétude, et elle pensait qu'elle devait élever les sept autres dans l'inquiétude. Cette sœur ne voyait pas que l'inquiétude est un péché. Elle pensait qu'il était de son devoir d'être inquiète.

Dieu ordonne de se réjouir sans cesse, de ne s'inquiéter de rien, et par dessus tout de rendre grâces en toutes circonstances. Ce sont la victoire et la force qui nous permettent de respecter le commandement de Dieu. Ceux qui sont incapables de vaincre ne peuvent respecter les commandements de Dieu.

Manquer de rendre à Dieu ce qu'Il exige

Dieu exige que l'on se consacre entièrement à Lui. Il exige

que nous Lui consacrions nos femmes et nos enfants, toutes nos affaires et la totalité de notre argent. Tout chrétien veut garder quelque chose pour lui-même. Mais, chers frères et sœurs, il nous faut prendre conscience du fait que, dans l'Ancien Testament, il est fait mention de l'ordonnance de la dîme, l'offrande d'un dixième. Dans le Nouveau Testament, notre consécration devrait être équivalente à dix dixièmes. Notre maison, notre terre, notre femme et nos enfants, ainsi que nous-mêmes doivent être entièrement consacrés à Dieu.

Beaucoup de chrétiens ont peur que Dieu ne les dérange. Il existait un chrétien qui avait très peur de se consacrer à Dieu. Il déclarait : « Si je m'offre à Dieu, qu'arrivera-t-il s'Il m'envoie des souffrances ? » Je lui répondis de façon sérieuse : « Quel genre de Dieu penses-tu que notre Dieu soit ? Si un enfant désobéissant devient complaisant et dit à ses parents qu'à partir de maintenant, il leur obéira, penses-tu que les parents feront exprès de lui demander de faire ce qu'il ne peut faire ? Penses-tu que les parents feront exprès de le faire souffrir ? Si tel est le cas, ils ne sont plus ses parents mais ses juges. S'ils sont vraiment ses parents, ils prendront sûrement soin de leur enfant. Penses-tu que Dieu fera exprès de te faire souffrir, de te jouer des tours ? Tu as oublié qu'Il est ton Père ! »

Frères et sœurs, seuls ceux qui sont consacrés à Dieu ont une réelle puissance. Ils peuvent remettre leurs affaires entre les mains de Dieu. Ils peuvent confier leur père, leur mère, leur femme et leurs enfants à Dieu. Ils peuvent placer leur argent entre les mains de Dieu. Ils ne prendront pas ce que Dieu leur a donné pour le gaspiller dans le monde. Ils ont consacré leur vie même au Seigneur. Ceux qui ont peur de consacrer à Dieu ce qui leur appartient, leurs biens matériels et leurs relations n'ont pas encore vaincu. Plus on consacre à Dieu, plus on a de force. Ceux qui consacrent volontairement à Dieu semblent presque encourager Dieu à prendre davantage. Ils semblent dire à Dieu : « S'il Te plaît, prends davantage ! » La vie de consécration est une vie joyeuse. C'est une vie de puissance. Si un homme ne se consacre pas, non seulement il a péché, mais aussi il manque de puissance.

Considérer l'iniquité et refuser de se repentir de péchés qui devraient être confessés

De nombreuses personnes ont réglé beaucoup de choses, mais, dans leur cœur, elles refusent d'admettre que celles-ci sont des péchés. Selon le Psaume 66.18, celles-ci voient « de la fraude » dans leur cœur. Leur cœur aime ces péchés. Elles ne veulent pas y renoncer. Il y a non seulement un désir de pécher, mais aussi l'amour du péché : elles les voient et ne veulent pas y renoncer. Il existe un amour caché envers le péché, un cœur qui refuse de voir les péchés en tant que tels. Nous n'admettrions jamais notre amour de ces choses et nous ne dirions jamais que nous les désirons ardemment, mais cependant notre cœur les poursuit avant même que nous agissions. Souvent, le péché n'est pas une question de comportement extérieur mais une question d'amour dans le cœur. Si nous voyons des iniquités dans notre cœur, il nous faut les surmonter.

Beaucoup ont non seulement un cœur enclin à l'iniquité, mais ils refusent aussi de reconnaître une grande partie de leurs péchés. Un croyant offense souvent un frère. Quand on le lui fait remarquer, il admet promptement qu'il a offensé le frère. Par conséquent, il modifie quelque peu son comportement. Il commence à mieux traiter le frère et lui serre plus chaleureusement la main et le reçoit avec plus d'affection. Frère et sœurs, tout ce que nous pouvons faire est changer d'attitude, mais Dieu ne reconnaît pas cela. Bien des choses nécessitent restitution. L'argent doit être rendu. Beaucoup de personnes n'ont pas le temps d'écouter nos longues histoires, mais il nous faut quand même confesser nos péchés.

En ce qui concerne la confession, la Bible ne dit jamais que nous devons parler aux autres, en détail, de nos péchés. La Bible ne nous dit jamais d'en faire un roman. Le Seigneur a dit : « Si ton frère péche... » (Mt 18.15) Peu importe le nombre de péchés commis. Quand un frère vient à nous et confesse : « Frère, j'ai péché contre toi, » il nous faut lui pardonner. Nombre d'histoires tues n'ont pas besoin d'être racontées. Aucune oreille, sur terre, n'est digne d'écouter toutes ces histoires, et aucune oreille, sur terre, ne pourrait toutes les supporter.

Frères et sœurs, combien de péchés nos cœurs chérissent-ils encore ? Combien de péchés sont-ils laissés intacts ? S'il existe quelque péché, il nous faut le vaincre. À moins de vaincre, nous serons incapables de prévaloir sur ces péchés.

VAINCRE EST NÉCESSAIRE ET POSSIBLE

Frères et sœurs, si vous êtes aux prises avec les péchés mentionnés ci-dessus, il vous faut sûrement vaincre. Je ne sais pas combien de ces huit différents péchés vous commettez. Peut-être n'en commettez-vous qu'un ou deux. Peut-être plus. Mais Dieu ne permettra pas à un péché, ou deux ou plus de vous entraver. Il est possible que vous observiez quelques défauts chez un frère, que vous détectiez d'autres imperfections chez un autre et que vous trouviez quelques autres points faibles chez un troisième. Mais, frères et sœurs, il n'est ni juste ni obligatoire d'avoir tant de défauts. Nous devrions rendre grâces et louer le Seigneur car tous les péchés sont sous nos pieds. Rendez-Lui grâces et louez-Le. Aucun péché n'est formidable au point qu'il faille le commettre. Rendez-Lui grâces et louez-Le. Aucune tentation n'est trop forte pour que nous ne la surmontions.

La vie que le Seigneur ordonne pour nous est une vie de communion ininterrompue avec Dieu. Tout chrétien peut exécuter la volonté de Dieu et tout chrétien peut être totalement libéré de ses affections naturelles. Tout chrétien peut vaincre complètement le péché et tout chrétien peut vaincre son tempérament. Tout chrétien peut tout consacrer complètement à Dieu et être délivré de l'amour du péché. Rendez grâces et louez le Seigneur. Il ne s'agit pas d'une vie idéaliste. On peut vraiment vivre ainsi.

ÊTRE HONNÊTES ET NE PAS NOUS MENTIR À NOUS-MÊMES

Il nous faut prier Dieu afin de ne pas nous mentir à nous-mêmes. Dieu ne peut bénir qu'une sorte de personnes : celles qui sont honnêtes envers Lui. Dans la prédication de Philippe, nous voyons que dès que l'on cesse de mentir à Dieu, Sa bénédiction arrive. Il nous faut dire : « Ô Dieu, je T'ai menti. Pardonne-moi. »

Lorsque nous prions de cette manière, le Seigneur nous bénit immédiatement. Frères et sœurs, peut-être avons-nous dit : « Ô Dieu ! Satisfais-moi. » Mais il faut nous rendre compte que ceux qui sont insatisfaits n'ont pas forcément faim. Afin d'être satisfaits, il nous faut avoir faim. Lorsque le fils prodigue quitta son père, il gaspilla tout et désira ardemment se rassasier des gousses de caroube que mangeaient les cochons. Personne ne lui donnait rien. C'est cela, être insatisfait. Certains sont insatisfaits tous les jours, l'estomac rempli de gousses de caroube. C'est une chose d'être insatisfait : c'en est une autre d'avoir faim. Comment pouvons-nous être satisfaits alors que nous sommes faibles et échouons constamment ? Bien que nous ne soyons pas satisfaits, nous nous nourrissons de cette manière et vivons ce genre de vie jour après jour. Ce qu'il nous faut, c'est non seulement l'insatisfaction, mais aussi la faim. Le Seigneur ne peut bénir qu'une sorte de personnes à cette conférence : les affamés. Dieu ne promet pas de combler les insatisfaits. Frères et sœurs, arrêtons tous les mensonges. Cela fait assez longtemps que nous mentons à Dieu. Frères et sœurs, nous avons échoué ! Nous avons échoué devant Dieu ! Se confesser de cette manière devant les hommes rend gloire au nom de Dieu. Rendez-Lui grâces et louez-Le ! Tous ceux qui sont honnêtes seront bénis. Rendez-Lui grâces et louez-Le ! Je crois que beaucoup rencontreront Dieu cette fois-ci, et Dieu les bénira.

Chapitre Deux

LA VIE CHRÉTIENNE TELLE QU'ELLE EST RÉVÉLÉE DANS LA BIBLE

Références biblique : Ep 1.3

L'EXPÉRIENCE DE L'ÉCHEC

Lors de notre conversion, la grâce de Dieu emplit nos cœurs de joie. Notre vie était alors pleine d'espoir. Nous pensions que désormais, tous nos péchés seraient sous nos pieds, que dorénavant, nous pouvions tout vaincre. Au moment de notre conversion nous avons pensé qu'aucune tentation n'était trop grande pour que nous ne la vainquions, et qu'aucune difficulté n'était trop importante pour que nous ne la surmontions. Notre avenir était rempli d'une glorieuse espérance. Pour la première fois, nous goûtions à la paix du pardon et à la saveur de la joie. Il était alors si aisé et si doux de communier avec Dieu. Nous étions remplis de joie et de bonheur. Le ciel était si proche de nous. Il n'y avait rien que nous ne puissions faire. À ce moment-là, nous pensions que chaque jour serait un jour de victoire.

Cependant, cet état merveilleux ne dura pas, et cet espoir merveilleux ne se matérialisa pas. Les péchés dont nous pensions être débarrassés sont soudain revenus. Les péchés que nous pensions avoir vaincus, abandonnés nous revinrent. Notre mauvaise humeur, notre fierté revinrent et notre vieille jalousie s'enflamma une fois encore. Nous avons peut-être essayé de lire la Bible mais sans résultat. Nous avons peut-être prié, mais la douce saveur n'était plus là. Disparu, le premier zèle pour les âmes perdues. L'amour commença à pâlir. Certains problèmes avaient bien été traités par Dieu, mais nous découvrîmes que d'autres étaient impossibles à vaincre. Notre chant quotidien devint un chant de défaite plutôt que de victoire. Nous assistâmes à plus d'échecs que de victoires dans notre vie quotidienne. Nous commençâmes à ressentir un grand manque en notre for intérieur. Lorsque nous nous comparions à Paul, Jean, Pierre et à ceux du premier siècle, nous ressentions qu'il y avait une grande différence entre leur expérience et la nôtre. Nous ne pouvions aider les autres. Nous ne pouvions que leur parler de la partie victorieuse de notre expérience. Nous ne pouvions leur parler du côté en nous, qui échouait. Nous sentions que nos jours de victoire étaient en nombre très réduit et que nos jours d'échec étaient nombreux. Nous étions tous les jours malheureux. C'est l'expérience courante de beaucoup de chrétiens.

Le jour de notre salut nous avions pensé que, puisque nos péchés étaient pardonnés, ils ne nous reviendraient jamais. Nous sentions qu'une fois que nous aurions la joie et la paix, celles-ci demeureraient en nous pour toujours. Malheureusement, les péchés et les tentations revinrent. Il y eut moins d'expériences exaltantes et les petites expériences devinrent courantes. Il y eut moins de moments heureux et les moments de tristesse devinrent habituels. En de telles circonstances, nous expérimentons deux choses. D'un côté, les tentations, la fierté, la jalousie et la mauvaise humeur reviennent. D'un autre côté, nous nous efforçons de nous contenir. Aussitôt que ces péchés reviennent, nous luttons pour les supprimer et pour les empêcher de se manifester. Ceux qui parviennent à se maîtriser pensent qu'ils ont vaincu. Ceux qui ont échoué vivent dans un cycle d'échec, de victoire, de péché et de remords. De ce fait, ils deviennent extrêmement découragés. Peu de temps après leur conversion, soit ils répriment consciemment leurs péchés, soit ils se résignent à la pensée que la victoire est impossible. Ils se découragent, sont abattus. D'une part, ils font l'expérience de quelque victoire. D'autre part, ils font aussi l'expérience de bon nombre d'échecs. Quand ils parviennent à se maîtriser, leurs péchés s'arrêtent temporairement. Mais quand ils échouent, ils avouent qu'ils ne peuvent éviter de pécher.

Frères et sœurs, j'aimerais vous poser une question devant Dieu : quand le Seigneur Jésus est allé à la croix, s'attendait-Il à ce que nous vivions le genre d'expérience que nous vivons aujourd'hui ? Quand Il fut crucifié sur la croix, savait-Il que nous serions victorieux un jour et échouerions le lendemain ? Que nous serions victorieux le matin et échouerions le soir ? Ce qu'Il a accompli sur la croix n'est-il pas suffisant pour nous amener à Le servir en sainteté et en justice ? A-t-Il versé Son sang sur la croix uniquement dans le but de nous délivrer de la punition de l'enfer, sans intention de nous délivrer aussi de la souffrance liée au péché ? En d'autres termes, Son sang versé sur la croix n'a-t-il servi qu'à nous épargner la douleur de l'enfer, sans nous épargner celle qui est produite par le péché d'aujourd'hui ? Ô, frères et sœurs, je ne peux m'empêcher de dire : « Alléluia ! » Le Seigneur a tout accompli sur la croix : Il a réglé le problème de la souffrance afférente à l'enfer et celui de la souffrance afférente au péché. Soulignons-le encore, Il s'est occupé non seulement de la souffrance occasionnée par la punition du péché, mais aussi de celle engendrée par la puissance du péché. Il nous a préparé un chemin de salut. Un tel chemin nous permet de vivre sur terre de la même manière qu'Il y a vécu. Son œuvre rédemptrice nous a donc sauvés pleinement, de l'enfer et de la puissance du péché. Nous n'avons pas besoin de vivre comme nous vivons aujourd'hui. Il nous faut dire : « Alléluia ! » car l'Évangile contient une bonne nouvelle pour les pécheurs perdus et une bonne nouvelle pour les pécheurs chrétiens ! Cette dernière doit être prêchée tout comme la croix nous a été autrefois prêchée. Alléluia ! Aujourd'hui, il existe une bonne nouvelle pour les pécheurs chrétiens !

LA VIE CHRÉTIENNE ORDONNÉE PAR DIEU

Dans le dernier message, nous avons vu notre propre expérience. Aujourd'hui, nous voulons considérer le genre de vie que Dieu a ordonné pour les chrétiens. Selon Dieu, quel genre de vie un chrétien devrait-il vivre ? Nous ne parlons pas des chrétiens mûrs, nous parlons de chaque chrétien sauvé et régénéré, chaque chrétien ayant reçu la vie éternelle. Quel genre de vie devraient-ils vivre ? C'est seulement quand nous saurons cela que nous verrons quelles sont nos insuffisances. Que dit la Bible au sujet de la vie chrétienne ? Considérons donc quelques passages de la Bible.

Une vie délivrée de tous les péchés

On lit dans Matthieu 1.21 : « Elle donnera naissance à un fils, et tu l'appelleras du nom de Jésus, car c'est celui qui sauvera son peuple de ses péchés. » Récemment, alors que j'étais à Chefoo et à Pékin, quelques frères firent remarquer que, dans le passé, ils aimaient appeler le Seigneur le Christ, mais que maintenant ils aimaient L'appeler « Jésus, mon Sauveur ! » On L'appelle Jésus car Il « sauvera Son peuple de ses péchés. » Nous avons reçu Jésus comme notre Sauveur. Nous avons obtenu la grâce du pardon. Rendons grâces et louons le Seigneur car Jésus est désormais notre Sauveur et nos péchés sont pardonnés. Mais qu'a fait Jésus pour nous ? « C'est lui qui sauvera son peuple de ses péchés. » C'est ce que Dieu a ordonné. C'est ce que Jésus a accompli. Maintenant, la question est de savoir si nous vivons encore dans le péché ou si nous en sommes délivrés. Notre ancienne mauvaise humeur vient-elle nous tourmenter ? Sommes-nous toujours liés par nos péchés et prisonniers de nos pensées ? Sommes-nous toujours aussi fiers qu'avant ? Sommes-nous toujours aussi égoïstes qu'avant ? Ou bien avons-nous été délivrés de nos péchés ? J'ai bien souvent utilisé l'illustration suivante : il y a une différence entre une bouée et un radeau de sauvetage. Quand un homme tombe à l'eau et qu'on lui lance une bouée de sauvetage, il ne se noiera pas s'il s'accroche à la bouée, mais il ne sera pas délivré de l'eau. Il ne coulera pas, mais il ne sera pas tiré hors de l'eau. Il n'est pas en train de mourir, mais il ne vit pas non plus. C'est différent avec un radeau de sauvetage. Dans ce cas-là, la personne qui se noie est tirée hors de l'eau et hissée dans le radeau. Le salut que nous offre notre Seigneur n'est pas le salut d'une bouée de sauvetage, mais celui d'un radeau. Il ne s'arrêtera pas à mi-chemin entre la mort et la vie. Il sauvera Son peuple de ses péchés. Il ne nous laisse pas dans le péché. Le salut biblique nous sauve donc du péché. Cependant, bien que nous croyions, nous ne sommes pas encore sauvés du péché, nous vivons encore dans le péché. La Bible a-t-elle tort ? Non, la Bible n'a pas tort, c'est notre expérience qui est fausse.

Qu'a fait encore Jésus quand Il est venu à nous ? Que dit la Bible à propos de Son œuvre ? Poursuivons.

Une vie en communion intime avec Dieu

On lit dans Luc 1.69 : « Et nous a suscité une corne de salut dans la maison de David, son serviteur. » On lit aux versets 74 et 75 : « Après avoir été délivrés de la main de nos ennemis, de le servir sans crainte, dans la sainteté et la justice, devant lui tout au long de nos jours. » Dieu nous a procuré une pleine délivrance dans la maison de David. Nous avons déjà cette pleine délivrance. En quoi consiste cette pleine délivrance et jusqu'à quel point a-t-elle été effective ? Dieu nous a délivrés des mains de nos ennemis. Quelle sorte de vie veut-Il que nous vivions après avoir été délivrés ? S'intéresse-t-Il alors seulement à ce que nous Le servions dans la sainteté et dans la justice ? Est-ce là tout ce qu'Il veut ? Si cela est vrai, nous ne Le servirons que parfois dans la sainteté et dans la justice. Mais, grâces soit rendues au Seigneur, Sa Parole dit que nous devrions Le servir dans la sainteté et dans la justice *tout au long de nos jours*. Nous devrions Le servir dans la sainteté et dans la justice aussi longtemps que nous vivrons sur terre. C'est le genre de vie que Dieu a ordonné pour nous. Nous devrions Le servir dans la sainteté et dans la justice chaque jour. Bien sûr, à notre plus grande honte, il nous faut admettre que nous ne L'avons pas servi dans la sainteté et dans la justice chaque jour, même si Dieu nous a délivrés de la main de nos ennemis. Soit ce que dit la Bible est faux, soit notre expérience est fausse. Pour que notre expérience soit juste, il faut que la Bible se trompe. Dans le passé, je me suis toujours demandé quel genre de vie la Bible attendait d'un chrétien. Selon la Bible, tous ceux qui sont sauvés par le Seigneur devraient Le servir dans la sainteté et dans la justice tout au long de leurs jours. Si la Bible se trompe, notre expérience peut être justifiée. Mais si la Bible a raison, notre expérience doit être fausse.

Une vie pleinement satisfaite dans le Seigneur

On lit dans Jean 4.14 : « Mais celui qui boira de l'eau que je lui donnerai n'aura jamais soif ; mais l'eau que je lui donnerai deviendra en lui une fontaine d'eau qui jaillira jusque dans la vie éternelle. » Comme cette parole est précieuse ! Elle ne fait pas allusion à un type spécial de chrétiens. Elle ne dit pas que seuls ceux qui ont reçu une grâce spéciale du Seigneur peuvent avoir une source d'eau qui jaillit jusque dans la vie éternelle. Le Seigneur a dit cela à une femme samaritaine qu'Il n'avait jamais rencontrée auparavant. Il lui a dit que si elle croyait, elle recevrait de l'eau vive. Cette eau vive serait en elle une fontaine qui jaillirait jusque dans la vie éternelle. Frères et sœurs, que signifie avoir soif ? Quand on a soif, cela signifie que l'on n'est pas satisfait. Ceux qui boivent de l'eau que le Seigneur leur donne n'auront plus jamais soif. Rendons grâces et louons le Seigneur ! Un chrétien est non seulement content mais éternellement satisfait ! Pour un chrétien, il n'est pas suffisant d'être simplement content. Tout ce que Dieu nous donne nous rend éternellement satisfaits. Mais combien de fois avons-nous traversé les rues principales sans avoir soif ? Lorsque nous passons devant les grands magasins, avons-nous soif ? Si nous avons grande envie de telle ou telle chose, n'est-ce pas de la soif ? Avons-nous soif quand nous regardons nos camarades de classe ou nos collègues et que nous envions leurs possessions ? Cependant le Seigneur a dit : « Celui qui boira de l'eau que je lui donnerai n'aura jamais soif ; mais l'eau que je lui donnerai deviendra en lui une fontaine d'eau qui jaillira jusque dans la vie éternelle. » Il nous donne une forme de vie précise et pourtant nous vivons à notre façon. Le Seigneur déclare qu'Il est tout ce dont nous avons besoin, mais nous répondons qu'Il n'est pas suffisant. Il nous faut ceci et cela pour être satisfaits, mais Il nous a dit que Lui seul était suffisant. Le Seigneur nous a-t-Il induits en erreur, ou bien notre expérience est-elle fausse ? C'est l'un ou l'autre. Il est impossible que le Seigneur nous signe un chèque en bois. Quoi qu'Il promette, Il le donnera sûrement. Notre expérience passée était, selon les paroles d'un hymne, « un demi-salut ». Pourquoi le Seigneur dit-Il qu'un croyant n'aura plus jamais soif ? C'est parce qu'il a changé intérieurement. En lui existent de nouvelles exigences et de nouvelles satisfactions. Frères et sœurs, vivons-nous devant Dieu et servons-nous Dieu dans la sainteté et dans la justice tout au long de nos jours ? Vivons-nous devant Dieu chaque jour dans la sainteté et dans la justice, comme le déclara le prêtre Zacharie dans

Luc 1.75 ? Avons-nous quelque chose, à l'intérieur, qui jaillit tout le temps pour étancher la soif des autres ? Les Chinois ont une expression, *wu-wei*, qui signifie « ne rien faire ». Les chrétiens doivent être ceux qui ne demandent rien. Nous pouvons dire que le Seigneur nous suffit. Sommes-nous satisfaits simplement avec le Seigneur ? Le Seigneur Jésus seul nous satisfait-Il vraiment ? Si nous ne sommes pas satisfaits, cela signifie que quelque chose ne va pas dans notre façon de vivre.

Une vie qui touche les autres

On lit, dans Jean 7.37 et 38 : « Or, le dernier jour, le grand jour de la fête, Jésus se tint debout et s'écria : Si quelqu'un a soif, qu'il vienne à moi et qu'il boive. Celui qui croit en moi, des fleuves d'eau vive couleront du plus profond de son être, comme dit l'Écriture. » Des fleuves d'eau vive couleront du sein de qui ? Ils ne couleront pas uniquement des chrétiens spéciaux ou des apôtres Paul, Pierre ou Jean, mais de tous ceux qui croient, d'hommes ordinaires comme nous. C'est du sein d'hommes comme nous que couleront des fleuves d'eau vive. Quand des hommes entrent en contact avec nous, ils devraient être satisfaits et leur soif devrait être étanchée. J'avais une amie dont le simple contact faisait ressentir aux autres la banalité du monde, la folie de l'ambition et l'insignifiance de la cupidité. Une personne pouvait se sentir insatisfaite de quelque chose. Mais aussitôt qu'elle entrait en relation avec cette amie, elle découvrait que le Seigneur suffisait à notre satisfaction. D'un autre côté, quelqu'un pouvait se sentir satisfait de quelque chose, mais au contact de cette personne il s'apercevait de l'insignifiance de cette chose. Le Seigneur a déclaré que ceux qui croiraient en Lui auraient des fleuves d'eau vive qui couleraient de leur sein. Cela devrait être l'expérience courante de tout chrétien ordinaire. Je ne parle pas ici de l'expérience de chrétiens spéciaux, mais de celle de tous les chrétiens ordinaires. Frères et sœurs, d'autres cessent-ils d'avoir soif lorsqu'ils entrent en contact avec nous ? Ou bien continuent-ils à avoir soif ? Si d'autres se plaignent de leurs souffrances et que nous nous plaignons aussi, si d'autres se sentent tristes et que nous nous sentons tristes aussi, et si d'autres confessent leurs échecs et que nous confessons aussi nos échecs, nous ne sommes pas des fleuves d'eau vive mais des déserts arides. Nous dessécherons même l'herbe des autres. Lorsque cela arrive, soit Dieu se trompe, soit nous nous trompons. Dieu ne peut avoir tort, donc ce doit être nous qui avons tort.

Une vie libérée de la puissance du péché

Voyons ce qui se passe dans les Actes. On lit au verset 26 du chapitre trois : « C'est à vous premièrement que Dieu, après avoir suscité son serviteur, l'a envoyé pour vous bénir, en détournant chacun de vous de ses iniquités. » Le message de Pierre au portique du temple s'applique encore à notre situation aujourd'hui. Ce que le Seigneur Jésus a accompli nous délivre largement du péché. L'une des expériences de base d'un chrétien devrait être la délivrance du péché. En tant que chrétiens, nous devrions au moins vaincre les péchés que nous connaissons. Nous pouvons ne pas vaincre ceux que nous ignorons. Mais nous devrions vaincre par le Seigneur tous les péchés que nous connaissons. Il se peut que nous ayons beaucoup de péchés qui nous obsèdent, qui nous tourmentent depuis des années. Par la puissance du Seigneur, nous devrions venir à bout de tous ces péchés. C'est la norme biblique. Un homme ne devrait être que rarement dominé par des péchés. Mais notre expérience montre que nous ne sommes qu'occasionnellement vainqueurs. Comme notre expérience est anormale !

On lit dans Romains 6.1-2 : « Que dirons-nous donc ? Demeurerions-nous dans le péché, afin que la grâce abonde ? Certainement pas ! Nous qui sommes morts au péché, comment vivrions-nous encore dans le péché ? » Quiconque a cru au Seigneur Jésus et est devenu chrétien est mort au péché. Quiconque a cru au Seigneur Jésus et est devenu chrétien ne devrait plus vivre dans le péché. Mais comment savons-nous que nous sommes morts au péché ? Le verset suivant nous donne la réponse.

On lit au verset 3 : « Ou ignorez-vous que nous tous, qui avons été baptisés dans Christ Jésus, nous avons été baptisés dans sa mort ? » Autrement dit, quiconque est baptisé et sauvé est mort au péché. Lorsqu'une personne est baptisée, elle meurt en Christ-Jésus.

On lit au verset 4 : « Nous avons donc été enterrés avec lui par baptême dans sa mort, afin que, comme Christ fut ressuscité des morts par la gloire du Père, de même nous aussi nous marchions en nouveauté de vie. » Cela devrait être la vie quotidienne de chaque chrétien. Quiconque est baptisé devrait marcher en nouveauté de vie. Ce n'est pas un verset pour des chrétiens spéciaux, c'est pour les chrétiens sauvés et baptisés. Nous avons tous été baptisés. De ce fait, nous devrions tous marcher en nouveauté de vie. C'est l'expérience que Dieu a ordonnée pour chaque chrétien. Sommes-nous ceux qui marchons en nouveauté de vie ?

On lit dans Romains 6.14 : « Car le péché ne dominera pas sur vous, car vous n'êtes pas sous la loi, mais sous la grâce. » Comme je chéris ce verset ! Frères et sœurs, qui n'est pas sous la loi mais sous la grâce ? Andrew Murray est-il le seul ? Paul, Pierre ou Jean sont-ils les seuls ? Ou bien tous ceux qui ont cru ne sont-ils pas non sous la loi, mais sous la grâce ? Combien d'entre vous assis là, aujourd'hui, sont-ils sous la grâce ? Remercions et louons le Seigneur, car nous sommes tous sous la grâce ! Aucun de nous n'est sous la loi.

Mais considérons aussi le début de ce verset : « Car le péché ne dominera pas sur vous. » Loué soit le Seigneur, le péché ne dominera pas sur nous ! Rendons-Lui grâces et louons-Le parce que la victoire ne fait pas seulement partie de l'expérience de quelques chrétiens spéciaux. Rendons-Lui grâces et louons-Le parce que la victoire fait partie de l'expérience de chrétiens ordinaires. Rendons-Lui grâces et louons-Le parce que chaque chrétien sauvé est sous la grâce. Au début de ma vie chrétienne, je vis ce verset et je le chérissais. Je réalisai que j'avais expérimenté de nombreuses victoires et vaincu beaucoup de péchés. Je me rendis compte que Dieu m'avait accordé la grâce. Mais il y avait encore un péché qui dominait sur moi. En fait, quelques péchés revenaient toujours me rendre visite. Cela me fait penser à mon expérience, un jour, avec un frère. Je le rencontrai dans la rue et le saluai. Puis j'entrai dans un magasin pour faire un achat. Quand j'en ressortis, je le vis arriver face à moi, et je le saluai de nouveau. Puis j'entrai dans un second magasin pour faire un autre achat. Quand j'en ressortis, je le rencontrai de nouveau et le saluai encore une fois. En tournant dans la rue suivante, je le rencontrai et le saluai de nouveau. La même chose se produisit dans une seconde rue. En tout, je le rencontrai et le saluai cinq fois ce jour-là. Nous rencontrons les péchés de la même manière que je rencontrai ce frère. Il semble que le péché fasse exprès d'essayer de nous rencontrer. Nous tombons toujours dessus, il semble qu'il soit constamment en train de nous suivre. Il semble que certains soient constamment poursuivis par la mauvaise humeur, d'autres par la fierté et la jalousie. L'un est poursuivi par la paresse, l'autre par le mensonge. L'un se trouve avoir toujours un esprit impitoyable, tandis qu'un autre est continuellement harcelé par des désirs vils ou par l'égoïsme. Certains sont constamment poursuivis par des pensées impures, d'autres par des désirs impurs. Chacun semble avoir au moins un péché qui le suit continuellement. J'avais quelques péchés qui me tourmentaient constamment. Je devais admettre que le péché dominait sur moi ! Dieu dit que le péché ne dominera pas sur moi, mais je devais confesser que quelque chose n'allait pas en moi. Je devais admettre que l'erreur était en moi et non pas dans la Parole de Dieu. Frères et sœurs, si nous vivons une vie de défaite, il nous faut savoir que ce n'est pas ce que Dieu a ordonné pour nous. Nous devons savoir qu'il n'est pas dans l'intention de Dieu que le péché domine sur nous. Sa Parole dit que le péché ne dominera pas sur nous !

On lit dans Romains 8.1 : « Il n'y a donc maintenant aucune condamnation pour ceux qui sont en Christ Jésus, [qui marchent non selon la chair mais selon l'Esprit]. » J'ai expliqué de nombreuses fois le terme *condamnation*. Il y a environ vingt ans, quelqu'un trouva des manuscrits anciens et découvrit qu'il y avait deux sens à ce mot. L'un est utilisé dans un contexte civil et l'autre dans un contexte légal. Selon son application civile, il peut se traduire par « impuissance. » Donc, ce verset peut se traduire par : « Il n'y a donc maintenant aucune impuissance pour ceux qui sont en Christ Jésus. » Frères et sœurs, comme cela est merveilleux ! Mais pour qui ce verset est-il écrit ? Est-ce seulement pour John Wesley ? Est-ce seulement pour Martin Luther ou pour

Hudson Taylor ? Que dit la Bible ? Elle dit : « Il n'y a donc maintenant aucune impuissance pour ceux qui sont en Christ Jésus. » Qui sont ceux-là ? Les chrétiens ! Chaque chrétien est une personne qui est en Christ Jésus, et aucun d'eux n'est plus impuissant.

On lit au verset 2 : « Car la loi de l'Esprit de vie m'a affranchi en Christ Jesus de la loi du peche et de la mort. » Je répéterai une centaine de fois que ce ne sont pas seulement les chrétiens spéciaux qui sont délivrés de la loi du péché et de la mort. Chaque chrétien devrait être délivré de la loi du péché et de la mort. Que signifie être impuissant ? Selon Romains 7, cela signifie faire ce que l'on hait et ne pas pratiquer ce que l'on veut. C'est découvrir que « je suis à même de vouloir, mais non pas d'accomplir le bien. » Être impuissant signifie être incapable de faire quoi que ce soit. L'histoire de nombreux chrétiens est celle de résolutions constantes et de résolutions constamment brisées. Ils décident continuellement de faire quelque chose et échouent sans cesse. Mais, le Seigneur soit loué, la Parole de Dieu dit qu'aucun chrétien n'est plus impuissant.

Qu'est-ce qu'une loi ? C'est une chose qui se répète sans arrêt. La même action produit le même résultat quelles que soient les circonstances selon lesquelles elle est produite. Une loi est un phénomène invariable, constant. Par exemple, il y a la loi de la gravité. Chaque fois qu'un objet est lâché, la loi de gravité l'attirera vers le sol. Cette force de gravitation est une loi. Chez certaines personnes, perdre leur calme est une loi. Elles peuvent se contenir une ou deux fois, mais elles s'énervent à la troisième. À la quatrième, elles perdent leur calme. Cela arrive à un frère après l'autre. L'un peut se contenir au début, mais sa colère finit par éclater. Dès que survient une tentation, le même résultat se produit. Nous observons la même chose en ce qui concerne la fierté. Quand d'autres vous font un compliment, vous pouvez ne pas être touchés. Mais quand ils vous font un deuxième compliment, votre expression change immédiatement et votre visage s'illumine. Une loi est tout ce qui produit le même résultat en passant par les mêmes étapes. Pour nous, le péché est devenu une loi. De nombreux frères sont complaisants dans certaines situations, mais s'énervent dans d'autres. Ils peuvent vaincre de nombreuses choses, mais, sitôt qu'ils sont confrontés à certaines autres choses, ils s'énervent.

Frères et sœurs, il n'est pas nécessaire d'être un chrétien spécial pour vaincre la loi du péché. Aucun chrétien n'est obligé de rester impuissant. Tout chrétien peut être délivré de la loi du péché. Tous les versets précédents sont des faits, ce ne sont pas des injonctions. Tout chrétien devrait faire ces expériences. Cependant, notre expérience ne correspond pas tout à fait à la Parole de Dieu. Comme cela est triste !

Une vie qui triomphe de toutes les circonstances

On lit, dans Romains 8.35 : « Qui nous séparera de l'amour de Christ ? Les tribulations, ou l'angoisse, ou la persécution, ou la faim, ou la nudité ou le péril ou l'épée ? » On lit au verset 37 : « Mais dans toutes ces choses, nous sommes plus que vainqueurs par celui qui nous a aimés. » Ô, notre Seigneur qui nous aime a été plus que vainqueur dans toutes ces choses ! Cela devrait être l'expérience chrétienne. Mais dans notre cas, nous n'avons pas besoin de tribulation ou d'épées qui viennent sur nous. Aussitôt que quelqu'un nous regarde de travers, nous perdons l'amour de Christ. Cependant, Paul dit qu'il a été plus que vainqueur dans toutes ces choses. Cela devrait être l'expérience commune de tous les chrétiens. La victoire est l'expérience normale d'un chrétien. La défaite devrait être l'expérience anormale. Selon ce qui a été ordonné par Dieu, chaque chrétien devrait être plus que vainqueur. Que nous rencontrions la tribulation, l'angoisse, la persécution, la faim, le dénuement, le péril ou l'épée, il nous faudrait non seulement être vainqueurs, mais être plus que vainqueurs ! Peu importe qu'il y ait des difficultés. Les profanes peuvent penser que nous, les chrétiens, sommes devenus fous. Alléluia, qu'ils disent ce qu'ils veulent. Nous ne nous soucions plus de ces choses, et nous avons fait plus que les conquérir grâce à l'amour de Christ. Le Seigneur soit loué, cela devrait être l'expérience d'un chrétien. C'est l'expérience que Dieu a ordonnée pour nous. Mais que vivons-nous en réalité ? La Bible ne nous cache pas cette expérience, mais souvent nous ne trouvons pas le chemin qui nous permettrait d'y entrer. Avant même que la tribulation n'arrive en force, nous crions déjà : « J'ai besoin de patience ! Je souffre ! » Si nous parvenons à entrer dans cette expérience, nous serons plus que vainqueurs dans toutes ces choses.

Dans 2 Corinthiens 2.14, il est écrit : « Grâces soient rendues à Dieu, qui nous mène toujours en triomphe dans le Christ, et qui manifeste par nous en tout lieu l'odeur de sa connaissance. » Frères et sœurs, une vie chrétienne n'est pas une vie qui vainc parfois et est vaincue d'autres fois. Ce n'est pas une vie qui vainc le matin et est vaincue l'après-midi. Une vie chrétienne est une vie qui est victorieuse tout le temps. Si vous êtes confrontés à une tentation aujourd'hui et que vous la vainquiez, n'en soyez pas heureux au point d'en perdre le sommeil. Seule l'expérience de la défaite devrait être rare. Celle de la victoire devrait être normale et fréquente.

Une vie ayant le pouvoir de faire le bien

On lit dans Éphésiens 2.10 : « Car nous sommes son chef-d'œuvre, ayant été créés en Christ Jésus pour des bonnes œuvres que Dieu a préparées d'avance afin que nous marchions en elles. » Frères et sœurs, rappelez-vous que ce verset suit les versets 8 et 9, où il est dit que nous sommes sauvés par la grâce. Ici, il est dit que nous sommes Son chef-d'œuvre, créé pour des ouvres bonnes que Dieu a préparées d'avance afin que nous les pratiquions. Ce n'est pas une expérience réservée à quelques chrétiens, cela devrait plutôt être l'expérience courante de tout chrétien. Dieu nous sauve afin que nous puissions faire le bien. Frères et sœurs, nos bonnes ouvres sont-elles conformes à ce que Dieu a ordonné, ou faisons-nous le bien tout en nous plaignant ? Supposez que vous soyez en train de laver le plancher. Tandis que vous nettoyez, vous vous plaignez peut-être parce que seules une ou deux personnes vous aident et les autres pas. Cela aura pour effet soit la vantardise, soit le murmure. Ce n'est pas faire le bien. Toute bonne œuvre d'un chrétien devrait être accompagnée d'un débordement de joie. Nous ne devrions pas être mesquins, vantards ou égoïstes, mais généreux et prêts à partager avec les autres. Cela serait dommage si seuls les meilleurs chrétiens pouvaient faire le bien. Dieu ordonne que chaque chrétien pratique couramment le bien.

Une vie emplie de lumière

On lit dans Jean 8.12 : « Jésus leur parla de nouveau, disant : Je suis la lumière du monde ; celui qui me suit ne marchera pas dans les ténèbres, mais il aura la lumière de la vie. » C'est la vie que Dieu a ordonnée pour un chrétien. Ceux qui peuvent se tenir à l'écart des ténèbres et marcher dans la lumière de la vie ne sont pas des chrétiens spéciaux. Aucun chrétien qui suit vraiment Christ ne devrait marcher dans les ténèbres mais il devrait avoir la lumière de la vie. Un chrétien empli de lumière n'est rien de plus qu'un chrétien normal, tandis qu'un chrétien qui n'a pas la lumière est un chrétien anormal.

Une vie entièrement sanctifiée

On lit dans 1 Thessaloniciens 5.23 : « Et que le Dieu de paix vous sanctifie lui-même tout entiers, et que votre esprit, votre âme et votre corps soient conservés complets, sans reproche, lors de la venue de notre Seigneur Jésus-Christ. » C'est la prière de l'apôtre Paul pour les croyants thessaloniciens. Puisqu'il dit : « Vous sanctifie tout entiers, » c'est qu'il est possible d'être entièrement sanctifié. Il est possible de ne trouver aucun défaut chez un chrétien. Dieu nous sanctifiera tout entiers, et Il nous conservera entiers et sans reproche.

Nous évoquons ici la provision de Dieu pour le chrétien. À travers le salut le Seigneur a donné à chaque chrétien le pouvoir de vaincre totalement le péché, d'être totalement délivré du joug du péché, de mettre le péché sous ses pieds, et d'avoir une communion sans obstacle avec Dieu. C'est la vie que le Seigneur a ordonnée pour nous. Ce n'est pas simplement une théorie mais un fait, car c'est la provision du Seigneur.

LA NÉCESSITÉ D'EXPÉRIMENTER LA PLEINE DÉLIVRANCE DE DIEU

Frères et sœurs, quelle est votre expérience ? Si votre expérience n'est pas conforme à ce que dit la Bible, vous n'avez pas encore reçu le salut complet. Vous êtes sauvés, c'est un fait, mais vous n'avez pas encore reçu le salut complet. Aujourd'hui, je vais vous annoncer une nouvelle : l'œuvre accomplie par le Seigneur sur la croix ne vous a pas seulement délivrés du jugement du péché mais aussi libérés de la souffrance liée au péché. Il a préparé un plein salut afin que vous n'ayez pas à rester dans votre expérience initiale du salut mais puissiez faire l'expérience quotidienne de la victoire lors de votre vie sur terre.

Qu'est-ce que la victoire ? La victoire supplée à ce qui manquait dans notre expérience du salut. Il est vrai que beaucoup sont sauvés, mais quelque chose leur manquait au moment de leur conversion. Dieu nous a sauvés et accordé la grâce. Il n'entend aucunement que nous vivions d'une façon incohérente. Il veut que nous fassions l'expérience d'une délivrance complète. Aujourd'hui, nous avons besoin d'une leçon de rattrapage car nous n'avons pas été sauvés de manière appropriée lorsque nous avons cru. Nous avons besoin de l'expérience de la victoire afin de suppléer à ce qui manquait dans le passé.

Frères et sœurs, Dieu nous a-t-Il sauvés seulement pour nous trouver sans arrêt en train de pécher et d'avoir des remords ? Puisque le Fils de Dieu est mort pour nous, devrions-nous pécher encore ? Avant d'être sauvés, nous étions obligés de pécher. Maintenant que nous sommes sauvés, sommes-nous toujours obligés de pécher ? Avant que nous ne soyons sauvés, le péché régnait. Maintenant que nous sommes sauvés, le péché devrait-il toujours régner ? Le péché est diamétralement opposé à Dieu. Nous ne devrions permettre à aucune trace de péché de rester en nous. Dieu fera-t-Il quelque chose qui Lui soit contraire ? Certainement pas ! Comme le péché est mauvais ! Un péché est un péché, qu'il s'agisse d'un péché lié au tempérament, à la faiblesse du caractère, au corps ou à la pensée.

Déclarons au Seigneur : « Grâces Te soient rendues ; ce que Tu as accompli sur la croix m'a non seulement délivré de la punition du péché, mais m'a aussi sauvé de la puissance du péché. » Puisse le Seigneur nous montrer que notre expérience de salut n'était pas complète au moment où nous avons cru. Puisse le Seigneur nous montrer le besoin de vaincre. Frères et sœurs, si notre expérience ne correspond pas à l'Écriture, cela signifie qu'il nous faut vaincre. Puisse-t-Il nous éclairer et nous démasquer. Nous ne devrions pas nous tromper nous-mêmes en disant qu'il est inévitable, pour un chrétien, de pécher. Aucune parole ne blessera plus profondément le cœur du Seigneur que celle-là. Frères et sœurs, savons-nous ce qu'a fait la croix ? Pensons-nous que le Seigneur est allé à la croix simplement pour nous laisser dans un état déchu ? Nous ne devrions pas mentir. Nous ne devrions pas nous vanter de pouvoir nous contenir ou nous contrôler. Nous maîtriser ou nous contrôler ne constitue pas une victoire. La victoire du Seigneur écrase complètement le péché. Alléluia ! Le péché est sous les pieds du Seigneur ! Tous ceux d'entre nous qui n'ont pas fait l'expérience d'une communion continuelle avec le Seigneur, et qui n'ont pas fait l'expérience de la puissance qui écrase le péché, doivent vaincre. Puisse le Seigneur nous accorder la grâce de Sa bénédiction.

Chapitre Trois

LES CARACTÉRISTIQUES DE LA VIE DE VAINQUEUR

Références biblique : 1 S 15.29 (En hébreu, l'expression « la Force d'Israël » peut aussi se traduire par « l'Espoir d'Israël ». Dans certaines traductions, on trouve « la Victoire d'Israël ».)

Qu'est-ce que la victoire ? Dans la Bible, la première mention de la victoire se trouve dans 1 Samuel 15.29, où il est dit que la Victoire ne ment pas et n'a pas de regret. En effet, la victoire est une personne. Une chose n'est pas une personne, et une question n'est pas une personne, mais la Victoire d'Israël est une personne. La victoire n'est ni une chose, ni une expérience. Ce n'est pas une matière, c'est une personne. Nous savons tous qui est cette personne, c'est Christ ! Dans un message antérieur, je vous ai dit que la victoire n'était pas quelque chose qui venait de nous. Ce n'est pas notre expérience, c'est une personne ! Il ne s'agit pas de ce que nous sommes, mais de Christ vivant à notre place. C'est pourquoi la victoire que nous avons ne ment pas et n'a pas de regret. Remercions et louons le Seigneur parce que la victoire est une personne vivante !

Dans ce message, nous continuerons par l'analyse de ce qu'est la victoire. Il nous faut considérer les caractéristiques de la vie de vainqueur. La Bible nous montre de nombreuses caractéristiques de cette vie de victoire. Nous ne pouvons toutes les énumérer dans ce message. Nous n'en mentionnerons que cinq.

LE SENS DE CETTE VIE — UNE VIE *ÉCHANGÉE*, MAIS PAS UNE VIE CHANGÉE

Frères et sœurs, la victoire concerne une vie *échangée*, et non pas une vie changée. La victoire ne signifie pas que l'on est changé, mais plutôt que l'on est *échangé*. Galates 2.20 nous est très familier : « Je suis crucifie avec Christ ; et ce n'est plus moi qui vis, mais Christ qui vit en moi ; et la vie que je vis maintenant dans la chair, je la vis dans la foi, la foi du Fils de Dieu. » Que signifie ce verset ? Il signifie que notre vie est *échangée*. Notre vie n'est plus du domaine du « Je », elle n'a plus rien à voir avec nous. Ce n'est pas un mauvais « Je » changé en un bon « Je, » ou un « Je » répugnant changé en un « Je » propre. C'est être « plus moi ». Aujourd'hui, la plus grande erreur que nous commettons est de penser que la victoire implique le progrès et que la défaite implique l'absence de progrès. C'est pourquoi nous pensons que tout ira bien si nous ne nous énervons pas ou si nous avons une communion intime avec Dieu. Nous pensons qu'ainsi nous vaincrons. Mais nous devons nous rappeler que la victoire n'a rien à voir avec nous. Nous ne jouons aucun rôle dans cette victoire.

Un jour, un frère m'annonça en pleurs : « Je ne peux pas vaincre. » Je lui répondis : « Frère, en effet tu ne peux pas vaincre. » Il répliqua : « Je ne peux pas vaincre, et je ne peux rien y faire. » Je dis : « Dieu n'entend aucunement que tu aies la victoire en toi. Ce n'est pas Son intention que ton caractère mauvais se change en bon caractère, ou que ton entêtement se change en soumission. Dieu n'a pas l'intention de changer le chagrin en joie. Sa façon d'agir est d'*échanger* ta vie. Cela n'a rien à voir avec toi. »

Une sœur déclara : « Pour les autres, c'est facile de vaincre. Mais cela est très difficile pour moi. J'ai plus mauvais caractère que n'importe qui, mes pensées sont plus impures que celles des autres et je suis plus méchante que les autres. Je ne peux pas me contrôler. » Je répondis : « Tu as raison. Non seulement il est difficile, pour toi, de vaincre, mais il t'est impossible de vaincre. » Pensez-vous que si un homme est un peu plus honnête, a un meilleur caractère et est plus simple, il lui est plus facile de vaincre ? Jamais ! D'un côté, même si une personne devient plus douce, plus sainte et plus parfaite, elle doit quand même se retirer, et Christ doit encore venir vivre en elle avant qu'elle ne puisse vaincre. D'un autre côté, même si elle est plus vile, plus mauvaise et plus imparfaite que n'importe qui d'autre, elle vaincra quand même si elle se retire et permet à Christ de s'installer en elle. Un homme qui a mauvais caractère et qui est moralement corrompu a besoin de croire au Seigneur Jésus. Un homme ayant bon caractère et étant vertueux a lui aussi besoin de croire au Seigneur Jésus. De même, ce ne sont pas uniquement ceux qui ont mauvais caractère et les immoraux qui ont besoin de la victoire, ceux qui ont bon caractère et sont vertueux ont aussi besoin de la victoire. Grâces soient rendues au Seigneur, car la victoire est Christ, elle n'a rien à voir avec nous.

Un jour, je rencontrai une sœur. Je n'avais jamais vu personne pour qui vaincre semblât si difficile. Elle passa deux heures à me raconter tous ses échecs depuis sa jeunesse jusqu'à ses cinquante ans. Elle ne pouvait vaincre sa fierté et son mauvais caractère. Elle était toujours vaincue. Personne ne désirait davantage la victoire et pourtant personne ne la trouvait si impossible à atteindre. Elle me dit que s'il y eut jamais une personne qui voulait vaincre, c'était bien elle. Cependant, s'il y eut jamais une personne qui ne pouvait vaincre, c'était bien elle aussi. Elle s'affligeait de ses échecs et tenta même un jour de se suicider à cause d'eux. Elle était désespérée. Tandis qu'elle me disait tout cela, je souris et déclarai : « Le Seigneur Jésus a encore un patient idéal pour Lui aujourd'hui. Encore du travail pour Sa clinique ! » Elle était imprégnée de ses propres péchés, de sa propre fierté et de son propre tempérament. Si vous n'aviez su comment vaincre, vous auriez pu être contaminés par ce flot de paroles. Si vous n'aviez pas su ce que vaincre signifie, vous auriez pu conclure que son cas était désespéré. Mais loué soit le Seigneur ! Voici une bonne nouvelle : vous ne pouvez changer, mais tout ce qu'il vous faut, c'est un échange ! Loué soit le Seigneur ! La vie de vainqueur n'est pas un changement mais un échange. Si cela ne tenait qu'à vous, vous ne pourriez pas réussir. Mais si cela dépend de Christ, Il le peut. La question est de savoir si c'est vous ou bien Christ qui vainc. Si c'est Christ vous pourriez être encore dix fois pire qu'actuellement, cela n'aurait pas d'importance.

Frères et sœurs, qu'est-ce que la victoire ? Ce n'est pas quelque chose que vous obtenez par vous-mêmes. C'est Christ qui vainc pour vous. La victoire selon la Bible est décrite dans Galates 2.20 : « Ce n'est plus moi qui vis, mais Christ qui vit en moi. »

Quand les gens de Fukien argumentent, ils utilisent souvent une expression familière, *si-bu-bien*, qui signifie que du vivant de quelqu'un il ne peut y avoir de changement. Alors que j'étais à Pékin, je dis aux frères que chacun de nous devait se dire que nous étions *si-bu-bien*. Remercions et louons-Le d'être non pas changés, mais *échangés* !

Une sœur me demanda un jour quelle était la différence entre un changement et un échange. J'illustrai ce point à l'aide d'une vieille Bible. Si nous voulons que la Bible change, il nous faut lui coller une nouvelle couverture. Peut-être pouvons-nous redorer la couverture. Si des lettres manquent à certaines pages, il nous faut les réécrire. Si des passages se sont estompés, il nous faut retracer les mots d'origine. Après avoir tant travaillé pendant des jours entiers nous ne pouvons pas même être sûrs que nous avons effectué les bons changements. Mais si nous échangeons cette Bible contre une neuve, nous pouvons le faire en une seconde. Tout ce que vous avez à faire est de me donner la mauvaise, et je vous en donnerai une bonne. C'est tout. Dieu nous a donné Son Fils. Nous n'avons aucun effort à faire. Une fois l'échange effectué, tout est fait !

Permettez-moi de vous donner une autre illustration. Il y a quelques années, j'achetai une montre. La compagnie qui vendait la montre offrait deux ans de garantie. Mais la montre passa plus de temps dans le magasin que chez moi. Tous les deux ou trois jours, la montre s'arrêtait, et il fallait que je la ramène au magasin pour la faire réparer. Cela arrivait sans arrêt. J'allai à la boutique une fois, deux fois, voire dix fois ou plus. Je finis par en avoir assez. La montre était sans cesse réparée, mais elle ne fonctionnait jamais parfaitement. Je demandai à la compagnie s'ils pouvaient l'échanger contre une autre montre mais elle me répondit que non, ils ne pouvaient que réparer la montre, mais elle ne fonctionnait jamais. J'étais à bout et je finis par dire : « Vous pouvez garder la montre. Je n'en veux plus. » La façon de faire des humains est de réparer constamment. Pendant les deux ans au cours desquels je fus en possession de la montre, celle-ci était constamment en réparation. Pour l'homme, il n'y a pas d'échange, il n'y a que des réparations.

Même dans l'Ancien Testament, nous voyons que la façon d'agir de Dieu n'est pas de réparer ou de changer, mais de remplacer. On peut lire, dans Ésaïe 61.3 : « Pour accorder à ceux de Sion qui sont dans le deuil, pour leur donner de la splendeur au lieu de cendre, une huile de joie au lieu du deuil, un vêtement de louange au lieu d'un esprit abattu, afin qu'on les appelle térébinthes de la justice, plantation de l'Éternel, pour servir à sa splendeur. » Dieu remplace. Dieu ne change pas la cendre. Il remplace plutôt la cendre par de la splendeur. Il ne change pas le deuil. Il remplace plutôt le deuil par de la joie. Sa façon d'agir n'est jamais de changer, mais d'échanger.

Grâces soient rendues au Seigneur. Nous n'avons pas été capables de nous changer nous-mêmes tout au long de ces années. Maintenant, Dieu fait un échange qui rend possibles la sainteté, la perfection, la victoire. C'est la vie du Fils de Dieu ! Alléluia ! À partir de maintenant, l'humilité de Christ devient mon humilité. Sa sainteté devient ma sainteté. À partir de maintenant, Sa vie de prière devient ma vie de prière. Sa communion avec Dieu devient ma communion avec Dieu. À partir de maintenant, aucun péché n'est trop grand pour que je ne puisse le vaincre. Aucune tentation n'est trop grande pour que je n'y résiste. La victoire est Christ, ce n'est plus moi ! Existe-t-il un péché si grand que Christ ne puisse le vaincre ? Existe-t-il une tentation si grande que Christ ne puisse la surmonter ? Grâces soient rendues au Seigneur ! Je n'ai plus peur ! À partir de maintenant, ce n'est plus moi mais Christ.

LE PRINCIPE DE CETTE VIE — UN DON, PAS UNE RÉCOMPENSE

S'il vous plaît, rappelez-vous que la victoire est un don, ce n'est pas une récompense. Qu'est-ce qu'un don ? Un don est un présent. C'est quelque chose que l'on donne gratuitement. Ce que nous recevons pour notre travail est une récompense. Mais ce que nous recevons gratuitement, sans effectuer aucun travail, est un don. Ce dernier nous est donné gratuitement, il n'a rien à voir avec ce que nous avons fait, et nous n'avons aucun effort à faire pour le recevoir. Avant de recevoir une récompense, il nous faut travailler, faire des efforts. La vie de vainqueur dont nous parlons ne requiert pas notre propre effort. Dans 1 Corinthiens 15.57, on peut lire : « Mais grâces soient rendues à Dieu, qui nous donne la victoire par notre Seigneur Jésus-Christ ! » La victoire est quelque chose que Dieu a préparé et nous a donné. Notre victoire nous vient gratis, nous n'avons pas besoin de la remporter par notre propre effort.

Frères et sœurs, nous commettons une grande erreur en pensant que le salut nous vient gratuitement, tandis que la victoire est le résultat de notre propre effort. Nous savons que nous ne pouvons nous fier à aucun mérite ou œuvre propre pour être sauvés. Il nous faut simplement venir à la croix et recevoir le Seigneur Jésus comme notre Sauveur.

L'Evangile, c'est cela. D'une part nous pensons que nos œuvres ne sont pas nécessaires pour être sauvés, mais d'autre part nous estimons qu'après notre conversion nous devrions faire de bonnes œuvres. Nous n'essayons pas d'être sauvés à travers nos œuvres, mais nous essayons de vaincre par elles. Mais tout comme nous ne pouvons être sauvés par nos bonnes œuvres, nous ne pouvons non plus vaincre par elles. Dieu déclare que nous ne pouvons pas accomplir de bonnes œuvres. Christ est mort pour nous sur la croix, et Il vit en nous pour nous. Ce qui est de la chair sera toujours de la chair, et Dieu ne veut rien qui soit de la chair. Nous pensons que le salut passe par la mort du Seigneur Jésus pour nous, sur la croix, mais qu'après le salut, il nous faudrait faire de notre mieux pour exercer le bien et espérer que tout aille pour le mieux. Mais permettez-moi de demander : « Bien que vous soyez sauvés depuis des années, êtes-vous bons désormais ? » Grâces soient rendues au Seigneur. Nous ne pouvons faire le bien. Nous ne sommes en mesure de produire aucun bien. Alléluia ! Rendons-Lui grâces, car la victoire est un don qui vient de Lui. C'est quelque chose qui nous est donné gratuitement !

1 Corinthiens 15.56 évoque le péché, la loi et la mort. 1 Corinthiens 15.57 parle de Dieu qui nous donne la victoire. Il ne s'agit pas seulement de vaincre le péché, mais aussi la loi et la mort. La rédemption que Dieu a préparée nous permet de vaincre non seulement le péché mais aussi la loi, et non seulement la loi mais

aussi la mort. J'aimerais pouvoir faire le tour de cette salle de réunion et dire à chacun de vous que cela est une bonne nouvelle. Dieu a donné la victoire à chacun d'entre nous.

Peut-être essayez-vous de développer un moyen de vaincre la tentation. Peut-être essayez-vous de développer un moyen de vaincre votre tempérament, votre fierté ou votre jalousie. Il se peut que vous ayez passé un temps considérable à faire ce que vous vouliez faire, mais à chaque fois, vous êtes déçus. J'ai une bonne nouvelle pour vous. L'humilité du Seigneur Jésus est à vous gratis. La sainteté du Seigneur Jésus est à vous gratis. La prière du Seigneur est à vous gratis. Tout ce qui est au Seigneur est à vous gratis. Dès que vous recevez le Seigneur Jésus, tout ce qui est au Seigneur devient vôtre. Alléluia ! Si ce n'est pas une bonne nouvelle, qu'est-ce donc ? Vous pensez peut-être qu'il vous faut faire des efforts afin de prier sans cesse. Vous pensez peut-être qu'il vous faut faire des efforts pour avoir une communion ininterrompue avec Dieu pour traiter tout ce qui est négatif et arrêter de pécher. Vous pensez peut-être qu'il vous faut faire des efforts afin de contrôler votre tempérament coléreux. Vous pouvez confesser vos péchés, mais vous ne pouvez arrêter de commettre ces péchés. Vous mentez souvent, et malgré tous les efforts que vous faites afin de chasser cette habitude, vous continuez à mentir. J'ai rencontré de nombreux frères qui m'ont dit qu'ils ne voulaient pas mentir, mais qu'ils ne pouvaient changer. Dès qu'ils parlaient, des mensonges sortaient de leur bouche. Aujourd'hui, j'ai une bonne nouvelle pour vous ! Dieu vous a gratuitement donné la sainteté du Seigneur Jésus, Sa patience, Sa perfection, Son amour et Sa fidélité. Dieu donne ces choses gratuitement à tous ceux qui les veulent. Dieu vous donne la communion intime dont Christ jouit avec Dieu. Il vous donne la vie sainte que Christ a vécue et Il vous donne la beauté de la perfection de Christ. Ce sont des dons. Si vous tentiez de vaincre par vous-mêmes, vous ne pourriez pas changer, même si vous essayiez pendant encore vingt ans. Votre tempérament ne changerait pas, et votre fierté subsisterait. Dans vingt ans, vous seriez encore le même. Mais Dieu vous a préparé un plein salut. Ce salut fait de la patience de Christ, votre patience. Il fait de la sainteté de Christ, votre sainteté et de la communion de Christ avec Dieu, votre communion avec Dieu. Il fait de toutes les vertus de Christ, vos vertus. Alléluia ! C'est le salut que Dieu a préparé pour vous ! Dieu désire vous le donner gratuitement !

Frères et sœurs, avez-vous jamais vu un pécheur tenter de se sauver lui-même par ses œuvres ? J'en ai rencontré de nombreux. Quand vous rencontrez un pécheur, vous pouvez lui dire qu'il n'a rien besoin de faire car Christ a tout fait. Dieu lui a donné le Seigneur Jésus. Il n'a qu'à Le recevoir. De la même manière, frères et sœurs, j'ai un message pour vous aujourd'hui : vous n'avez rien besoin de faire, Christ a tout fait pour vous. Dieu vous a donné Christ. Vous n'avez qu'à recevoir. Une fois que vous aurez reçu, vous vaincrez. De même que le salut ne dépend pas de votre travail, car il s'agit d'une grâce gratuite de Dieu, la victoire ne dépend pas de votre travail, car il s'agit d'une grâce gratuite de Dieu. Le salut ne nécessite aucun effort de votre part. De même, la victoire ne nécessite aucun effort de votre part.

J'ai ici une Bible. Supposons que je veuille vous la donner. Les mots que cette Bible contient n'ont pas été écrits par vous. Le livre n'a pas été relié par vous. Vous n'avez pas doré la couverture. Tout a été fait par d'autres, mais il s'agit désormais, pour vous, d'un don gratuit. Il en est de même de la victoire. C'est un don gratuit de Dieu. Nous n'entrons pas, peu à peu, par nous-mêmes, dans la victoire, dans la sainteté ou la perfection. S'il existe, sur terre, un homme victorieux, il a dû recevoir sa victoire du Seigneur Jésus.

Récemment, j'ai rencontré une sœur qui m'a dit qu'elle avait passé vingt ans à essayer de vaincre sa fierté et son tempérament. Le résultat était non seulement une défaite, mais aussi un déclin progressif au cours de ces vingt dernières années. Elle ne pouvait rien y faire. Je lui dis : « Si tu penses pouvoir vaincre ta fierté et ton tempérament par toi-même, tu ne pourrais y parvenir même si l'on t'accordait vingt autres années. Si tu veux être délivrée de ton péché, tout ce qu'il te faut faire est d'accepter, dès maintenant, le don de Dieu. C'est le don gratuit que Dieu t'offre. Tu n'as qu'à le recevoir pour qu'il soit à toi. Le Seigneur Jésus est la victoire. Si tu Le reçois comme ta victoire, tu vaincras. » Grâces soient rendues au Seigneur ! Depuis lors, elle a reçu le don de Dieu ! Il nous faut réaliser la vanité de nos œuvres et voir que notre vie a échoué. Si nous acceptons Jésus Christ, nous vaincrons.

Romains 6.14 est un verset familier : « Car le péché ne dominera pas sur vous, car vous n'êtes pas sous la loi, mais sous la grâce. » Comment le péché peut-il ne pas dominer sur nous ? Cela ne peut se produire que lorsque nous ne sommes pas sous la loi, mais sous la grâce. Que signifie être sous la loi ? J'ai très souvent dit qu'être sous la loi signifie que Dieu exige de l'homme qu'il fasse quelque chose. Être sous la loi signifie qu'il nous faut faire quelque chose pour Dieu. Que signifie donc être sous la grâce ? Cela signifie que Dieu fait quelque chose pour l'homme, pour nous. S'il nous faut faire quelque chose pour Dieu, le péché qui domine sur nous résultera de notre travail. Le salaire de notre travail est la domination du péché. Si Dieu fait quelque chose pour nous, le péché ne sera pas capable de nous dominer. Sous la loi, nous travaillons. Sous la grâce, Dieu travaille. Lorsque Dieu travaille, le péché ne nous domine pas. Lorsque Dieu travaille, nous avons la victoire. Tout ce qui découle de nos propres efforts n'est pas la victoire. La victoire est quelque chose de gratuit.

S'il y a, ici, quelqu'un qui est fatigué de pécher, qui en a assez de pécher, qui pèche tant qu'il n'agit plus comme un chrétien et qui a le sentiment que devenir chrétien ne rime plus à rien, je lui dirai que tout ce qu'il a à faire est de recevoir ce don, et il deviendra en un instant un homme victorieux. La victoire découle de la grâce, ce n'est pas une récompense. Une fois que vous aurez reçu ce don, chaque problème sera résolu.

LA MANIÈRE DE RECEVOIR CETTE VIE — OBTENIR ET NON PAS ATTEINDRE

La vie de vainqueur est quelque chose qu'on obtient, et non quelque chose qu'on atteint. C'est un fait. Que signifie obtenir quelque chose ? Obtenir signifie acquérir quelque chose. Que signifie atteindre ? Atteindre implique un long parcours. Il faut avancer pas à pas, sans savoir quand on arrivera. Alléluia ! La victoire chrétienne ne s'atteint pas par un processus graduel. Un jour, je me trouvais à Kuling, et Frère Shin-liang Yu était avec moi. Nous gravissions lentement une montagne. Plus je marchais, plus j'étais fatigué. Au bout d'un moment, je demandai à Frère Yu combien de temps il nous restait avant d'atteindre notre destination. Il me dit qu'il n'y en avait plus pour longtemps. Mais tandis que nous marchions péniblement, notre destination n'était toujours pas en vue. Chaque fois que je questionnais Frère Yu, il répondait invariablement : « Très bientôt. » Nous finîmes par arriver. Si nous avions gravi la montagne dans une chaise à porteurs, la situation aurait été différente, cela aurait été une « obtention » plutôt qu'une « atteinte » du Mont Kuling. La victoire est une chose qui s'obtient, ce n'est pas quelque chose qui s'atteint. Tout ce qui est lié au Saint-Esprit est reçu, et tout ce qui est lié à la victoire est reçu.

On lit, dans Romains 5.17 : « Car si par l'offense d'un seul la mort a régné par un seul, combien plus ceux qui reçoivent l'abondance de la grâce et du don de la justice règneront-ils dans la vie par le seul, Jésus-Christ. » Selon ce verset, la victoire est un don que nous n'avons qu'à recevoir. La victoire n'est pas quelque chose que l'on atteint par un processus graduel. La victoire est un don placé entre nos mains, aucun effort n'est requis. Si je donne cette Bible à Frère Chang, quel effort doit-il faire pour l'obtenir ? Il n'a qu'à tendre la main et il l'obtiendra à la seconde même. Lorsque je vous donne la Bible, il s'agit d'un don. Vous faut-il rentrer chez vous et jeûner pour l'avoir ? Vous faut-il vous agenouiller face à Jérusalem trois fois par jour et prier pour l'obtenir ? Devez-vous vous décider à ne plus perdre votre sang-froid ? Vous n'avez rien besoin de faire. Une fois que vous avez reçu, tout est à vous. Quelles sont les étapes par lesquelles vous devez passer afin de recevoir cette Bible ? Il ne vous faut passer par aucune étape. Aussitôt que vous tendez la main, elle est à vous. La victoire est un don. Vous ne pouvez l'atteindre, vous ne pouvez que l'obtenir.

1 Corinthiens 1.30 est un verset qui nous est très familier. Je peux vous le réciter : « Or, c'est par lui que vous êtes en Christ Jésus, qui est devenu sagesse de la part de Dieu pour nous : justice, sanctification et rédemption. » La sagesse est le thème

général, et nous pouvons pour l'instant mettre celui-ci de côté. Ce verset nous dit que Dieu a fait de Christ trois choses pour nous : (1) justice, (2) sanctification et (3) rédemption. Quand Dieu a-t-Il fait de Christ notre justice ? Dieu a fait de Christ notre justice lorsque Christ est mort sur la croix. À ce moment-là, nous avons reçu le Seigneur Jésus comme notre justice. Avons-nous dû pleurer pendant trois jours avant de recevoir la justice ? Ne l'avons-nous reçue qu'après nous être suffisamment excusés auprès de Dieu ? Grâces soient rendues au Seigneur ! Le Fils de Dieu est mort pour nous. Dès que nous croyons, nous recevons. Malheureusement, en ce qui concerne le fait de recevoir le Seigneur Jésus comme notre sanctification, nombre d'entre nous tournent en rond, nous gaspillons notre temps et nos efforts. Recevoir le Seigneur comme notre justice était instantané. De même, recevoir le Seigneur comme notre sanctification est aussi instantané. Si nous essayons d'avancer lentement, espérant arriver un jour à la sanctification, nous ne l'atteindrons jamais. Ceux qui tentent d'établir leur propre justice ne seront jamais sauvés. De la même façon, ceux qui tentent d'établir leur propre sanctification ne vaincront jamais.

Quelle est la différence entre obtenir et atteindre ? La seule différence qui existe entre les deux est une question de temps. L'un est instantané, tandis que l'autre est graduel. On raconte une histoire à propos d'un homme qui volait des poulets. Au début, il volait sept poulets par semaine. Plus tard, il se résolut à mieux se conduire, ayant l'intention de voler un poulet de moins chaque semaine, espérant qu'à la fin de la sixième semaine, il cesserait complètement de voler. Il espérait que ses vols diminueraient progressivement jusqu'à ce qu'il ne vole plus. S'y prendre ainsi pour arriver à ne plus voler prend du temps, cela ne vient pas instantanément. Cependant, la victoire qui vient du Seigneur s'obtient instantanément.

La dernière fois que je me trouvais à Chefoo, je rencontrai un frère qui avait très mauvais caractère. Lorsqu'il se mettait en colère, les membres de sa famille avaient très peur de lui. Sa femme, ses enfants et les employés de sa fabrique le redoutaient tous. Même les frères, à l'église, le craignaient car il perturbait les réunions chaque fois qu'il s'emportait. Il me dit qu'il ne pouvait rien faire contre sa colère. Je lui dis que s'il prenait le Seigneur comme sa victoire, il vaincrait immédiatement. Grâces soient rendues au Seigneur, car il accepta cette parole et vainquit. Un jour, il me demanda : « Monsieur Nee, depuis combien de temps ai-je vaincu ? » Nous comptâmes et nous nous aperçûmes qu'un mois était passé. Il déclara : « Au cours de ce dernier mois, ma femme a été malade et s'est trouvée, un jour, au seuil de la mort. Dans le passé, lorsque mon enfant était malade, j'étais si soucieux que je marchais de long en large à travers la pièce, et je perdais mon sang-froid, et je m'énervais. Mais quand ma femme a été malade et que son pouls s'est mis à battre de manière irrégulière, j'ai parlé calmement à Dieu, et je Lui ai dit : « Si Tu veux la reprendre, j'accepte. » Je ne sais pas où est partie ma colère. » Plus tard, l'état de santé de sa femme s'améliora quelque peu, et il fit appel à un acupuncteur pour la traiter. Pendant tout ce temps, il servit sa femme avec patience. Le jour de mon départ, il vint me rendre une dernière visite. Il me dit qu'au cours des vingt dernières heures, il avait eu le sentiment que c'était la femme d'un autre qui était malade, car il n'était pas du tout inquiet. Ce frère possédait une fabrique de broderie, et beaucoup de ses employés étaient pénibles. Au cours de ce même mois, il s'était passé bien des choses dans la fabrique. Dans le passé, il aurait réagi en se mettant en colère. Mais pendant cette période, il avait eu l'impression que ces problèmes n'étaient pas les siens. Il lui était même arrivé de sourire en discutant de ces problèmes avec les employés. Il déclara : « Je ne sais pas où est passée ma colère. » C'est cela, obtenir. S'il s'était agi « d'atteindre », il en aurait été incapable je crois bien, même si on lui avait accordé vingt ans supplémentaires. Grâces soient rendues au Seigneur, car la victoire est obtenue et non pas atteinte. Tandis que vous êtes assis-là, vous pouvez l'obtenir sitôt que vous dites que vous la voulez.

Une missionnaire qui était allée en Inde n'avait emporté rien d'autre avec elle que son mauvais caractère. Elle perdait toujours son sang-froid. Elle se disait qu'elle était probablement la dernière personne au monde à pouvoir faire preuve de patience. Une amie, qui l'avait aidée spirituellement, avait découvert le secret consistant à accepter Christ comme la vie victorieuse. Elle écrivit à son amie missionnaire, lui disant que la vie de vainqueur était quelque chose qui s'obtenait. Lorsque la missionnaire reçut la lettre, elle agit selon les instructions qui y étaient contenues. Trois mois plus tard, son amie reçut une réponse. La missionnaire écrivait : « Lorsque ta lettre m'est parvenue, je me suis immédiatement rendu compte que l'évangile, c'est cela ! Christ est ma patience. Ma mauvaise humeur a disparu aussitôt. Mais puisque j'avais si misérablement échoué par le passé, je n'osai rien dire avant d'avoir fait l'essai pendant trois mois. Ici, les serviteurs indiens sont très indisciplinés et étourdis. Dans le passé, lorsque j'étais en colère après eux, je claquais la porte pour le leur faire savoir. Depuis que j'ai commencé à pratiquer ce que tu as dit, j'ai cessé de claquer la porte, et je n'ai plus envie de le faire. » Cela nous montre que la victoire sur le péché est quelque chose que le Seigneur accomplit pour nous, nous n'avons besoin de faire aucun effort. Nous pourrions essayer pendant cent ans d'y parvenir par nous-mêmes, nous n'y arriverions pas.

Frères et sœurs, permettez-moi de le répéter : la victoire ne s'atteint pas, mais elle s'obtient.

LA RÉCEPTION DE CETTE VIE — UN MIRACLE

Vous vous rappelez peut-être que Paul a dit un jour : « Car c'est Dieu qui opère en vous le vouloir et le faire selon son bon plaisir » (Ph 2.13). Quoi que nous fassions, c'est selon le bon plaisir de Dieu. C'est Dieu qui nous amène à exécuter toute chose. Dieu opère en nous afin de nous rendre saints. Nous n'avons pas à faire nous-mêmes des efforts, car tout est accompli à travers Dieu qui travaille en nous. Une vie si sainte et si parfaite n'est pas le résultat de notre propre effort, c'est absolument une œuvre de Dieu.

Pour beaucoup, il faudrait quasiment un miracle afin de les délivrer de leur méchanceté. Certaines personnes ne ressentent pas leurs échecs. Elles ne se rendent pas compte de leur état désespéré. D'autres ont abandonné la lutte contre leur colère, leur fierté ou leur disposition. Elles se rendent compte qu'elles ne vaincront jamais à moins que Dieu ne réalise un miracle. Y a-t-il quelqu'un ici qui puisse vaincre le péché ? La façon d'agir de l'homme est de supprimer le péché. Mais la stratégie de Dieu est de réaliser un miracle en enlevant le vieil homme et en purifiant le cœur en même temps. Si vous comprenez ce que signifie la victoire selon Dieu, vous serez comblés de joie.

Une sœur avait un tempérament exceptionnellement indomptable. Son mari, ses enfants, ses serviteurs et tout son entourage avaient peur d'elle. Cependant, elle était chrétienne. Elle était désespérée d'avoir si mauvais caractère. Quelques années après sa conversion, elle reçut le Seigneur Jésus comme sa victoire. Immédiatement après cette grande expérience, elle eut à faire face à une grande épreuve. Le lendemain du jour où elle avait reçu le Seigneur Jésus comme sa victoire, elle se réveilla et descendit les escaliers pour se rendre à la salle de séjour. Son mari et les serviteurs étaient en train de suspendre un chandelier au plafond. Le chandelier était coûteux, mais le mari et les serviteurs ne faisaient pas assez attention. Le chandelier tomba par terre et se fracassa au moment même où la femme descendait. Lorsque son mari la vit arriver, il se figea et se demanda s'il y aurait une explosion de colère. À son grand étonnement, elle dit calmement : « Contentez-vous de balayer les morceaux. » Son mari commença à se poser des questions. Dans le passé, elle aurait crié et hurlé pour la moindre tasse ou soucoupe cassée. Il avait pensé que cette fois-ci, elle serait sûrement furieuse. En voyant sa réaction, il demanda : « As-tu bien dormi la nuit dernière ? Es-tu souffrante ? » Elle répondit : « Je ne suis pas souffrante. Dieu a réalisé un miracle en moi et a enlevé mon vieil homme. » Le mari répondit : « C'est bien un miracle ! Quel miracle ! Grâces soient rendues au Seigneur ! C'est un miracle ! »

C. G. Trumbull, fondateur de la « Sunday School Times Company » [Compagnie de l'école du dimanche], est une personne expérimentée dans le domaine de la vie spirituelle. Il se rendit compte que la vie de vainqueur était un miracle. Un jour, il témoigna à un ancien qu'après qu'il eut reçu le Seigneur Jésus comme sa vie, non seulement son tempérament coléreux avait disparu, mais il n'avait même plus envie de se mettre en colère. L'ancien demanda : « Veux-tu dire que tous tes anciens péchés peuvent être enlevés ? » Trumbull répondit : « Oui. » L'ancien rétorqua : « Je crois que cela est vrai pour toi car je crois en ta parole. Mais cela ne pourra jamais m'arriver. » Plus tard, Trumbull invita l'ancien à prier avec lui. Après une longue prière, l'ancien accepta aussi ce fait. Quelque temps après, Trumbull rencontra de nouveau l'ancien, et celui-ci lui dit : « De ma vie, je n'ai jamais expérimenté ce que j'ai expérimenté ce soir-là. C'était un miracle ! Il n'y a pas de lutte ni d'effort. Les désirs ont disparu, et même l'envie de pécher a disparu. Cela est vraiment merveilleux. C'est un miracle. » Peu de temps après, il écrivit une lettre à Trumbull et lui parla de quelque influence maléfique et malséante existant parmi les membres de la direction, sur son lieu de travail. Dans le passé, il essayait toujours de se dominer. Mais lorsqu'il se retrouva au milieu de cela cette fois-ci, il n'en fut pas affecté et ne fut pas enclin à pécher. Quel miracle !

Frères et sœurs, vous trouvez-vous face à des obstacles infranchissables ? Avez-vous des péchés que vous ne pouvez surmonter ? Si tel est le cas, le Seigneur Jésus peut réaliser le même miracle en vous. Il se peut que vous ayez été impuissants dans certains domaines pendant des années. Mais le Seigneur peut réaliser un miracle en vous. Peu importe que vos péchés soient d'ordre spirituel, charnel, mental, physique ou de disposition. Peu importe que vous puissiez ou non obéir à la volonté de Dieu ou que vous soyez ou non consacrés, et peu importe que vous ayez confessé ou non vos péchés. Le Seigneur peut réaliser Son miracle en vous. Si vous ne pouvez vous consacrer, le Seigneur peut vous amener à vous consacrer. Si vous ne pouvez être patients, le Seigneur peut vous permettre de l'être. Il peut vaincre tous les péchés que nous avons mentionnés. Dieu est capable. Quand Il réalise un miracle, tout devient possible.

LE RÉSULTAT DE CETTE VIE — UNE VIE *D'EXPRESSION* ET NON PAS UNE VIE DE RÉPRESSION

Le résultat d'une vie de vainqueur est une vie *d'expression* plutôt qu'une vie de répression. Le problème avec notre « victoire » est qu'elle vient en grande partie de la répression. Il y avait une femme d'un certain âge qui réprimait toujours sa colère. Elle continuait d'arborer un sourire, mais intérieurement elle luttait pour se dominer. Le résultat de cette vie de répression, si elle dure des années, ne pourra être qu'une hémorragie interne. Toute l'amertume reste à l'intérieur, dans une vie de répression. Mais grâces soient rendues au Seigneur ! Notre victoire est liée à l'expression, elle ne vient pas par la répression. Une vie *d'expression* manifeste ce que l'on a déjà obtenu. C'est la signification de Philippiens 2.12, où il est écrit : « Travaillez à votre propre salut. » Dans le passé, nous essayions de nous cacher le plus possible. Maintenant, la victoire de Christ s'exprime. Elle est exprimable. Dans le passé, plus nous réprimions, mieux c'était. Maintenant, plus nous exprimons, mieux c'est. Christ vit en nous, et nous L'exprimons devant les hommes.

Jessie Penn-Lewis avait une jeune amie qui était poète. Elle excellait à aider les enfants à comprendre le sens de la vie de vainqueur. Un jour, Madame Penn-Lewis lui rendit visite et tenta d'apprendre par elle la façon d'enseigner aux enfants. Ce jour-là, son amie invita des douzaines d'enfants à venir manger. Après le repas et avant que la table fût nettoyée, un visiteur se présenta soudain. La jeune femme demanda aux enfants : « La table est en un tel désordre. Qu'allons-nous faire ? » Les enfants proposèrent de la recouvrir d'une nappe propre. La jeune femme fut d'accord et recouvrit le désordre sur la table d'une nappe propre. Après le départ du visiteur, elle demanda aux enfants : « Le visiteur a-t-il vu le désordre sur la table ? » Ils répondirent : « Non. » Elle demanda alors : « Bien qu'il n'ait pas vu le désordre, la table était-elle toujours dans le même état ? » Ils répondirent : « Oui. » Bien que le visiteur n'ait pas vu le désordre, ce dernier était toujours sur la table.

Frères et sœurs, nombreux sont ceux qui se permettent d'être sales intérieurement mais qui n'aiment pas l'être extérieurement. Nos pensées et nos sentiments ne peuvent être exposés aux regards des hommes. Nous pensons être victorieux. D'autres peuvent nous louer pour notre humilité, et nous appelons peut-être cela de l'humilité. Nous pouvons avoir l'air d'être très patients, mais en fait, tout est simplement bien enfermé en nous. Frères et sœurs, je dois dire honnêtement qu'il n'y a pas de victoire lorsque nous réprimons tout ce qui est à l'intérieur de nous. La victoire survient quand nous partons et que Christ s'installe. La victoire est quelque chose d'exprimé.

Il y avait une sœur qui se mettait facilement en colère. Un jour, sa servante brisa un vase. Elle alla au lit sur-le-champ et se recouvrit d'une couverture, s'efforçant de ne pas perdre son calme. Cela est une vie de répression.

Un colporteur peut venir à vous pour vendre ses fruits. Vous pouvez lui dire que vous ne voulez rien acheter et lui demander de s'en aller. Il peut revenir une deuxième fois, et vous pouvez refuser et le renvoyer encore une fois. Il peut revenir une troisième fois. Il vient car il veut vendre ses fruits. Il peut se contrôler et faire en sorte de ne pas s'impatienter. Mais cela, ce n'est pas vaincre, ce n'est pas la victoire. C'est purement une technique commerciale. Réprimer votre tempérament ne constitue pas la victoire. Christ a vaincu en purifiant le cœur de l'homme. La victoire signifie donc la pureté dans le cœur.

Un frère de plus de cinquante ans avait lu toute sa vie l'enseignement de Confucius. Il y avait maintenant plus de trois ans qu'il était chrétien. Bien qu'il crût à la purification par le sang du Seigneur, il ne connaissait pas la différence entre le christianisme et le confucianisme. La méthode confucéenne d'éducation est celle de la maîtrise de soi : on essaie de parvenir à la sainteté par la répression et l'éducation. Après sa conversion ce frère essaya encore de pratiquer la répression, tentant toujours de détourner les yeux des problèmes, voire même les éliminant complètement. Plus tard, il fit l'expérience du chemin de la victoire. Il témoigna du fait que la victoire n'avait rien à voir avec lui. Le christianisme est différent de toute autre religion. La différence ne réside pas uniquement dans la croix mais dans le fait que nous avons un Christ vivant qui demeure en nous. Nous pouvons prêcher une doctrine de rédemption ainsi qu'un Christ vivant. L'homme dont il est fait mention ci-dessus était un vrai disciple de Confucius, et il ne s'extériorisait pas du tout. Cependant, il témoigne désormais du fait qu'il peut le faire. Il n'est plus obligé de se contenir, et les problèmes ne surviennent plus.

Frères et sœurs, il me faut dire alléluia à cela ! La victoire consiste à se libérer de son moi et de son expression. Une vie de vainqueur n'est rien d'autre que Christ Lui-même.

Ces cinq points sont les caractéristiques de cette vie. Enfin, permettez-moi de m'exprimer franchement. S'il vous plaît, souvenez-vous que la victoire, comme le salut, est définie. On en fait l'expérience à une date déterminée. Vous êtes sauvés à une date déterminée. (Bien sûr, certains ont oublié le mois et le jour de leur salut). Il vous faudrait aussi noter la date à laquelle vous avez vaincu. Il devrait aussi y avoir une date précise. Chacun devrait avoir une date précise à laquelle il vainc. C'est une porte spécifique par laquelle on passe. Soit vous y êtes passés, soit vous n'y êtes pas passés. Il n'y a pas de « peut-être » en ce domaine. Personne dans le monde n'est « peut-être » sauvé. Si vous êtes sauvés, vous êtes sauvés. De même, personne dans le monde n'est « peut-être » victorieux. Si vous avez vaincu, vous avez vaincu. Ceux qui ont « peut-être » vaincu n'ont pas vaincu du tout. Chacun d'entre nous devrait passer par cette porte. Je ne puis en dire plus aujourd'hui. Plus tard, nous verrons que la victoire n'est pas seulement une question individuelle. L'enjeu est plus grand. Raison de plus pour que nous vainquions.

Chapitre Quatre

COMMENT FAIRE L'EXPÉRIENCE DE LA VIE DE VAINQUEUR

(1)

Références biblique : Ga 2.20

PLUS MOI, MAIS CHRIST

Galates 2.20 est un verset qui nous est très familier. Cet après-midi, nous allons en parler plus en détail. Dans le dernier message, nous avons vu ce que signifie une vie de vainqueur. Nous savons que la vie de vainqueur est Christ, le Christ qui vit en nous. La question consiste à savoir comment nous pouvons entrer dans l'expérience de cette vie. Christ veut être notre vie et Il peut nous rendre victorieux. Mais comment Christ peut-Il être notre vie ? Comment Christ peut-Il exprimer Sa vie en nous ? Nous avons entendu l'évangile et savons que Jésus est le Sauveur, mais comment Le considérons-nous, en tant que notre Sauveur ? Nous connaissons le salut de la croix, mais comment pouvons-nous être associés au salut de la croix ? Dans ce message nous débattrons la question suivante : comment être uni à Christ, et ce que nous devrions faire avant que Christ puisse devenir notre vie et vivre en nous. Cet après-midi, il nous faut considérer Galates 2.20.

Nous ne tiendrons pas compte du début ou de la fin de ce verset. Nous commencerons par le milieu. Ce verset contient une expression merveilleuse : « Ce n'est plus moi qui vis, mais Christ qui vit en moi. » Nous pouvons dire que ce n'est plus moi, mais Christ. Que signifie « plus moi… mais Christ » ? Ces quatre mots représentent la victoire. Ils évoquent la vie de vainqueur dont nous avons parlé au cours de ces derniers jours. La vie de vainqueur est simplement (1) « plus moi » et (2) « mais Christ ». C'est cela la vie de vainqueur. Aussi longtemps que ce n'est « plus moi » et aussi longtemps que « c'est Christ, » il y a la victoire. « Plus moi » plus « mais Christ » égalent la victoire, et tous les problèmes sont résolus.

Nous avons vu, dans le dernier message, que la vie de vainqueur signifie plus moi, mais Christ. Mais certaines questions se posent encore : comment un chrétien peut-il ne plus être lui-même mais Christ ? Comment peut-on obtenir une telle vie ? Quel chemin devrait-on emprunter afin d'arriver à ne plus être soi-même mais Christ ? C'est pourquoi il nous faut étudier attentivement Galates 2.20. Selon Galates 2.20, « ce n'est plus moi... mais Christ » se trouve au centre. Ces mots sont encadrés par deux phrases importantes. Nous devons considérer le point de départ de l'expérience de Paul, ce qui l'a conduit à dire « ce n'est plus moi... mais Christ. » Quand nous aurons vu cela, nous pourrons emprunter le même chemin et finalement nous dirons aussi « ce n'est plus moi... mais Christ. » Donc, il nous faut suivre le même chemin que Paul.

COMMENT NE PLUS ÊTRE MOI, MAIS CHRIST

Maintenant, découvrons comment parvenir à « ce n'est plus moi... mais Christ. » Il nous faut commencer à la première phrase de ce verset. « Je suis crucifié avec Christ et ce n'est plus moi qui vis, mais Christ qui vit en moi. » Comment Paul a-t-il atteint le stade où il pouvait dire « ce n'est plus moi... mais Christ » ? C'est une parole qui nous est très familière. « Je suis crucifié avec Christ et ce n'est plus moi qui vis. » Le « moi » est éliminé, il est sur la croix. Le « moi » est mort. C'est pourquoi je peux dire que ce n'est plus moi. Cependant, frères et sœurs, ce n'est pas la première fois que la vérité concernant la crucifixion avec Christ est prêchée parmi nous. Nous savons depuis longtemps que nous sommes crucifiés avec Christ. Pourquoi la doctrine de notre crucifixion avec Christ n'a-t-elle pas marché pour nous ? Frère Lu, depuis combien d'années entends-tu parler de la doctrine de la crucifixion avec Christ ? Tu en entends parler depuis plus de dix ans. Agit-elle en toi ? Je t'en prie, sois honnête avec nous. Agit-elle bien en toi ? Pas vraiment. Je poserai la même question à Frère Chi. Dans quelle mesure la doctrine de la croix t'a guidé ? Est-elle vraiment effective en toi ? As-tu la puissance de Paul ? Frère Chi a déclaré ressentir qu'il commençait à avoir plus de puissance au cours de ces derniers jours. Nous connaissons la doctrine de la crucifixion avec Christ depuis plus de dix ans, mais elle n'a pas agi en nous, ou presque pas. Nous ne pouvons dire, comme Paul : « Je suis crucifié avec Christ, » et nous ne pouvons enchaîner par : « Ce n'est plus moi qui vis. » Il semble que cette doctrine n'ait pas produit beaucoup d'effet sur nous. Je ne fais pas que répéter la doctrine de la croix cet après-midi, nous en savons déjà trop. Nous voulons voir jusqu'à quel point cette crucifixion avec Christ devrait agir en nous et ce que nous devrions faire avant de pouvoir dire que nous sommes crucifiés avec Christ.

Frères et sœurs, lorsque le Seigneur Jésus a été crucifié nous ne L'avons pas tué, et nous ne nous sommes pas tués non plus. Christ Lui-même est mort sur la croix, et Dieu nous a inclus dans Sa mort. Cela nous est, à tous, familier. Cependant, j'aimerais vous poser une question : tandis qu'il est vrai que Dieu nous a crucifiés, que devrions-nous faire et par quel processus devrions-nous passer avant de pouvoir affirmer que nous sommes crucifiés avec Christ ? Dans le passé, nous avons considéré ce que Dieu avait fait pour nous, mais nous n'avons pas vu où était notre responsabilité. Nous avons vu que Dieu nous avait crucifiés, mais nous ne savons pas comment considérer notre propre crucifixion. Cet après-midi, nous voulons examiner la responsabilité que nous portons dans notre crucifixion avec Christ.

ACCEPTER L'ÉVALUATION DE DIEU

Pourquoi Dieu a-t-Il crucifié Christ ? Mon intention n'est pas de délivrer un sermon cet après-midi, mais d'avoir une discussion avec vous. C'est quelque chose qui nous concerne tous, ce n'est pas simplement pour moi. Chacun d'entre nous devrait prendre cela en considération. Pourquoi Dieu a-t-Il voulu nous crucifier avec le Seigneur Jésus ? Je peux illustrer ce point par une histoire. Un voleur fut déclaré coupable devant un juge. Comme le crime n'était pas trop sérieux, il ne fut condamné qu'à dix ans de prison.

Un autre voleur fut aussi déclaré coupable, et le juge le condamna à être exécuté. Pourquoi l'un fut-il exécuté, tandis que l'autre ne reçut qu'une peine de dix ans de prison ? Il y avait encore de l'espoir pour celui qui allait être emprisonné. Le juge espérait encore en lui, et la nation aussi. Il existait encore la possibilité que cet homme devienne un bon citoyen. Après dix ans de prison, il serait libéré. Mais la nation n'espérait plus rien de l'autre voleur, le crime qu'il avait commis était trop sérieux. La nation n'avait pas besoin d'une telle personne, et la seule façon de traiter le problème était d'exécuter cet homme. Comment Dieu nous voit-Il aujourd'hui ? Dieu nous a crucifiés sur la croix. Pourquoi a-t-Il fait cela ? Cela peut ne pas être un compliment, mais c'est la vérité : Dieu n'a plus d'espoir en nous. Dieu nous considère comme des cas sans espoir et incorrigibles. La chair est corrompue au plus haut point, et il n'y a pour elle d'autre issue que la mort. L'œuvre du Seigneur Jésus ne change pas notre chair. La puissance de Dieu ne peut changer notre chair, et le Saint-Esprit ne peut changer notre chair. Lire la Bible et prier ne peuvent changer notre chair. Ce qui est né de la chair est chair. Il n'y a pas d'espoir, et la chair ne peut jamais changer. Dieu considère que la mort est la juste destinée de la chair. Dieu a perdu espoir en nous. C'est pourquoi Il nous a inclus dans la crucifixion de Christ. Nous sommes sans espoir, la seule solution est la mort. Par conséquent, la première chose que Dieu exige d'un chrétien après sa conversion est le baptême. Par le baptême une personne déclare que Dieu a abandonné tout espoir en elle et l'a crucifiée. C'est aussi, pour nous, la façon de déclarer que nous méritons de mourir et que nous demandons à d'autres de nous dégager du chemin et de nous enterrer. Avons-nous vu que le baptême atteste la déclaration de Dieu et que par cet acte nous reconnaissons que nous sommes morts ? C'est dire « amen » au point de vue de Dieu à notre égard. Dieu dit que nous méritons de mourir, et nous faisons un pas de plus en nous enterrant nous-mêmes. Je désespère totalement de moi-même. Je ne mérite que la mort, et aujourd'hui, je me tiens sur le terrain de la mort.

De nombreux chrétiens ont oublié ce qu'ils ont fait au moment du baptême, et beaucoup ont oublié l'opinion que Dieu a de nous.

Comment Dieu nous voit-Il ? Il juge que nous devrions mourir. Nous ne méritons que la mort. Il n'y a pas d'autre chemin. Il est inutile d'essayer de réparer ou de corriger. Il n'y a pas de possibilité de progrès, et nous ne pouvons pas changer. Nous sommes complètement inutiles. Par conséquent, Dieu nous a inclus dans la mort du Seigneur Jésus. Le fait qu'Il nous mette sur la croix montre comment Il nous voit. S'il vous plaît, rappelez-vous que la croix révèle l'estimation que Dieu a faite de nous. Dieu nous a montré que nous ne méritons que la mort et qu'il n'y a pas d'espoir pour nous.

Mais acceptons-nous ce fait ? Les êtres humains se contredisent souvent eux-mêmes. D'un côté, nous disons depuis des années que nous sommes crucifiés avec Christ. Mais d'un autre côté, nous sommes encore pleins d'espoir pour nous-mêmes. D'une part, nous sentons que nous ne sommes pas capables et d'autre part nous espérons pouvoir le devenir. Nous trébuchons et échouons sans cesse, et cependant nous espérons toujours vaincre.

Un jour, j'ai vu la photographie d'une femme qui avait placé le cercueil de son mari décédé devant sa porte pendant trente ans. Elle ne permettait à personne d'enterrer son mari. Elle disait que son mari était seulement en train de dormir, et elle attendait qu'il ressuscite. Nous avons le même espoir en ce qui nous concerne. D'un côté, nous croyons que nous ne méritons que la mort et que nous sommes déjà morts par nos transgressions. Mais d'un autre côté, nous pensons qu'aussi longtemps qu'il y a en nous un souffle de vie, nous pouvons encore être de quelque utilité. Nous pensons avoir échoué parce que nous n'avons pas été assez fermes dans notre détermination et nous croyons que nous vaincrons si nous faisons mieux la prochaine fois. Nous pensons avoir échoué par manque de vigilance et nous croyons que nous serons capables de résister à la tentation si nous sommes vigilants la prochaine fois. Nous pensons avoir échoué parce que nous n'avons pas rejeté la tentation et nous croyons que nous vaincrons si nous la rejetons la prochaine fois. Nous pensons avoir échoué cette fois-ci car nous n'avons pas assez prié et nous croyons que nous vaincrons si nous prions assez la prochaine fois. Nous rendons-nous compte de ce que nous faisons ? Dieu nous a crucifiés sur la croix et nous a dit que nous sommes morts. Mais nous n'avons pas vu que nous étions morts ; nous n'avons pas reconnu ce fait. Nous continuons d'espérer que la flamme qui s'est éteinte sera de nouveau ravivée si nous l'attisons suffisamment. C'est pourquoi nous sommes constamment en train d'attiser.

Que signifie être crucifié avec Christ ? Pour expérimenter cette vérité, il nous faut remplir une condition nécessaire. Nous devons dire à Dieu : « Tu as perdu espoir en moi, et j'ai aussi perdu espoir en moi-même. Tu me considères comme étant un cas sans espoir et moi aussi je me vois ainsi. Tu penses que je mérite la mort et je le pense aussi. Tu me juges impuissant, bon à rien et moi aussi je me vois ainsi. » Il nous faut sans cesse nous tenir sur ce terrain. C'est la signification de la crucifixion avec Christ. Ce que Dieu a fait ne peut pas être défait ; il s'agit de faits accomplis. Mais de notre côté, nous avons la responsabilité d'accepter l'évaluation de Dieu. Dieu a perdu espoir en nous. Il nous faut aussi perdre espoir en nous-mêmes. Chaque fois que nous désespérerons de nous-mêmes, nous verrons que « ce n'est plus moi. »

Le problème, aujourd'hui, est que la plupart des chrétiens ont refusé d'ouvrir les yeux. Ils n'ont pas vu que Dieu avait perdu espoir en eux et abandonné toute exigence les concernant. Il nous considère comme étant absolument inutiles. Ici, je n'ai pas peur d'offenser Frère Lu. Je peux déclarer ceci devant tout le monde : « Frère Lu est une personne absolument inutile. » C'est une façon polie de s'exprimer. De façon moins polie, je dirais : « Frère Lu, tu es corrompu jusqu'à la moelle ; tu es foncièrement mauvais. » Mais grâces soient rendues à Dieu, je peux dire cela non seulement de Frère Lu mais aussi de moi-même. Nous sommes tous corrompus jusqu'à la moelle. Nous sommes complètement inutiles. Nous ne sommes bons qu'à mourir. Le seul chemin pour nous, c'est celui de la mort. Nous ne changerons jamais, et il n'y a pas d'espoir en nous. Nous sommes foncièrement mauvais, et nous ne méritons que la mort. C'est ainsi que Dieu nous jauge, et nous devrions faire de même.

Nous nous faisons beaucoup d'idées sur nous-mêmes. Nous sommes pleins d'espoir pour nous-mêmes. C'est pourquoi il nous faut voir, dans ce message, comment nous pouvons nous approprier la réalité de notre crucifixion avec Christ. Dieu a abandonné tout espoir en ce qui nous concerne, mais que devrions-nous faire ? Nous devrions dire à Dieu que nous avons aussi perdu espoir en nous-mêmes, et il nous faut faire un pas de plus. Pour l'instant, mettons de côté Galates 2. Regardons maintenant Luc 18.18-27.

LE PRINCIPE DE « MANQUER ENCORE D'UNE CHOSE »

Personnellement, je chéris cette partie de la Parole. Elle nous montre la première condition de la victoire. J'espère que vous me suivrez et considérerez la portée de ce passage. Il y avait un chef qui vint à Jésus et Lui demanda la vie éternelle — la vie de Dieu. Cette vie éternelle inclut le salut ainsi que la victoire. C'est pourquoi, dans les versets suivants, Il est fait mention à la fois du salut et de l'entrée dans le royaume de Dieu.

Le chef vint au Seigneur Jésus et Lui demanda ce qu'il devait faire afin d'hériter la vie éternelle. Le Seigneur établit une liste de cinq conditions très strictes : « Ne commets pas l'adultère ; ne tue pas ; re dérobe pas ; ne dis pas de faux témoignage ; honore ton père et ta mère. » Aucun jeune chef ne pourrait respecter ces commandements. Il serait impossible, pour un jeune chef, de ne pas commettre d'adultère, de ne pas commettre de meurtre, de ne pas commettre de vol, de ne pas porter de faux témoignage et d'honorer ses parents. Aucun jeune chef ne pourrait remplir ces cinq conditions. Cependant, et de façon surprenante, ce jeune homme déclara à Jésus : « Toutes ces choses, … , je les ai gardées dès ma jeunesse. » Pas une fois il n'avait violé l'un de ces commandements. C'était comme s'il disait : « Maître, y a-t-il d'autres conditions ? Si la réponse est non, je devrais hériter la vie éternelle. Je suis qualifié pour avoir la vie éternelle. » Mais le Seigneur Jésus lui dit qu'il lui manquait encore une chose. « Il te manque encore une chose : Vends tout ce que tu as, distribue-le aux pauvres, et tu auras un trésor dans les cieux. Puis viens et suis-moi. » Vous rendez-vous compte qu'il vous manque encore une chose ? Que signifie manquer encore d'une chose ? Le Seigneur Jésus déclara qu'il lui manquait encore une chose et qu'il ne pouvait s'en tirer sans avoir cette chose. Cela signifie-t-il que quiconque vient au Seigneur doit vendre tout ce qu'il possède ou que quiconque croit au Seigneur Jésus doit tout abandonner ? Non, nous admettons que beaucoup de riches peuvent recevoir la vie éternelle. Mais pourquoi ne voyons-nous que peu d'entre eux ? Pourquoi sont-ils si peu nombreux ? Certains ont déclaré : « Je ne peux vendre tout ce que j'ai. » Le verset 26 indique qu'en entendant cette parole, certains ont murmuré : « Alors, qui peut être sauvé ? » Cependant, au verset 27, le Seigneur Jésus déclara : « Ce qui est impossible aux hommes est possible à Dieu. » Le Seigneur démontrait au jeune chef que le salut était impossible à l'homme, mais le jeune homme ne l'admettait pas. Il pensait qu'il pouvait s'abstenir de commettre adultère, meurtre, vol et de porter faux témoignage, et qu'il pouvait honorer ses parents. Le dessein de cette parole du Seigneur était de lui prouver que le salut et la victoire sont impossibles aux hommes. Le salut est impossible aux hommes, et la victoire est impossible aux hommes. Cependant, le jeune homme pensait que cela était possible. C'est pourquoi le Seigneur posa une autre condition. Il déclara, en effet : « Puisque tu dis que tu peux remplir ces cinq conditions, je vais t'en dicter une autre. Peut-être ajouterai-je encore une autre chose, puis encore une autre, pour voir si tu peux remplir toutes ces conditions. » Lorsque le jeune chef se rendit compte qu'il ne pouvait remplir les conditions du Seigneur, il devint très triste et s'en alla.

Si vous tentez d'être sauvés ou si vous tentez de vaincre, Dieu placera souvent « une chose » devant vous. Nous avons souvent le sentiment que nous avons fait du bon travail. Nous avions un caractère vif, mais nous pouvons désormais le contrôler. Nous étions fiers, mais désormais nous sommes humbles. Nous étions jaloux des autres, mais désormais nous ne sommes plus si jaloux. Nous étions bavards, mais à présent nous ne le sommes plus autant. Nous pensons ne pas être trop loin de la victoire et avoir déjà bien avancé dans ce sens. Mais même si nous ne sommes pas impatients, fiers, jaloux ou bavards, nous avons encore une chose, un défaut. Il semble que tout le reste ait été traité par Dieu, mais nous manquons encore de cette chose. Ce peut être une toute petite chose. Ce peut être un penchant pour la nourriture, ou il peut s'agir du fait que nous ne puissions nous lever avant huit ou neuf heures du matin. Il semble si étrange que nous puissions vaincre de nombreux autres péchés, mais que nous soyons incapables de vaincre celui-là. Nous sommes impuissants dans ce domaine. Nous nous efforçons en vain de surmonter ce problème. Il se peut que nous demandions aux autres de nous réveiller, ou nous utilisons peut-être un réveil, et pourtant, nous ne pouvons nous réveiller. Nous ne pouvons pas expliquer cela. Nous pouvons vaincre de nombreuses autres choses, mais nous ne pouvons vaincre cette chose-là. C'est le principe de Luc 18 : il nous manque encore une chose. Dieu nous prouve que nous ne sommes pas capables, et nous serons finalement obligés de l'admettre. Le Seigneur peut nous permettre de devenir capables dans un certain domaine, mais Il nous montrera qu'il nous manque encore une chose. Il doit nous montrer qu'il y a au moins une chose que nous sommes incapables de faire. Pour nous conduire à la victoire, Dieu doit d'abord nous montrer notre incapacité. La victoire est un don de Christ ; nous ne pouvons vaincre par nous-mêmes. Par conséquent, Dieu laisse une ou deux choses qu'il nous est impossible de vaincre. Il essaie de nous montrer qu'il nous « manque encore une chose. »

LE PREMIER PAS VERS LA VICTOIRE : SE RENDRE COMPTE QUE NOUS NE SOMMES PAS CAPABLES

Le jeune chef aurait peut-être été capable de remplir cinq, cinquante, voire cinq cents conditions, mais Dieu lui a mis une chose sous les yeux pour lui montrer qu'il n'était pas capable. Amis, le premier pas vers la victoire, c'est nous rendre compte que nous ne sommes pas capables. Tous ceux qui sont assis ici ont une chose qu'ils ne sont pas capables de faire. Il est si étrange que nous échouions toujours dans cette même chose. Pour certains, c'est leur tempérament, leurs pensées impures, leur loquacité, leur incapacité à se lever tôt le matin, leurs conseils trop nombreux, leur jalousie ou leur fierté. Nous ne savons pas pourquoi, mais il y a toujours une chose qu'une personne ne peut vaincre. Quiconque a l'intention de vaincre doit trouver devant Dieu la chose qui lui manque. Chacun a sa « chose unique » particulière. On a, au moins, « une chose ». Parfois, on en a plus. Quand nous serons devant Dieu, Il nous montrera que nous ne sommes pas capables.

Une sœur avait un grand désir de vaincre. Elle confessa de nombreuses choses devant Dieu. Chaque jour, elle écrivait des lettres aux autres, demandant pardon pour ses méfaits, et chaque jour, elle gravissait la montagne pour prier. Chaque fois qu'elle descendait de la montagne, je lui demandais si elle avait surmonté son obstacle. Elle me disait qu'elle avait creusé une autre tombe sur la montagne et qu'elle y avait encore enterré quelque chose. Lorsque je lui posais la question le lendemain, elle me disait qu'elle avait découvert de nouveaux péchés, les avait confessés et enterrés. Pendant plus de vingt jours, elle s'occupa de ses péchés. À la fin, je lui demandai : « As-tu bientôt fini ? » Elle répondit : « Après avoir surmonté tant de choses, je pense avoir presque vaincu. » Je dis alors en privé à une sœur qui travaillait avec moi : « Attendons voir. » Un jour, je me rendis chez la première sœur et la trouvai bien triste. Je ne lui en demandai pas la raison. Il est toujours bon d'avoir du chagrin, et ce n'est pas toujours une bonne chose que d'empêcher une personne d'avoir du chagrin. Je ne dis rien. Cela continua pendant six jours.

Au bout de ces six jours, l'un de nos frères invita tout le monde à un repas. La sœur faisait aussi partie des invités. Elle vint au repas mais ne mangea qu'à peine. Elle était assise en face de moi et souriait, mais en réalité, elle était très triste dans son cœur. Il y avait plus de vingt frères et seulement trois sœurs présents ce jour-là. J'avais composé un nouvel hymne, et après le repas, je lui demandai de le jouer au piano. Après qu'elle joua deux couplets, ses larmes commencèrent à couler. Je la laissai pleurer. Au bout d'un moment, je lui demandai : « Que se passe-t-il ? » Elle répondit : « C'est sans espoir ! Il y a une chose que je ne peux vaincre, malgré tous mes efforts. » C'était une sœur timide, mais elle pleura devant vingt frères, voire plus. Elle ne pouvait se retenir, elle continuait à pleurer. Je lui demandai ce qu'elle ne pouvait vaincre. Elle répondit qu'elle avait confessé un problème pendant une semaine, mais était toujours incapable de vaincre. Elle déclara : « Frère Nee, au cours de ces dernières semaines, je me suis occupée de mes péchés tous les jours. J'ai traité tous mes péchés. » Je pouvais témoigner qu'elle l'avait vraiment fait. Elle poursuivit : « Mais en dépit de tout ce que j'ai fait au cours de cette dernière semaine, j'ai été incapable de traiter ce seul péché. » Je pensai qu'il devait s'agir d'un péché très grave. Je la questionnai de nouveau sur ce péché. Elle répondit : « C'est un tout petit problème. Mais je ne peux le vaincre. J'ai cette habitude depuis ma jeunesse. J'aime prendre des collations. Après le petit déjeuner, j'aime grignoter ceci ou cela. Avant le déjeuner, j'ai encore le désir de grignoter et après ce dernier il me faut quelque chose. Le soir, avant d'aller me coucher, je cherche encore à grignoter. Au cours de ces derniers jours, j'ai senti que je devais résoudre ce problème. Je ne devrais pas grignoter constamment. J'ai commencé à m'occuper de ce problème. Cependant, j'ai essayé pendant six jours, et j'ai échoué chaque jour. Je suis pire que mes trois enfants. Dès que je vois quelque chose à grignoter, je le mets dans ma bouche. Je ne peux arrêter de manger. » Elle pleurait tout en parlant. Mais en entendant cela, j'étais très heureux. Je me mis à rire. Alors qu'elle pleurait, certains frères se retirèrent, et quelques sœurs tentèrent d'éviter la scène. Elle pleurait amèrement, mais je riais de bon cœur. Elle me demanda pourquoi j'étais si heureux. Je répondis : « Je suis très heureux. Mon cœur bondit de joie. Madame Une telle, êtes-vous sûre que vous n'êtes pas capable ? Vous êtes-vous rendue compte de votre incapacité seulement après ces vingt et quelques jours ? Dieu merci, vous avez finalement appris qu'il y a quelque chose que vous n'êtes pas capable de faire. Permettez-moi de vous dire ceci : dès que vous n'êtes pas capable, Il devient capable. C'est-là que se trouve le principe de la victoire. » Une heure plus tard, elle eut une révélation et entra pleinement dans l'expérience de vainqueur.

Pour vaincre il faut manquer d'une chose. Vous pouvez penser avoir raison dans tel ou tel domaine. Vous pouvez penser que vous êtes capables de faire quelque chose, mais Dieu doit vous prouver que vous ne pouvez rien faire. Frères et sœurs, tous ceux qui veulent vaincre doivent d'abord trouver la chose qu'ils sont incapables de faire. Ils ne peuvent découvrir leur incapacité qu'à travers cette chose précise. Avez-vous un péché particulier ? Avez-vous un péché que vous ne pouvez vaincre ? Ceux qui généralisent trop ne peuvent jamais franchir la porte de la victoire. Il vous faut connaître votre faiblesse spécifique. Cela servira à démontrer qu'il vous faut vaincre. Pour certains, c'est la fierté. Pour d'autres, c'est la jalousie. Pour d'autres encore, c'est la crédulité, le moindre changement les affecte. Pour certains, ce sont les pensées impures. Pour d'autres, c'est la loquacité. Pour d'autres encore, c'est la mignardise. Certains aiment parler derrière le dos des autres et colporter des ragots. Certains sont incapables de contrôler leur corps. Il y a toujours une chose qu'une personne ne peut vaincre. Après la réunion de cet après-midi, j'espère que vous rentrerez chez vous et écrirez, dans votre Bible, les mots : « Il te manque encore une chose. » Il vous faut trouver ce qu'est cette chose.

Le jeune homme, dans Luc 18, a manqué de vendre tout ce qu'il avait. J'ai bien peur que certains, parmi nous, ne soient eux aussi incapables de se départir de leur argent. Chez certains, le problème peut ne pas être l'argent, mais ils manquent quand même d'une chose. Si, pour vous, ce n'est pas l'argent, qu'est-ce donc ? Il vous faut noter le péché que vous trouvez impossible de vaincre. Si vous savez où se trouve votre maladie, vous serez spécifiques devant Dieu en ce qui concerne la victoire sur ce péché. Chacun doit savoir où réside sa maladie spécifique. Chaque personne a sa faiblesse spécifique, et elle doit demander à Dieu de l'éclairer et de lui montrer sa faiblesse. Chaque personne a au moins une chose qu'elle ne peut vaincre. Pour certaines personnes, il peut s'agir de plus d'une chose. Il vous faut trouver la chose même que vous ne pouvez vaincre. Une fois que vous vous apercevrez que vous êtes incapables, vous verrez que Dieu est capable. Si vous ne voyez pas votre propre faiblesse, vous ne verrez pas la puissance de Christ.

Frères et sœurs, pourquoi Dieu a-t-Il laissé une ou deux choses non résolues dans notre vie ? C'est pour nous montrer que nous ne sommes capables de rien faire par nous-mêmes. C'est un principe biblique général ; c'est aussi un principe de la plus haute importance. Quand nous déclarons que le Seigneur Jésus a été crucifié pour nous, il est très facile d'oublier que ce même principe est à l'œuvre en même temps. Dieu sait que vous êtes impuissants, et Dieu sait que je suis impuissant. Il sait que rien de bon n'est issu de la chair. Il sait cela depuis longtemps, mais nous ne le savons pas. Par conséquent, nous continuons d'espérer et de faire de notre mieux pour plaire à Dieu.

Dieu sait que notre chair est inutile. Mais nous ne le savons pas. C'est pourquoi Il nous a donné la loi. Le but de la loi est de nous prouver que l'homme est pécheur et impuissant. La loi ne nous a pas été donnée pour que nous la respections ; Dieu sait que nous ne pouvons respecter la loi. Le but de la loi est que nous la violions. Elle n'a pas été donnée à l'homme pour qu'il la respecte mais pour qu'il la viole. Dieu sait que nous allons enfreindre la loi, mais nous l'ignorons. C'est pourquoi Il nous a donné la loi et nous a permis de l'enfreindre. Ainsi nous découvrirons ce que Dieu sait déjà, et nous deviendrons conscients de notre impuissance. En tant que chrétiens, nous affirmons être au-dessus de la loi. Nous pensons que les Dix Commandements constituent la loi. Mais nous oublions que tous les commandements du Nouveau Testament constituent aussi la loi. À travers ces commandements, Dieu nous démontre que nous ne pouvons réussir. Dieu doit nous mener au point où nous confessons ne pas pouvoir y parvenir. Ce n'est qu'à ce moment que nous reconnaîtrons la sagesse de Dieu lorsqu'Il nous crucifie. Ce n'est qu'à ce moment que nous nous rendrons compte que nous sommes inutiles, et que la seule façon de nous traiter est de nous faire mourir. Sinon, nous considérerions que Dieu a fait une erreur en nous crucifiant, car nous penserions encore que nous pouvons faire quelque chose.

C'est pourquoi Romains 7 est si précieux. La personne dont il est fait mention dans Romains 7 était en lutte constante. Pourquoi luttait-elle ? Elle luttait car elle espérait encore en elle-même, bien que Dieu ait perdu espoir en elle. Elle tenta de contenter Dieu en respectant la loi. Mais le résultat fut un échec complet. À la fin, elle dut reconnaître la sagesse de Dieu lorsqu'Il la crucifia. Il était juste que Dieu la crucifie. Dieu avait déclaré qu'elle devait mourir, et elle a admis qu'elle devait mourir.

De nombreux chrétiens ne parviennent pas à vaincre car ils n'ont pas assez échoué. De nombreux chrétiens n'ont pas encore commis assez de péchés. C'est pourquoi ils n'ont pas vaincu. S'ils commettaient plus de péchés, il leur serait plus facile de vaincre. S'ils voyaient la corruption de la chair, il leur serait plus facile de vaincre. Dans Romains 7, la personne était si désespérée qu'elle finit par dire dans un soupir : « Qui me délivrera du corps de cette mort ? » Elle vit qu'elle ne pouvait réussir, et elle demanda si quelqu'un pouvait la délivrer de ce corps de mort. Une fois qu'elle se rendit compte qu'il s'agissait de « quelqu'un », elle fut sur le chemin de la victoire. Une fois qu'elle avait réalisé qu'il y avait « quelqu'un », ce quelqu'un pouvait immédiatement venir à sa rescousse. C'est pourquoi, frères et sœurs, la première chose que devons voir cet après-midi est que, selon le point de vue de Dieu, nous sommes absolument inutiles devant Lui. Nous devons donc nous considérer aussi nous-mêmes comme inutiles. Si nous n'avons pas vu notre inutilité absolue, nous n'accepterons jamais que nous ne sommes bons qu'à mourir sur la croix, et nous ne serons jamais capables de dire que nous sommes crucifiés avec Christ ou bien que ce n'est plus nous qui vivons. S'il y a encore de l'espoir en nous, cela signifie que nous pensons encore être utiles, et nous ne dirons pas que ce n'est plus moi.

INCAPABLE ET SANS INTENTION D'ÊTRE CAPABLE

Je pense qu'il nous faut faire un pas de plus et prendre quelque chose d'autre en considération. Beaucoup de frères et sœurs savent déjà qu'ils sont incapables de faire quoi que ce soit. Peut-être êtes-vous de ceux-là. Mais il me faut poser la question une fois encore : êtes-vous capables ou n'êtes-vous pas capables ? Frères, êtes-vous morts à tout espoir en vous ? Ou bien pensez-vous toujours que vous pouvez vaincre ? Hier, nous avons vu des faits objectifs. Pour la première fois cet après-midi, nous voyons quelque chose de subjectif. Il n'y a aucun doute que Christ vaincra pour vous, mais vous devez d'abord remplir une condition : Vous ne devez pas vous considérer capables. Êtes-vous capables ou pas ? Dieu a permis que vous échouiez souvent dans le passé, mais votre cœur n'est pas encore mort. Êtes-vous capables ou non ? Tout dépend de cette question cruciale. Selon votre réponse, soit vous avancerez soit vous stagnerez. Si, dans votre cœur, vous continuez à dire que vous êtes capables et que vous pouvez réussir par vous-mêmes, Christ ne peut pas vivre pour vous. Christ ne peut vivre que pour ceux qui sont absolument incapables. La victoire n'attend que ceux qui ont complètement échoué. Seuls ceux-là peuvent vaincre. Si un homme n'a pas complètement échoué, Dieu ne vaincra pas pour lui. C'est la première condition, qui consiste à confesser que nous ne sommes pas capables.

C'est une chose de dire que nous ne pouvons réussir, et c'en est une autre d'arrêter toute tentative. Comprenons-nous cela ? Nous ne pouvons réussir, et nous ne devrions pas essayer de réussir. Souvent, nous savons que nous ne pouvons réussir, et cependant, nous continuons d'essayer. La première condition pour vaincre est de se rendre compte que nous ne pouvons réussir, et la seconde est d'abandonner toute tentative. Si nous admettons que nous ne pouvons réussir et que nous cessons d'essayer, nous vaincrons. Le problème est que, bien que nous sachions que nous ne pouvons réussir, nous essayons de faire de notre mieux pour réussir. Nous voulons utiliser nos propres efforts et notre propre force. Nous pensons que, si nous priions davantage, nous réussirions ou que si nous prenions plus de résolutions, nous tiendrions bon. Bien que nous ne puissions réussir, nous essayons de réussir.

Supposons qu'il y ait un objet pesant trois cents catties (unité de poids chinoise). Supposons encore que vous sachiez que vous ne pouvez soulever que deux cents catties. Il n'y a, pour vous, aucun moyen de soulever un poids de trois cents catties. Cependant, nombreux sont ceux qui tentent de soulever un poids qu'ils savent bien ne pas être en mesure de soulever. Ils disent : « Je sais que je ne peux pas le faire, mais pourquoi ne pas essayer ? » Ils ne peuvent pas le faire, et cependant ils veulent essayer. C'est une chose, pour une personne, d'être incapable de réussir, mais c'en est une autre, pour elle, d'arrêter d'essayer. Puisque nous ne pouvons le faire, nous ferions mieux d'arrêter d'essayer. « Seigneur, je ne peux le faire, et je n'ai pas l'intention d'essayer. Je n'essayerai plus. » Il faut que vous lâchiez tout. C'est important. Puisque vous savez que vous ne pouvez réussir, il vous faudrait rester sur cette position et ne pas essayer de réussir. Récemment, j'ai rencontré de nombreux frères qui avaient commis certains péchés de manière répétée. Ils confessèrent qu'ils ne pouvaient vaincre. Mais je leur demandai s'ils tentaient toujours de vaincre. Finalement ils s'avouèrent vaincus et dirent : « Que pouvons-nous faire de plus ? Nous abandonnons. » Dieu vous a crucifiés et a abandonné espoir en vous. Mais il vous faut aussi admettre que vous ne pouvez réussir.

Malheureusement, nous tentons encore de réussir par nous-mêmes. Que signifie essayer de réussir ? Laissez-moi parler de la colère par exemple. Supposez que vous soyez une personne qui s'emporte aisément, et que vous ne puissiez contrôler votre colère. Plus vous essayez, plus vous échouez. Vous admettez votre impuissance. Que devriez-vous faire ? Vous savez avec certitude qu'il n'y a pas moyen de contrôler votre tempérament, et cependant vous essayez toujours. Comment ? Vous essayez de faire plus attention en parlant aux autres. Vous essayez d'éviter ceux avec qui vous ne vous entendez pas bien, et vous essayez de parler à ceux avec qui vous vous entendez bien. Vous évitez la compagnie de ceux qui vous énervent et vous les fuyez dès que vous les apercevez. Chaque fois que vous êtes sur le point de perdre votre calme, vous faites de votre mieux pour vous contenir. Vous essayez de vous contenir en priant davantage. Qu'est-ce que cela ? C'est être incapable, et en même temps essayer d'être capable. Vous ne pouvez réussir, mais en même temps vous essayez de réussir par vos efforts. Une personne qui réagit ainsi ne vaincra jamais. Elle ne sera jamais capable de dire : « Je suis crucifiée avec Christ. »

Frères et sœurs, rappelez-vous s'il vous plaît que la condition pour vaincre est de reconnaître son incapacité, et que nos tentatives constituent le principal obstacle. La victoire vient de Christ : c'est Christ qui vit à notre place. La vie de vainqueur requiert de nous que nous prenions position en déclarant : « Je ne peux réussir et je n'ai pas l'intention de réussir. Je T'en prie, fais-le pour moi. Je ne fabriquerai pas ma propre victoire. » Si nous faisons cela, nous vaincrons. Dieu ne peut œuvrer en ceux qui tentent toujours de réussir. Dieu ne peut rien faire pour eux. Si nous essayons de réussir et si nous prenons la résolution de réussir, Dieu cessera aussitôt d'œuvrer. Christ vit en nous afin de manifester Sa vie à travers nous. Le problème est que nous essayons de préserver l'intégralité de notre propre œuvre. Il nous faut complètement renier notre propre œuvre avant que Christ puisse exprimer Sa vie à travers nous. Si nous essayons de L'aider un peu et tentons d'introduire l'œuvre de l'homme, la grâce de Dieu s'en ira. Si Christ ne vainc pas pour nous, toute victoire sera notre propre victoire. Christ ne manifeste pas sa puissance dans le but de combler notre manque. Christ ne vient pas en tant que bouche-trou dans notre vie. Il veut vivre à notre place. Si nous voulons que Christ vive à notre place, nous-mêmes ne devons pas vivre. Il nous faut d'abord savoir que nous ne pouvons réussir, avant que Dieu puisse faire ce qu'Il veut. N'essayez pas de continuer à vous battre. À la minute même où nous commencerons à nous battre, nous perdrons. Nous espérons gagner, et nous pensons qu'il serait merveilleux de pouvoir gagner. Mais tant que nous luttons, Christ ne vit pas en nous.

Dans toute entreprise humaine on peut rester un temps avec celui qui doit nous remplacer. Chez moi, j'ai un serviteur. Lorsqu'il démissionne, il me faut en embaucher un autre, mais je demande au premier de rester encore quinze jours pour apprendre au nouveau serviteur toutes les tâches à accomplir. Le nouveau serviteur doit arriver quinze jours avant le départ de l'ancien. Mais Christ ne fera pas cela. Si nous-mêmes ne partons pas, Lui ne bougera pas. Chaque fois que nous nous arrêtons, Il commence à agir. Si nous pensons qu'Il agira pendant que nous sommes encore en train de faire des choses, nous nous trompons. Il ne bougera pas d'un pouce. Hier, nous avons vu que « ce n'est plus moi… mais Christ. » Mais quand se produira le « mais Christ » ? Cela ne se produira que quand « ce n'est plus moi. » Si nous espérons que Christ viendra alors que nous travaillons, nous nous trompons. Nous ne devons pas réussir, et nous ne devons pas essayer de réussir. Nous devons tout lâcher. Tout doit être dans les mains du Seigneur, nous devons tout Lui remettre. Nous ne pouvons réussir, et nous ne devrions pas essayer. Si nous appliquons cela, nous vaincrons.

Mais ce n'est pas suffisant. De nombreuses personnes se rendent compte qu'elles ne peuvent réussir, elles pleurent à chaudes larmes. Bien sûr, il est bon de pleurer. Souvent, nos péchés ne peuvent être lavés que par nos pleurs, ils ne peuvent disparaître qu'avec des larmes. Nous ne versons souvent que trop peu de larmes devant le Seigneur. Mais il nous faut aussi comprendre que de nombreux chrétiens suivent l'exemple du jeune chef et s'en vont en pleurs lorsqu'ils tentent de vaincre, car ils ne voient que leurs problèmes et le fait qu'il leur manque une chose. Puisqu'ils ne peuvent réussir, ils pensent que Dieu ne peut pas réussir non plus. Ils pensent donc être sans espoir car ils ne peuvent distribuer tout ce qu'ils possèdent aux pauvres. Mais non, il y a encore de l'espoir.

Souvent, je considère comme très significatif le fait que Luc 18 soit suivi de Luc 19. Savez-vous de quoi il est question au chapitre dix-neuf ? Le chapitre dix-neuf est l'histoire de Zachée. Qui était Zachée ? C'était un vieil homme. Le chef du chapitre dix-huit était un jeune homme. Le jeune homme était riche, et Zachée aussi était riche. Humainement parlant, un jeune homme devrait être plus généreux, tandis qu'un vieil homme devrait être plus mesquin. Mais lorsque Zachée descendit de l'arbre, il est étonnant qu'il se soit porté volontaire pour rendre au quadruple à ceux à qui il avait fait tort de quelque chose, et aussi pour donner aux pauvres la moitié de ses biens, bien que le Seigneur ne lui ait pas demandé de donner son argent. Il donna immédiatement son argent. Le Seigneur Jésus demanda au jeune homme de donner son argent, et il ne put le faire. Mais le Seigneur n'avait jamais demandé à ce vieil homme de donner son argent, et cependant il le fit de lui-même. Pourquoi y eut-il cette différence ? C'est parce que les choses qui sont impossibles aux hommes sont possibles à Dieu. Avec le jeune homme, nous voyons que cela est impossible aux hommes. Avec Zachée, nous voyons que cela est possible à Dieu. Qu'est-ce qui est possible à Dieu ? Le Seigneur Jésus déclara que Zachée était aussi un fils d'Abraham et que le salut était venu pour sa maison. Cela signifie que Dieu l'avait sauvé. Le jeune homme savait que cela lui était impossible. Mais il n'a pas demandé le salut de Dieu. Aux hommes, c'est impossible, mais à Dieu, c'est possible.

Que fait un chrétien lorsqu'il se rend compte de son mauvais caractère, de ses pensées impures, ou de son péché charnel ou spirituel ? Il aspire au jour où il sera libéré de ces problèmes. J'ai entendu quelques sœurs me faire cette remarque : « Frère Nee, il serait merveilleux que mon tempérament s'améliore quelque peu. » Je leur réponds toujours : « Il vous faut rendre grâces au Seigneur de votre tempérament coléreux. C'est merveilleux, pour vous, de voir que vous ne pouvez réussir. Vous devriez vous réjouir de votre incapacité. »

SE GLORIFIER DE SES FAIBLESSES

On lit, dans 2 Corinthiens 12.9 : « Et il m'a dit : Ma grâce te suffit, car ma puissance est perfectionnée dans la faiblesse. Je me glorifierai donc bien plus volontiers de mes faiblesses, afin que la puissance de Christ se dresse comme un tabernacle sur moi. » Avez-vous vu cela ? La faiblesse n'est pas quelque chose sur quoi il faut se lamenter ou pleurer. La faiblesse est quelque chose dont il faut se glorifier. Vous avez peut-être dit : « Grâces soient rendues au Seigneur, car Il m'a fait vaincre, » mais avez-vous jamais dit : « Grâces soient rendues au Seigneur, car Il m'a fait échouer misérablement ? » Vous rendez grâces au Seigneur de vous donner la patience, mais Lui avez-vous rendu grâces pour votre caractère impossible ? Lui avez-vous rendu grâces pour votre fierté, votre jalousie ? Lui avez-vous rendu grâces pour votre impureté intérieure et votre péché ? Si vous avez ces problèmes, il vous faut rendre grâces au Seigneur pour eux. La première chose qu'il vous faut faire est de vous rendre compte que vous ne pouvez réussir. La deuxième chose qu'il vous faut faire est d'arrêter toute tentative. La troisième chose qu'il vous faut faire est de rendre grâces à Dieu pour votre incapacité. Alléluia ! Je ne peux réussir. Alléluia ! Je ne peux réussir !

Pourquoi Paul dit-il : « Je me glorifierai donc bien plus volontiers de mes faiblesses » ? Le verbe « se glorifier » vient du terme « gloire. » Paul déclara qu'il considérait ses faiblesses comme étant sa gloire. C'est parce que ses faiblesses permettaient à Christ de manifester Sa puissance, et cette puissance pouvait donc reposer sur Paul. La puissance de Christ ne peut reposer sur ceux qui n'ont aucune faiblesse. Seuls ceux qui ont des faiblesses peuvent faire l'expérience de la puissance de Christ reposant sur eux. Je me glorifierai plus volontiers de mes faiblesses, car mes faiblesses permettent au Seigneur de travailler en moi. Elles permettent au Seigneur de manifester Sa puissance et de faire quelque chose en moi.

Frères et sœurs, avez-vous un péché que vous ne pouvez même pas confesser ? Avez-vous quelque chose que vous ne pouvez consacrer à Dieu ? Avez-vous un obstacle que vous ne pouvez surmonter ? Y a-t-il une grâce qui vous manque devant le Seigneur ? Qu'allez-vous faire ? Allez-vous être chagrinés ? Si vous l'êtes, vous êtes un ami du jeune homme. Il était chagriné, et vous l'êtes aussi. Et finalement, vous prendrez le même chemin que lui. Il s'en alla très triste, et vous vous en irez aussi très tristes. Mais vous n'avez pas besoin d'être chagrinés. L'erreur du jeune homme ne résidait pas dans le fait qu'il se rendît compte de son incapacité, mais dans le fait qu'il n'ait pas réalisé que Dieu était capable. Il n'a pas eu recours à la capacité de Dieu. Découvrir ses propres faiblesses n'est pas un péché, mais refuser de croire en la force de Dieu en est un. Être incapable de donner son argent n'est pas un péché, mais refuser de croire que Dieu puisse rendre une personne capable de donner son argent est un péché. Avoir mauvais caractère n'est pas un péché, mais refuser de croire que Dieu puisse devenir notre patience en est un. Avoir un péché insurmontable n'est pas un péché, mais refuser de croire que Dieu puisse le vaincre est un péché.

C'est une chose glorieuse, pour un homme, de se rendre compte qu'il est impuissant. Le dessein du Seigneur était de montrer au jeune homme son impuissance. Mais lorsque le jeune homme rentra chez lui, il n'était pas heureux mais triste. Dès que le Seigneur vous montre que vous ne pouvez réussir, Il vous montre aussi que Dieu peut réussir. Le Seigneur ne vous montre pas votre incapacité pour vous décourager. Il vous la montre afin que vous croyiez que c'est pour Lui une excellente occasion de travailler en vous. Il vous faudrait dire : « Seigneur, je ne peux réussir et je ne veux même pas essayer. Grâces Te soient rendues, car je ne peux réussir. » Quand vous vous apercevrez que vous ne pouvez pas réussir et que vous êtes totalement incapables de faire quoi que ce soit, et quand vous verrez que seul le Seigneur peut réussir, vous Lui rendrez grâces. Vous vous rendrez compte qu'il est très naturel de rendre grâces au Seigneur. Dans le passé, vous vous êtes peut-être affligés de vos faiblesses ou avez pleuré sur vos péchés. Mais aujourd'hui, vous pouvez glorifier et louer. Vous pouvez dire : « Seigneur, je Te remercie car je ne peux réussir. Je Te remercie car je n'ai aucun moyen de vaincre. Je ne suis pas capable et je m'en réjouis. Je me réjouis car je ne sais rien faire. Toi seul peux tout faire. » Si vous faites cela, vous vaincrez.

LE SEIGNEUR JÉSUS NE S'OCCUPE QUE DES CAS IMPOSSIBLES

Un jour, à Chefoo, je rencontrai un frère qui passait par l'expérience du vainqueur. Ce frère venait de Mandchourie et avait été médecin dans l'armée pendant plus de dix ans. Certains frères l'avaient amené au Seigneur alors qu'il était en Mandchourie. Après sa conversion, il déménagea à Chefoo, où il exerça la médecine pendant plus d'un an. J'étais à Chefoo pour une conférence d'une semaine, et il y assistait. Au cours de cette conférence, je parlais de la victoire. Un jour, il vint à moi l'air désespéré et demanda s'il pouvait avoir un entretien avec moi le lendemain matin. Je lui dis que j'étais occupé le lendemain, et qu'il serait mieux qu'il vienne me voir le soir même. Il me répondit qu'il s'agissait de quelque chose de très important et que la soirée serait trop courte ; il avait besoin de beaucoup de temps pour parler de son problème. Nous prîmes donc rendez-vous pour le lendemain. Il me rappela qu'il viendrait à neuf heures du matin et que je ferais mieux de ne pas avoir d'autres rendez-vous, afin de lui consacrer toute ma matinée car son problème était sérieux. Il ressemblait beaucoup à un militaire ; il était grand, fort et robuste. Nous convînmes de nous rencontrer chez Frère Lee. J'arrivai avant neuf heures et le trouvai en train de m'attendre. Dès que nous fûmes assis, il déclara : « Frère Nee, j'ai une longue histoire à raconter ! » Il se mit à me raconter ses jours passés dans l'armée, comment il était venu à connaître le Seigneur, et son déménagement à Chefoo. Il me raconta comment il avait vaincu de nombreux péchés et comment il avait arrêté de commettre tous les péchés qu'il commettait quand il était dans l'armée. Mais il y avait une chose qu'il était incapable de vaincre. En entendant cela, je fus empli de joie. Voilà encore cette unique « chose ». Il y a toujours une chose. Personne ne peut dire qu'il n'a pas une chose qu'il ne peut vaincre. Je demandai : « Quelle est cette chose ? » Il me montra ses mains et me dit qu'il s'agissait des cigarettes. Il dit qu'il avait vaincu toutes sortes de péchés sérieux et répugnants. Mais il ne pouvait vaincre ce péché précis. Il fumait depuis dix ans et était chrétien depuis trois ou quatre ans. Il était arrivé à Chefoo il y avait environ un an. Au cours de ces trois ou quatre années, il avait essayé sept ou huit fois par an d'arrêter de fumer, mais en vain. Il se plaignit, disant : « Ici, c'est une grande souffrance, pour moi, de fumer. Chefoo est un si petit endroit, et il y a tant de frères et sœurs. S'ils découvraient que je fume, cela serait désastreux. C'est pourquoi je ne peux fumer qu'en cachette. Je ne peux pas fumer chez moi car ma femme est aussi une sœur dans le Seigneur et me surveille constamment. Si je fume en dehors de chez moi, j'ai peur que les frères et sœurs ne me voient. Je ne peux fumer ouvertement et dois ranger mes cigarettes dans ma poche. Si je suis à l'hôpital où je travaille, je peux fumer dans mon bureau, mais pas ouvertement ; je ne peux le faire qu'en me tenant près de la porte. Chaque fois que quelqu'un vient, j'essaie en cachette d'éteindre la cigarette. J'ai peur que les infirmières de l'hôpital ne finissent par découvrir cela et le disent aux frères et sœurs. Si ma femme me voit fumer, ça ira mal. Pour moi, fumer est une grande souffrance. Les frères et sœurs sont tous très chaleureux, et ils viennent sans cesse nous rendre visite. S'ils viennent alors que je suis en train de fumer, il me faut sucer des comprimés à base de plantes afin qu'ils ne détectent pas l'odeur de cigarette dans mon haleine. Au cours de cette dernière année à Chefoo, j'ai tant souffert de la cigarette. Je n'aime pas fumer, mais je ne peux m'arrêter, quels que soient les efforts que je fasse. » Il était assis en face de moi ; grand et robuste, il était l'image même d'un parfait soldat. Mais tandis qu'il parlait, il pleurait comme un petit garçon.

Je lui dit qu'il s'agissait de quelque chose dont il fallait se réjouir, et qu'il devrait rendre grâces au Seigneur pour cela. Il répondit : « Vous ne comprenez pas. Certains peuvent arrêter de fumer, mais pas moi. Si vous aviez vu combien j'ai essayé d'arrêter, vous vous seriez rendu compte de ma souffrance. Une fois, j'ai réussi pendant trois jours. Je n'ai pas fumé, et je n'avais pas de cigarettes sur moi pendant ce temps-là. Mais où que j'aille je n'avais que les cigarettes en tête. Je finis par abandonner et me remis à fumer. Je m'en veux terriblement, mais je ne peux pas faire autrement. » Je déclarai : « C'est une bonne chose. Ça vaut la peine de s'en réjouir. » Il me demanda ce que je voulais dire par là. Je répondis : « Docteur Shi, vous êtes médecin, et vous vous êtes fait une réputation dans votre profession. Cependant, vous n'avez rien à faire avec moi car je suis en bonne santé. Vous êtes le meilleur médecin de Chefoo, et je suis la personne en meilleure santé de Chefoo. Je n'ai pas besoin de vous, et vous n'avez pas besoin de moi. Si vous pouviez arrêter de fumer aujourd'hui, vous seriez pour le Seigneur ce que je suis pour vous ; vous n'auriez pas besoin du Seigneur. Mais si je suis faible et malade et qu'aucun médecin ne puisse me guérir, et si vous êtes un médecin réputé et que je viens à vous, vous aurez l'occasion et la chance de démontrer votre talent. Docteur Shi, oseriez-vous placer une enseigne devant votre clinique qui dirait : « Cas incurables seulement ? » Il répondit : « Bien sûr que non. Qu'arriverait-il si je ne pouvais les traiter ? » Je dis : « Pourtant le Seigneur Jésus ne s'occupera d'aucun patient qui ne soit incurable. Le Seigneur Jésus ne guérira que les cas incurables. En faites-vous partie aujourd'hui ? Pour vous, arrêter de fumer est impossible. » Il en convint. « Pendant quatre ans, j'ai essayé sept ou huit fois par an de m'arrêter. Mais je n'ai pas réussi. Si je ne suis pas un cas incurable, que suis-je ? » Je dis : « Très bien. Dans ce cas, le Seigneur peut vous guérir. N'est-ce pas quelque chose dont il faut se réjouir ? Vous devriez rendre grâces au Seigneur, car vous êtes qualifié pour être Son patient. Vous êtes un cas incurable. Il vous faut dire au Seigneur Jésus : « Seigneur, je ne peux m'arrêter. Je n'ai aucun moyen d'arrêter. Seigneur Jésus, je m'en remets à Toi. » Le Seigneur acceptera un tel patient. C'est pourquoi il faut vous réjouir. » Il me dit : « Frère Nee, ne vous moquez pas de moi. Il faut que vous vous rendiez compte que je suis complètement impuissant. » À ce moment-là, il fondit de nouveau en larmes.

Plus tard, j'ouvris 2 Corinthiens 12.9 et lui en fis la lecture. Je demandai : « Que devriez-vous faire au sujet de votre faiblesse ? Pleurer ? Ce n'est pas la peine de pleurer. Que devriez-vous donc faire ? Vous devriez vous réjouir de votre faiblesse. Vous devriez vous glorifier de votre faiblesse. Vous devriez être heureux de vous glorifier de votre faiblesse car, lorsque vous serez faible, la puissance de Christ reposera sur vous. » Alors, je le défiai en disant : « Pouvez-vous, aujourd'hui, aller au Seigneur Jésus et dire : « Seigneur Jésus, je fume depuis plus de dix ans. Je Te rends grâces de ne pas pouvoir arrêter de fumer. Seigneur Jésus, j'ai essayé d'arrêter de fumer pendant quatre ans, et j'ai complètement échoué. Je Te rends grâces car j'ai essayé d'arrêter sept ou huit fois l'année dernière, mais sans succès. Je Te rends grâces car je ne peux rien faire. Je Te rends grâces car je suis faible. Je Te rends grâces car je ne peux réussir. Seigneur Jésus, je Te rends grâces car je fume. À partir de maintenant, je ne peux arrêter de fumer, et je n'ai pas l'intention d'arrêter. Je prie pour que Tu arrêtes à ma place. Si Tu n'arrêtes pas à ma place, je ne peux arrêter par moi-même. Je n'utiliserai plus ma propre force pour arrêter. Je Te laisse simplement le faire à ma place. Grâces Te soient rendues, car Ta puissance s'accomplit dans mes faiblesses. » Pourquoi ne pas s'agenouiller maintenant pour prier ? »

Il consentit et dit : « D'accord, prions. » Il tomba brusquement à genoux, à la manière d'un soldat. Je commençai à prier : « Seigneur, je Te rends grâces car voici une nouvelle occasion, pour Toi, de manifester Ta puissance chez un patient incurable. Voici une personne impuissante, et nous voulons Te voir réaliser un miracle en elle. » Puis ce fut son tour de prier. Sa prière fut excellente. Il déclara : « Je Te rends grâces car je fume, et je ne peux arrêter de fumer. C'est pourquoi je viens à Toi. Seigneur, à partir de maintenant, je n'essayerai plus d'arrêter. Tu arrêteras à ma place. Je remets tout entre Tes mains. Grâces Te soient rendues. Tu es capable. » Après la prière, il était très heureux. Il se releva, prit son chapeau, et était sur le point de partir. Je dis : « Attendez une minute. J'ai quelque chose d'autre à vous dire. Continuerez-vous à fumer à partir de maintenant ? » Il me donna une très bonne réponse : « Oui. Bien sûr, je fumerai. Moi, Tsai-lin Shi, je fumerai.

Mais le Seigneur Jésus arrêtera à ma place. » Sur ces mots, il partit.

Le lendemain soir, il vint de nouveau à la réunion. Il témoigna avoir dit à sa femme : « Depuis plus d'un an, tu te plains et tu me dis que c'est mal de fumer. Mais je ne pouvais arrêter. Hier matin, j'ai passé une demi-heure avec Dieu et j'ai cessé de fumer. Tu n'auras plus besoin de te plaindre. Tout ce qu'il me fallait, c'était ce moment avec Dieu. » Je lui demandai s'il allait continuer à fumer. Il répondit : « Oui, bien sûr. » Je demandai alors ce qu'il ferait. Il répondit : « Je fumerai toujours. Moi, Tsai-lin Shi, je fumerai toujours, même d'ici cinq ou dix ans. C'est le Seigneur Jésus qui arrêtera à ma place. » En entendant cela, je me tranquillisai. Je savais que l'affaire était réglée. Cet homme se connaissait, et il connaissait Dieu. Il savait que le changement ne venait pas de lui mais du Seigneur Jésus. Deux mois après mon départ de Chefoo, j'appris qu'il n'avait pas fumé une seule fois. Tous les frères témoignèrent du fait qu'il grandit et progressa rapidement.

NOUS NE POUVONS RÉUSSIR, MAIS DIEU LE PEUT

Je dois dire que Dieu peut réussir. Si nous voulons nous rendre compte que nous sommes crucifiés avec Christ, il faut que nous réalisions que nous ne pouvons réussir, et nous ne devons pas essayer de réussir. Enfin, nous devrions rendre grâces à Dieu pour notre incapacité. Notre faiblesse ne sera pas un obstacle, notre échec ne sera pas un obstacle, nos pensées ne seront pas un obstacle, nos habitudes ne seront pas un obstacle et notre tempérament ne sera pas un obstacle. Le Seigneur Jésus est capable. Je répète : Il est capable. Cet après-midi, le Seigneur Jésus réalisera un miracle pour quiconque reconnaît qu'il ne peut réussir. Il nous faut voir que nous ne pouvons pas réussir et que nous devons rester sur le terrain où Dieu nous a placés. Dieu nous a montré que nous ne pouvions pas réussir. Aux yeux de Dieu, nous ne méritons que la mort. Nous devrions dire : « Seigneur, je ne mérite que la mort. Je n'ai pas l'intention de changer ni de m'améliorer. Je viens à Toi tel que je suis, avec mes faiblesses. Je Te rends grâces car je ne peux réussir. »

Au cours de ces derniers mois, Satan est venu à moi et m'a parlé de nombreuses fois. Il n'abandonne jamais. Il demande toujours : « As-tu vaincu ? Je vois que tu es toujours le même. » Je lui réponds en disant : « Si cela dépendait de moi, je m'inquiéterais. Mais le Seigneur est ma victoire. » Le diable me dit que je ne vaux rien dans tel ou tel domaine, mais je me contente de dire : « Grâces soient rendues au Seigneur, car je ne vaux rien. » Il me dit que je suis faible, mais je me contente de répondre : « C'est merveilleux, maintenant Christ a l'occasion de manifester Sa puissance. » C'est là que nous voyons comme il est précieux d'être faible. Quelle joie d'être faible ! Nous n'avons pas peur, et notre cœur est plein d'actions de grâce et de louanges, car nous nous rendons compte que nous ne sommes pas capables en nous-mêmes.

Frères et sœurs, notre incapacité n'est pas un obstacle mais une aide. Moins nous pourrons réussir, et plus Christ aura l'occasion de manifester Sa puissance. Il se spécialise dans le traitement de notre incapacité et de notre faiblesse. Plus nous devenons indigents, plus nous échouons, plus nous nous affaiblissons et moins nous réussissons, plus il y a d'opportunités pour que notre Seigneur manifeste Sa puissance en nous. Alléluia ! Jésus est le Sauveur ! Alléluia ! Il est notre Seigneur. Alléluia ! Il est notre vie. Alléluia ! Sa puissance a pour dessein de reposer sur nous quand nous sommes faibles. C'est à Lui que nous devrions regarder et non pas à nous-mêmes.

Chapitre Cinq

COMMENT FAIRE L'EXPÉRIENCE DE LA VIE DE VAINQUEUR

(2)

Références biblique : Ga 2.20

Au cours de ces dernières soirées, nous avons vu quel genre de vie nous vivons, et quel genre de vie Dieu requiert de nous. Nous avons vu la façon dont l'homme vainc et la façon dont Dieu vainc. Nous avons vu ce qu'était la vie de vainqueur, et les caractéristiques de cette vie. Ce soir, nous verrons comment nous pouvons expérimenter cette vie de vainqueur. Nous considérerons d'abord une question très importante : comment pouvons-nous entrer dans l'expérience de cette vie et comment pouvons-nous gagner Christ ?

Le verset que nous lisons ce soir nous montre comment faire l'expérience de cette vie. Sautons la première partie de Galates 2.20 et concentrons-nous sur la partie qui commence par : « ... ce n'est plus moi qui vis. » C'est ce que nous devrions expérimenter. Ce n'est plus moi qui vis. D'un point de vue négatif, je peux dire que ce n'est plus moi qui vis. D'un point de vue positif, la vie de vainqueur c'est « Christ qui vit en moi. » C'est le sujet que nous avons couvert au cours de ces derniers jours. La lettre de Paul aux Galates nous montre qu'il a atteint cette vie. Il y est entré et en a fait l'expérience. Voyons de quelle façon. Nous devrions entrer dans cette vie de vainqueur de la même manière que Paul y est entré. L'expérience de Paul se réfère à deux expressions. La première apparaît avant la partie du verset 20 qui dit : « Ce n'est plus moi qui vis mais Christ, qui vit en moi, » et la deuxième suit cette partie du verset. Voici la première expression : « Je suis crucifié avec Christ. » C'est la première condition pour entrer dans l'expérience de cette vie. Voici la seconde expression : « La vie que je vis maintenant dans la chair, je la vis dans la foi au Fils de Dieu. » C'est la seconde condition pour entrer dans l'expérience de cette vie. En remplissant ces deux conditions, Paul gagna Christ comme sa justice, sa sanctification et sa victoire. Considérons ces deux choses en détail.

SE LIVRER À DIEU — « JE SUIS CRUCIFIÉ AVEC CHRIST »

La première condition est : « Je suis crucifié avec Christ. » Quelle en est la signification ? Pourquoi devons-nous être crucifiés avec Christ avant de pouvoir avoir cette vie de vainqueur ? Frères et sœurs, combien de personnes vivent en nous aujourd'hui ? Nous savons que, dès que nous croyons, le Seigneur vit en nous. On lit, dans 2 Corinthiens 13.5 : « Ne reconnaissez-vous pas à l'égard de vous-mêmes, que Jésus-Christ est en vous, à moins que vous ne soyez pas désapprouvés ? » Nous qui avons cru au Seigneur savons que l'épreuve n'est pas un échec. Il est indubitable que le Seigneur est en nous. Mais malheureusement le Seigneur n'est pas le seul à vivre en nous ; nous-mêmes y vivons aussi. Si nous voulons connaître le Seigneur comme notre victoire, nous devons partir, c'est-à-dire lâcher prise. Si nous nous retirons, nous ferons l'expérience de la vie de vainqueur.

Hier, une sœur m'a demandé comment elle pouvait avoir la vie de vainqueur. Ma réponse fut qu'elle devait se reloger. Si deux familles vivent dans la même maison et qu'elles ne s'entendent pas bien, la seule solution est que l'une de ces deux familles déménage. La question n'est pas de savoir si nous avons Christ en nous ou pas, car à la minute où nous avons cru, Christ a commencé à vivre en nous. La question n'est pas de savoir si Il est en nous ou pas ; la question est de savoir si nous avons déménagé ou pas. En tant que colocataires, nous sommes très sales ; nous avons commis toutes sortes de péchés. Dès que nous déménagerons, tout ira bien. Donc, la première condition est que nous déménagions ; il nous faut nous reloger.

La Parole de Dieu déclare : « Je suis crucifié avec Christ. » Mais n'est-il pas vrai que nous avons échoué, bien que nous ayons tenté de déménager maintes fois ? Nous avons prétendu mourir maintes fois, mais nous sommes toujours vivants. Nous avons tenté de nous tuer maintes fois, mais nous n'avons pas réussi. Parfois, il semble que nous soyons morts, mais nous sommes toujours vivants. Nous avons souvent tenté de nous crucifier nous-mêmes, mais nous ne sommes toujours pas morts. Que se passe-t-il ? Ce soir, il nous faut considérer cela de plus près.

Ne pas être capable de réussir

Ce soir, tous les frères et sœurs assis ici ont vu la croix comme une réalité. Nous savons que, lorsque le Seigneur fut crucifié, non seulement Il prit nos péchés, mais Il crucifia aussi notre personne. Nous connaissons déjà bien l'enseignement de Romains 6. Nous savons que quand le Seigneur est mort sur la croix, Il a non seulement porté nos péchés, mais Il a aussi crucifié notre vieil homme avec Lui. Nous savons que la question du péché a été traitée, et que nous-mêmes avons été crucifiés avec Lui. Pendant de nombreuses années, nous avons accordé beaucoup d'attention à cette vérité. Il est vrai que nous sommes crucifiés avec Christ, mais pourquoi cette vérité n'a-t-elle produit aucun effet en nous ? Il est vrai que le Seigneur fut crucifié sur la croix, mais pourquoi ne sommes-nous pas encore morts ? Le Seigneur m'a amené à la croix, mais je suis toujours moi. Je suis toujours limité et je suis toujours faible. J'échoue encore et je suis encore impuissant. La Bible dit que j'ai été crucifié avec Christ, mais pourquoi suis-je encore si impuissant ? De nombreux chrétiens sauvés continuent à œuvrer de toutes leurs forces, espérant ainsi parvenir finalement à vaincre. Cependant, la victoire semble toujours être très éloignée d'eux.

Frères et sœurs, il faut nous rendre compte de ceci : le fait que le Seigneur accomplisse le salut est une chose, le fait que nous le recevions en est une autre. Préparer un repas est une chose, mais le manger en est une autre. D'une part le Seigneur Jésus accomplit quelque chose pour nous, et d'autre part nous recevons ce qu'Il a accompli. Paul nous a montré comment nous devrions reconnaître et accepter la mort du Seigneur. Romains 6 nous montre que chacun d'entre nous est mort. Alléluia ! Chacun de nous est mort ! Romains 7 nous montre que même si chaque chrétien devrait être mort, en réalité, nous sommes toujours vivants. Puisque nous devrions déjà être morts, pourquoi sommes-nous encore vivants ? Romains 6 nous montre la vérité objective, tandis que Romains 7 nous montre l'expérience subjective. Romains 6 présente le fait, tandis que Romains 7 présente l'expérience. Aujourd'hui, beaucoup de chrétiens connaissent très bien Romains 6, qui nous dit que notre vieil homme a été crucifié avec Christ. Ils savent que nous ne devrions plus être esclaves du péché, que nous sommes délivrés de l'asservissement à la loi, et que nous devrions quotidiennement nous considérer comme morts au péché. Ils savent tout cela, et cependant rien ne marche pour eux. L'enseignement reste un enseignement, et ils sont toujours les mêmes. L'enseignement nous dit que nous sommes crucifiés avec Christ, mais nous disons que nous sommes toujours vivants. L'enseignement nous dit que nous sommes délivrés du péché, mais nous disons que le péché est encore en nous. L'enseignement nous dit que nous sommes délivrés de l'asservissement à la loi, mais nous disons que nous sommes encore sous la loi. Où est le problème ?

Romains 7 nous raconte un fait important : l'homme n'est pas d'accord avec ce que Dieu a fait. L'homme n'est pas prêt à accepter le jugement de Dieu. Frères et sœurs, pourquoi Dieu nous a-t-Il mis sur la croix ? Il nous a mis sur la croix parce qu'Il sait que nous ne pouvons rien faire et que nous sommes absolument inutiles. Nous n'avons aucun moyen de nous améliorer, nous corriger ou progresser. Nous sommes complètement inutiles. Il n'y a pas d'espoir pour nous, à part le fait d'être crucifiés. Un jour, je tapotai l'épaule du Frère Tsong-jie Hsu en disant : « Tsong-jie Hsu est corrompu au plus haut degré. Il est corrompu au plus haut point. Si une punition pouvait servir à quelque chose, nous pourrions encore le punir. Si l'emprisonnement pouvait s'avérer utile, nous pourrions le mettre en prison mais il n'y a pas d'espoir en lui. La seule chose à faire est de l'exécuter. Tsong-jie Hsu est corrompu au plus haut point. Il n'y a aucun espoir en lui. La seule chose à faire est de le crucifier. » Vous et moi sommes aussi corrompus que Tsong-jie Hsu. Par conséquent, nous ne méritons que d'être crucifiés.

La croix n'est rien d'autre qu'une estimation de nous-mêmes ! La croix nous jauge et détermine que nous ne méritons que la mort. Dieu juge que nous ne méritons rien d'autre que la mort. Dieu juge que je dois mourir. Si nous réalisons que la croix rend compte de la façon dont Dieu nous voit, si nous savons que nous sommes absolument inutiles, que nous ne sommes même pas capables d'avoir des pensées justes, nous reconnaîtrons que nous méritons de mourir. Dieu dit que nous ne méritons que la mort et que nous sommes complètement inutiles. Mais voulons-nous quand même toujours produire quelque bien par nous-mêmes ?

Récemment, le gouvernement chinois a annoncé une nouvelle loi sur la prohibition de l'opium. Quiconque passe par un traitement obligatoire et continue à prendre de l'opium sera exécuté. Supposons qu'une personne consomme de l'opium depuis très longtemps. Elle est passée par un traitement obligatoire mais se remet de nouveau à consommer de l'opium. Quand le gouvernement découvrira cela, cette personne sera mise à mort. À votre avis, que va faire cette personne ? Puisqu'elle va être exécutée, essayera-t-elle de trouver un médecin de Shanghai qui lui fera quelques piqûres pour la désintoxiquer, même si sa mort est prévue pour le jour suivant ? Ce serait absurde. Un criminel qui a été condamné à mort ne pense plus à s'améliorer. Il n'a plus besoin de progresser. Tout ce qu'il attend, c'est la mort. Dieu dit que nous ne méritons que la mort et qu'il n'y a aucun moyen de nous améliorer ou de nous corriger. Nous ne pouvons plus faire de progrès. La décision finale de Dieu est que nous devons mourir. Nous ne méritons pas autre chose.

Nous pensons qu'avant d'être sauvés, nous ne pouvions nous améliorer, nous corriger, ni faire des progrès par nous-mêmes et qu'il nous fallait lâcher notre passé. Mais maintenant que nous sommes sauvés, nous pensons que nous devrions essayer de nous améliorer, de nous corriger, et de progresser par nous-mêmes afin de contenter Dieu. Par conséquent, après notre conversion, nous nous décidons à être bons. Frères et sœurs, combien de fois avons-nous pris la résolution d'être bons ? Combien de fois avons-nous réussi à être bons ? Nous avons fait de nombreuses promesses spirituelles à Dieu. Nous Lui avons dit que nous obéirions à telle ou telle de Ses paroles. Nous avons promis de nous lever de bonne heure le matin et d'être zélés le jour suivant. En dépit de toutes nos promesses, cependant, à quoi sommes-nous parvenus ? Une sœur occidentale dit qu'elle avait promis à Dieu plus de trente choses, mais qu'elle n'avait respecté aucune de ces promesses. Nous n'avons pas accepté la façon dont Dieu nous voit, nous juge. Nous avons déjà été condamnés à être exécutés, mais nous essayons encore de trouver un médecin.

Que signifie la croix ? La croix exprime le désespoir de Dieu face à l'homme ! La croix nous dit que Dieu a abandonné tout espoir en l'homme ! Que signifie la croix ? La croix nous dit que Dieu proclame : « Je ne peux améliorer l'homme ; Je ne peux le corriger. Je ne peux lui faire faire aucun progrès. Je ne peux que le crucifier. » Le plus étonnant est que nous connaissons déjà ce fait. Nous savons déjà que Dieu nous considère comme étant sans espoir, et que nous ne méritons que la crucifixion. Mais en même temps, nous pensons encore que nous ne sommes pas si mauvais. C'est pourquoi, chaque jour, nous prenons des résolutions. Nous déclarons : « Dieu, je promets de faire telle ou telle chose. À partir de maintenant, je ne me mettrai plus en colère. » Mais aucune de ces promesses n'est tenue. Parfois, nous pensons que nos résolutions ne sont pas assez fermes, et nous essayons de faire mieux la fois suivante. Nous prenons davantage de résolutions, et après nous être mis en colère, nous jurons que cela ne se reproduira pas. Mais nous nous retrouvons de nouveau en colère, et nous prenons une troisième résolution. C'est de cette manière que vivait Paul : « Car je vouloir est avec moi, mais la capacité de faire le bien ne l'est pas » (Rm 7.18). Il prenait toujours des résolutions, échouait, prenait des résolutions, et ainsi de suite. Or il ne s'agit pas seulement de la vie de Paul, mais de l'expérience fréquente de beaucoup d'entre nous aujourd'hui. Frères et sœurs, avons-nous fini de prendre des résolutions ? Dieu sait que nous ne méritons que la mort et que nous sommes absolument inutiles. Il dit qu'il n'y a pas d'espoir en nous.

Que signifie être crucifié avec Christ ? Cela signifie que Dieu a perdu espoir en nous, et que nous avons aussi perdu tout espoir en ce qui nous concerne. Le fait que Dieu nous crucifie avec

Christ montre que Dieu n'a plus d'espoir. Quand nous déclarons : « Je suis crucifié avec Christ, » cela signifie que nous non plus n'avons plus d'espoir. Dieu voit notre état, Il sait que nous sommes complètement inutiles et qu'il n'y a plus d'espoir en nous. Que signifie être crucifié avec Christ ? Cela signifie que nous avons abandonné tout espoir. Nous admettons ne jamais pouvoir contenter Dieu. Dieu ne peut rien faire d'autre que de nous mettre à mort. Il n'y a pas d'espoir pour l'homme charnel. La seule chose qu'il nous reste à faire est de mourir. Nous ne méritons que la mort.

Frères et sœurs, y a-t-il des personnes malades chez vous ? Je suis allé dans cinq ou six foyers où le mari, la femme ou les enfants étaient malades. Chaque fois que les proches perdaient espoir, ils disaient : « Monsieur Nee, si telle est la volonté de Dieu, j'espère qu'il ou elle s'en ira rapidement. » Pourquoi disaient-ils cela ? Ils s'exprimaient ainsi car ils n'avaient plus d'espoir. Lorsque tout espoir était perdu, ils espéraient que le ou la malade mourrait rapidement. Maintenant, Dieu vous dit qu'il n'y a plus d'espoir en vous. Il ne peut que vous crucifier. Il vaudrait mieux que vous disiez aussi qu'il n'y a plus d'espoir en vous et que la seule chose à faire est d'être crucifié.

Aujourd'hui, notre problème c'est que nous connaissons très bien Romains 6, mais que nous prenons encore des résolutions comme la personne décrite dans Romains 7. Nous faisons encore des promesses à Dieu et pensons encore être quelque peu utiles. Bien que nous comprenions très bien Romains 6, nous nous comportons comme dans Romains 7. Dans Romains 6, Dieu a dit à Paul qu'il était inutile. Dans Romains 7, Paul s'est dit à lui-même qu'il était inutile. Frères et sœurs, Dieu n'a pas de doutes en ce qui nous concerne. Il a abandonné tout espoir depuis longtemps. Selon l'estimation de Dieu, nous ne valons rien. Il nous a déjà dit que nous étions inutiles. La question est de savoir comment nous nous jugeons. Si nous abandonnons aussi tout espoir en ce qui nous concerne et déclarons être inutiles, nous ferons immédiatement l'expérience de la délivrance. Dieu nous permet de nous mettre en colère, d'être fiers, jaloux et malhonnêtes. Il permet au péché de nous mettre sens dessus-dessous. C'est Sa façon de nous dire que nous ne pouvons réussir. Mais comment réagissons-nous ? Nous pensons que notre première résolution n'était pas assez ferme et qu'il nous faut être plus résolus. Nous pensons que cela pourrait marcher la deuxième fois. Mais cela ne marche toujours pas. Ceci est l'expérience décrite dans Romains 7. Dans Romains 6 nous trouvons simplement l'enseignement, tandis que Romains 7 nous conduit dans la mise en pratique (la réalité) de Romains 6.

Si quiconque me disait que j'étais corrompu au plus haut point, je crierais : « Alléluia ! Moi, Watchman Nee, suis corrompu au plus haut point. » Alléluia ! Paul ne pouvait rien faire pour lui-même. Il a souffert pendant de nombreuses années. Il méritait uniquement la crucifixion. Aujourd'hui, si vous déclarez que vous n'êtes plus utiles, vous ferez immédiatement l'expérience de la délivrance. Ceux qui tentent d'être bons ne seront jamais sauvés. De la même manière, les chrétiens qui prennent la décision d'être de bons chrétiens ne vaincront jamais. Frères et sœurs, la croix de Dieu ne s'est pas trompée sur votre compte. Jour après jour, j'aime faire une chose : j'aime déclarer que j'étais inutile hier, que je suis inutile aujourd'hui et que je serai inutile demain. Je serai inutile pour toujours.

Dieu veut que nous acceptions le jugement de la croix car, en l'acceptant, nous acceptons le Seigneur comme notre sanctification, notre perfection et notre victoire. Si nous chérissons encore quelque espoir et avons encore une lueur de foi en nous-mêmes, Dieu devra continuer Son œuvre en nous. Il ne s'arrêtera pas d'opérer en nous avant que nous ayons complètement perdu espoir en nous-mêmes. Dieu doit nous mener au point où nous désespérons totalement de nous-mêmes. Il fait cela afin que nous acceptions la croix. Il veut que nous nous rendions compte et reconnaissions que nous ne sommes pas capables par nous-mêmes.

Nombreux sont ceux qui se rendent compte qu'ils ne peuvent rien faire par eux-mêmes. Cependant, ils n'ont pas encore vaincu. Pourquoi ? C'est parce que Dieu nous demande de remplir encore une condition.

Ne pas essayer de réussir

Hier, je rencontrai une sœur qui passa deux heures à me

raconter l'histoire de ses échecs. Tandis qu'elle parlait, je souriais. Enfin, je lui demandai : « Es-tu prête à t'avouer vaincue maintenant ? As-tu encore quelque espoir en toi ? As-tu assez échoué ? » Elle admit qu'elle ne pouvait réussir, mais il lui manquait encore une chose. La première chose que Dieu nous montre est que nous ne pouvons réussir. Il nous faut perdre espoir en nous-mêmes. Mais cela ne suffira pas à nous mener à la victoire. C'est une chose de reconnaître que nous ne pouvons réussir, mais c'en est une autre de ne pas essayer de réussir. Je lui dis : « C'est bien et juste que tu te rendes compte que tu ne peux réussir. Mais tu ne t'es pas aperçue que tu essayes encore de réussir. Ne le vois-tu pas ? Puisque tu sais que tu ne peux pas réussir, tu aurais dû arrêter ton propre travail. Elle admettait qu'elle ne pouvait réussir, mais en même temps, elle ne voyait pas qu'elle faisait des efforts et espérait réussir. Je lui demandai plusieurs fois : « Ne te rends-tu pas compte que tu fais encore des efforts pour essayer de vaincre ? » Elle luttait et essayait. C'est pourquoi elle ne pouvait vaincre. Elle me demanda ce qu'elle devait faire. Je lui répondis qu'elle n'avait qu'à accepter la croix, reconnaître sa faiblesse et arrêter d'essayer ou d'espérer réussir. Je dis qu'à la minute même où elle tenterait de faire quoi que ce soit, elle échouerait. Elle me demanda : « Si j'échoue bien que je fasse tout mon possible, n'échouerai-je pas davantage en ne faisant rien ? » C'est là où réside le problème pour de nombreuses personnes. Elles savent très bien qu'elles ne peuvent rien faire et qu'elles sont absolument impuissantes, et cependant, elles luttent et font encore des efforts. Le résultat est qu'il n'y a toujours pas de victoire, et qu'elles ne peuvent toujours pas vaincre.

Dans l'expérience de la vie de vainqueur, il existe deux conditions très importantes concernant le fait de se rendre. D'abord, il nous faut accepter ce que Dieu pense de nous, c'est-à-dire que nous ne sommes pas capables en nous-mêmes. Ensuite, nous ne devrions pas essayer de devenir capables. Nous devrions plutôt abandonner tout espoir en ce qui nous concerne. Un frère me dit un jour qu'il ne pouvait pas croire. Je lui dis qu'il ne devait plus essayer de croire. Il fit la remarque suivante : « Quel genre d'enseignement est-ce là ? » Je déclarai : « Tout ce qu'il te faut faire, c'est dire à Dieu que tu ne peux pas croire. Dieu attend que tu reconnaisses ton incapacité à croire. »

Que signifie être crucifié avec Christ ? Cela signifie que, désormais, je ne suis pas responsable de ma propre victoire et que je ne suis pas responsable de mon propre échec. Mes affaires sont entre les mains de Dieu. Supposons qu'une sœur serve une tasse de thé, et tandis que vous soulevez la tasse, elle s'accroche à celle-ci et ne la lâche pas. De votre côté, vous essayez de boire le thé, mais de son côté, elle s'accroche encore à la tasse. Bien qu'elle vous dise qu'elle vous sert le thé, elle ne le lâche pas. Si elle ne lâche pas la tasse, vous ne pouvez pas boire le thé.

Que signifie être crucifié avec Christ ? Premièrement, lâcher prise. Deuxièmement, ne pas essayer de diriger. Vous devriez dire à Dieu : « À partir de maintenant, je m'offre à Toi. À partir de maintenant, la victoire est Ton affaire, et la patience est Ton affaire. »

Un jour, un frère demanda ce que signifiait être victorieux. Je lui dis qu'être victorieux, c'est abandonner, et abandonner, c'est mourir. Cela signifie que la victoire n'est plus de son domaine.

Un jour, je rencontrai une sœur et lui dis : « Tu n'as qu'une chose à faire. Dis simplement à Dieu qu'à partir de maintenant, tu ne peux rien faire, et que tu n'es responsable de rien. »

Nous ne pouvons pas nous empêcher de nous mettre en colère, nous ne pouvons pas nous contenir, ni capituler. À partir de maintenant, nous devrions abandonner et ne plus nous soucier ou nous occuper de rien. Quand nous venons à Dieu, nous Lui disons souvent que nous ne pouvons pas réussir, ou que nous ne pouvons rien faire. Cependant, lorsque nous nous éloignons de Sa présence, nous reprenons tout nous-mêmes. Frères et sœurs, quoi que nous apportions à Dieu lorsque nous venons à Lui, nous devons le Lui laisser avant de quitter Sa présence. Ceux qui savent abandonner les choses à Dieu font l'expérience de la délivrance.

Un jour, je remis un manuscrit à une sœur et lui demandai de le transcrire. Mais en partant, je pris le manuscrit avec moi. Bien qu'elle fût prête à faire les copies, elle n'avait aucun moyen de les faire. Cela illustre la façon dont nous prions aujourd'hui. Nous disons avec notre bouche : « Dieu, je T'en prie, aide-moi. » Mais après avoir prié, nous reprenons tout nous-mêmes.

C'est pourquoi la chose la plus importante est de lâcher prise. Il nous faut dire : « Dieu, je ne peux pas vaincre, et je n'ai pas l'intention de vaincre. Je n'essayerai pas non plus de vaincre. » C'est cela, être crucifié avec Christ. Comme c'est merveilleux ! « Je suis crucifié avec Christ ! »

Lorsque vous vous réveillez le matin, Satan peut vous dire que vous ne valez rien, que vous n'avez pas changé dans tel ou tel domaine. Alors vous vous attristez peut-être. Cependant, qu'allez-vous faire ? Vous devriez dire : « Je sais depuis longtemps que je suis corrompu au plus haut point. J'ai abandonné tout espoir en moi-même. Je n'ai l'intention de faire aucun progrès en moi-même. » Si vous dites cela, vous vous sentirez bien immédiatement. C'est très étonnant ! Ce n'est pas une question de changement mais d'échange. Vous devez vous emparer de ce que Dieu a accompli. Si vous aviez été de quelque utilité, Dieu ne vous aurait pas crucifiés. Dieu vous a mis à la croix et vous a mis en Christ car vous êtes corrompus au plus haut degré. C'est pourquoi vous devriez lâcher prise. Que devriez-vous faire sur le plan pratique ? Vous devriez dire : « Dieu, je ne peux m'améliorer, et je n'ai pas l'intention de m'améliorer. Seigneur, à partir de maintenant, j'en ai fini ; je n'essayerai plus de réussir, et je n'ai pas non plus l'intention de réussir. » Frères et sœurs, osez-vous lâcher prise ?

J'ai mentionné l'histoire du médecin qui fumait des cigarettes. Il avait plus de soixante-dix ans et luttait contre ce problème depuis des années. Un jour, au cours d'une réunion, il commença à parler de sa lutte contre le tabac. Un jeune homme qui connaissait le Seigneur déclara : « Si j'étais vous, je ne lutterais pas. » Le vieil homme répliqua : « Si je ne peux m'arrêter même en luttant, ne serait-il pas plus difficile d'arrêter sans lutter ? » Le jeune homme répondit : « Non ! Si j'étais vous, je dirais à Dieu : Je ne peux m'arrêter de fumer. Tu arrêtes à ma place. » Le vieil homme pensa que les paroles du jeune homme étaient sensées, et il fit ainsi. Il dit à Dieu : « Je ne peux m'arrêter de fumer. Je ne lutterai plus. Seigneur, œuvre en moi. J'abandonne. Je T'en prie, arrête à ma place. » Chaque jour, il fumait entre douze et vingt cigarettes, et ceci depuis cinquante ans. Il s'abandonna donc à Dieu le jour même, et le lendemain, il déclara qu'il s'était pour la première fois réveillé sans penser à fumer.

Frères et sœurs, si vous pensez pouvoir devenir saints, vous échouerez sûrement. Si vous pensez pouvoir devenir parfaits, vous échouerez sûrement. Si vous pensez pouvoir devenir patients, vous échouerez sûrement. Dieu nous voit comme étant absolument impossibles à réparer ou à améliorer. Pouvez-vous dire, avec Paul, que vous êtes crucifiés sur la croix ? Vous êtes corrompus au plus haut point et inutiles, et vous ne méritez que d'être cloués à la croix. C'est ce que Paul a voulu dire. Quand j'étais à Pékin, je demandai à un frère s'il était un homme fini. Il répondit : « Grâces soient rendues au Seigneur ! Je suis un homme fini ! » C'est une qualification de base : nous devons voir devant Dieu que nous sommes complètement inutiles et qu'il nous est impossible de nous améliorer ou de nous corriger. Tout ce que nous avons à faire est de dire au Seigneur : « À partir de maintenant, je m'en remets à Toi pour tout. Tu fais tout à ma place. »

Quelques frères et sœurs reconnaissent qu'ils ne peuvent réussir. Ils reconnaissent qu'ils sont finis et qu'ils ont été crucifiés avec Christ. Mais pourquoi n'ont-ils pas encore vaincu ? Pourquoi échouent-ils encore ? Pourquoi ne sont-ils pas encore parvenus à la victoire ? Frères et sœurs, il existe une autre parole que nous ne devons pas oublier.

LA FOI — « LA VIE QUE JE VIS MAINTENANT DANS LA CHAIR, JE LA VIS DANS LA FOI DU FILS DE DIEU »

Je suis crucifié avec Christ. Je suis fini. Dieu dit que je suis corrompu au plus haut point, et je le dis moi aussi. Dieu dit que je suis absolument inutile, et je dis aussi que je suis absolument inutile. Dieu dit que je ne mérite que la mort, et je dis aussi que je ne mérite que la mort. « Ce n'est plus moi qui vis, mais Christ, qui vit en moi. » Cela est certain. C'est un fait que ce n'est plus moi qui vis, et c'est un fait que Christ vit maintenant en moi. Pourquoi n'est-ce plus moi qui vis ? Deux moins un est égal à un.

Lorsque l'on soustrait Adam, il ne reste bien sûr que Christ. Auparavant, les deux vivaient ensemble. Maintenant l'un a déménagé, et Christ est le Seul qui reste. C'est un fait. Mais comment ce fait peut-il se manifester ? Uniquement par la foi.

La foi dans les actes de Dieu

L'Évangile de Dieu nous montre qu'Il nous a donné Son Fils. Le Fils de Dieu est devenu notre justice, notre rédemption et même notre sainteté. Nous n'avons pas à Le recevoir d'abord en tant que notre vie, puis nous attendre à ce qu'Il nous donne Sa perfection, Sa patience et Son humilité plus tard. Il est déjà notre vie. La Bible nous montre que Christ est déjà notre Tête. Tout comme une tête qui a conscience du corps, puisqu'elle en est responsable et le dirige, Christ est notre Tête. Nous n'avons pas à Lui demander d'être notre Tête, et nous n'avons pas à demander d'être Son Corps. Il est déjà la Tête, et nous sommes déjà Ses membres. Cela nécessite de la foi de notre part. D'un point de vue négatif, nous nous sommes livrés à Lui. Mais d'un point de vue positif, croyons-nous que Christ est notre Tête et qu'Il occupe Sa place en nous, étant responsable de nous et dirigeant tout pour nous ? Croyons-nous qu'Il est, comme le dit la Bible, notre Tête, et qu'Il assume toutes les responsabilités qui incombent à la Tête ? La Parole de Dieu déclare qu'Il est la Tête. Croyons-nous vraiment qu'Il soit notre Tête ? Croyons-nous que nous ne sommes plus responsables de rien et que dès maintenant, à cette minute précise, Il sera responsable de tout ?

La Parole de Dieu nous montre aussi qu'Il est le cep et que nous sommes les sarments. La Parole ne dit pas qu'Il sera notre cep et que nous serons Ses sarments. Nous ne deviendrons pas Ses sarments et Il ne deviendra pas notre cep dans un proche avenir, quand nous serons plus mûrs spirituellement. Nous devrions porter des fruits de la même manière qu'Il porte des fruits. Nous devrions être pleins de vertus, tout comme Lui. Il nous donne toute la sève, la vie et la puissance pour porter des fruits. Il est le cep, et nous sommes déjà Ses sarments. Il nous *nourrit maintenant* de Sa vie, Sa sainteté, Sa perfection et de tout ce qu'Il est. Frères, croyons-nous cela ? Croyons-nous qu'Il est désormais notre arbre et que nous sommes maintenant Ses branches ? Lorsque nous L'avons reconnu comme notre Sauveur, nous avons été entièrement unis à Lui. (Bien sûr, il y avait encore le mélange. Maintenant, même le mélange a disparu.) Croyez-vous cela ? Vous n'avez pas besoin d'essayer de faire quoi que ce soit pour vous attacher à Lui, car Dieu a déjà fait de vous un seul arbre avec le Seigneur. Pensez-vous qu'Il vous traitera de la même façon qu'un arbre traite les branches ? Vous ne portez pas de fruits pour Lui. C'est plutôt Lui qui porte des fruits à travers vous.

Dieu nous a aussi montré que l'union entre le Seigneur Jésus et nous est comme la relation entre la nourriture et notre corps. Il est le sang que nous buvons et la chair que nous mangeons. Il est Celui qui nous maintient en vie. Comme la nourriture qui pourvoit à nos besoins corporels (si elle nous est supprimée, nous mourons), tel est le Seigneur Jésus pour nous.

Dans Sa Parole, Dieu nous montre que nous sommes unis au Seigneur Jésus. Il est notre Tête, notre arbre et notre nourriture. Nous n'avons pas besoin de demander à Dieu de nous donner le pouvoir de vivre comme Jésus vivait. Dieu nous a donné Son Fils, lequel est responsable pour nous, vit pour nous et est pour nous la puissance de vie. Dieu nous L'a donné afin que toute Sa perfection, Sa communion, Sa joie et Ses richesses s'expriment à travers nous. Dans le passé, nous ne comprenions pas cette vérité, et nous tentions de construire notre propre sainteté et, ce faisant, reniions la sainteté de Dieu. Maintenant, d'un point de vue négatif, nous avons arrêté d'œuvrer par nous-mêmes. Mais ce n'est pas assez. La Parole de Dieu déclare que Christ nous a donné Sa vie. Il nous faut croire qu'Il est notre vie. À travers nous, Il peut exprimer tout ce qu'Il possède. Il nous donnera tout ce dont nous avons besoin. Il nous faut croire que c'est un fait acquis.

Le secret de la victoire est de se rendre compte que celle-ci ne vient pas peu à peu. Par la foi, nous savons que Christ est devenu notre victoire. La victoire est simplement Christ, et la foi est la conviction que Christ est en nous. La grâce de Dieu nous a donné le Seigneur Jésus. Tout ce qu'il nous faut faire est de recevoir avec foi ce que Dieu nous a donné. Ensuite, la vie de Christ, Sa puissance, Sa liberté et Sa sainteté seront manifestées en nous.

Cette union mystérieuse a été accomplie par Dieu. Il a fait nôtres les richesses insondables de Christ. Croyons-nous cela ? Croyons-nous que tout ce qui est à Christ est maintenant à nous ? Croyons-nous que Dieu nous a donné Sa sainteté, Sa perfection, Sa vie, Sa puissance et Ses richesses ? Dieu nous a unis à Lui et a fait de Lui notre Tête, notre arbre et notre nourriture. Maintenant, Il est notre justice, notre sainteté et notre rédemption, et Il vit Sa vie à travers nous. Croyons-nous cela ? Dieu nous invite à croire, et nous ordonne de croire, que nous sommes unis au Seigneur comme Lui-même est uni à Dieu. Dans une telle union, toute Sa patience, Son humilité, Sa pureté et Sa bonté deviennent les nôtres. Tout comme nous avons cru qu'Il est notre justice, il nous faudrait désormais croire qu'Il est notre sainteté. Frères et sœurs, nombreux sont ceux qui ont échoué dans ce domaine précis. Ils connaissent la façon dont Dieu vainc, mais ils n'ont pas la foi. Ils savent qu'ils n'ont pas la puissance, mais ils ne connaissent pas la puissance de Christ. Ils reconnaissent la corruption complète de leur propre chair, mais ils ne voient pas que Dieu leur a donné en cadeau les richesses de Christ.

Comment recevons-nous un cadeau ? Nous n'avons rien à faire, sauf recevoir. Quand nous croyons en la Parole de Dieu, nous recevons Sa grâce. C'est cela, l'Évangile. Quand nous recevons par la foi, le Saint-Esprit fait de notre foi le point de départ des miracles de Dieu. Si un homme n'a jamais fait l'expérience de la puissance de Dieu, ce sujet ne lui dira rien. Mais ceux qui en ont fait l'expérience connaissent la réalité de cette foi. Quand nous croirons que tout ce qui est en Christ est à nous, le Saint-Esprit fera en sorte que tout ce qui est en Christ soit à nous. Quelle bonne nouvelle ! Tout ce qui est à Christ devient nôtre par la foi ! Par la foi, la vie parfaite de Christ s'exprime jour après jour à travers notre corps mortel ! Par la foi, non seulement « ce n'est plus moi qui vis, » mais c'est aussi « Christ, qui vit en moi ! » Sans l'ombre d'un doute, Christ vit en nous et pour nous ! Mais cela ne peut se produire que par la foi !

Croire que l'on a reçu

Frères et sœurs, Dieu ne peut pas nous dire de croire ce qui est incroyable. Quelques frères et sœurs lâcheront prise et abandonneront quand vous leur demanderez de le faire, mais ils ne peuvent pas croire. Tout en affirmant qu'ils croient, ils disent qu'ils préfèrent attendre et voir pendant quelques jours. Il est vrai que lâcher prise est une étape importante. Mais une étape plus importante encore consiste à permettre au Seigneur Jésus d'exprimer Sa victoire à travers nous. Une fois que nous lâchons prise, nous devrions croire. Dieu déclare que si nous croyons que le Seigneur est mort pour nous sur la croix, Il nous donnera la vie éternelle, et si nous croyons que le Seigneur vit en nous, Il nous donnera la vie de vainqueur.

Je sais que beaucoup ont échoué là. Ils ne peuvent pas croire que le Seigneur vit en eux, et ils ne peuvent pas croire que le Seigneur a vaincu pour eux. Lorsque je demandai à une sœur si elle avait lâché prise, elle me répondit que oui. Lorsque je lui demandai comment, elle me dit : « Je déclare à Dieu que je ne peux rien faire. Je ne m'occuperai plus de rien. À partir de maintenant, que je sois victorieuse ou que j'échoue, je Lui remettrai tout. » Cependant, si vous demandiez à cette sœur si elle avait fait l'expérience de la victoire, elle répondait qu'elle n'osait rien dire. Pourquoi n'osait-elle rien dire ? Elle répondit qu'elle ne sentait pas qu'elle avait vaincu et qu'elle n'avait pas vu le résultat de la victoire. Je lui dis que si elle croyait en les actes de Dieu, et si elle croyait que le Seigneur Jésus était la victoire et vivait en elle, elle devrait croire immédiatement qu'elle a vaincu. Mais si elle s'attendait à des résultats, elle ne ferait jamais l'expérience de la victoire.

Frères et sœurs, on reçoit la grâce pour vaincre comme on reçoit la grâce du pardon. Nous racontons à un pécheur que Jésus est mort sur la croix pour lui, et que quand il croira, ses péchés seront pardonnés. Si cette personne croit, ses péchés seront sûrement pardonnés. Si vous lui demandez si oui ou non elle a cru, elle peut répondre que oui. Mais si vous lui demandez si oui ou non ses péchés sont pardonnés, elle répondra peut-être non. Comment est-ce possible ? Elle dira peut-être : « J'ai entendu dire que lorsqu'un homme est pardonné de ses péchés, il a la joie et la paix. Je ne les ai pas encore. Il me faut m'agenouiller et prier jusqu'à ce que j'aie la joie et la paix. C'est alors que je pourrai dire que mes péchés sont pardonnés. » Si quelqu'un tient de tels propos, vous lui direz sûrement : « Même si tu te mets à genoux et pries pendant un an pour avoir la joie et la paix, tu ne les obtiendras pas. Tu auras la joie et la paix quand tu croiras qu'elles viendront en toi. » De même, si vous remplissez la condition pour que Dieu vous donne la victoire, si vous lâchez prise, si vous abandonnez et si vous perdez espoir en vous-mêmes, vous pouvez croire immédiatement que vous avez reçu la vie de vainqueur. Le Fils de Dieu exprime Sa victoire à travers vous. Une fois que vous croyez, le résultat suivra. Mais si vous attendez que le résultat arrive, vous ne verrez jamais ce résultat même en vous agenouillant pour prier.

Frères et sœurs, si vous voulez attendre le résultat avant d'oser dire que vous avez la vie de vainqueur, vous croyez votre propre expérience et non pas la Parole de Dieu. Frères et sœurs, une fois que nous aurons cru à la Parole de Dieu, l'expérience suivra, les sentiments suivront et la victoire suivra. Paul n'a pas dit qu'il sentait qu'il avait vaincu. Il a déclaré : « La vie que je vis maintenant dans la chair, je la vis dans la foi au Fils de Dieu. » Bien que vous vous sentiez peut-être froids et que vous ayez l'impression qu'il n'y a rien de réjouissant, vous pouvez toujours rendre grâces au Seigneur en disant : « La vie que je vis maintenant dans la chair, je la vis dans la foi au Fils de Dieu. »

Je peux paraître en bonne santé et vigoureux. Mais en fait, il ne se passe pas un jour sans que je me sente fatigué. Si je me fie à mes sentiments, il n'y a pas un jour qui m'enthousiasme. Chaque jour, quand je me réveille, je me sens froid et indifférent. Satan vient souvent à moi et me dit : « Tu n'es pas joyeux, chaque jour, tu es si froid et indifférent. Est-ce là ce que tu veux dire par avoir Jésus qui vit en toi ? Dans le passé, tu étais froid et indifférent, et maintenant, tu es froid et indifférent. Est-ce là l'expérience de la victoire en Christ ? » Lorsque cela se produit, Dieu me donne toujours une réponse. Je dis à Satan : « Si je ressens quoi que ce soit, ce sera moi qui vis. Mais si je crois, je vivrai par la foi du Fils de

Dieu. Si je ressens quoi que ce soit, ce sera ma chair qui le ressent. Mais si je crois, je vivrai par la foi dans le Fils de Dieu. C'est ma chair qui ressent, mais c'est la Parole de Dieu que je crois. » Si vous croyez en la Parole de Dieu, le Seigneur manifestera Sa victoire en vous. Dieu dit qu'aussi longtemps que vous remplirez la condition, Christ manifestera Sa victoire pour vous. Vous pouvez donc dire : « Dieu, je Te rends grâces ! Ce que je ressens ne compte pas. Le plus grand mensonge du monde, ce sont mes sentiments. Les sentiments et Satan s'accordent à merveille. Dieu, je Te remercie, car je peux croire en Ta parole et non pas en mes sentiments. » Seule la Parole de Dieu est réelle, tous les sentiments sont des mensonges. C'est pourquoi, frères et sœurs, quel que soit le genre de tentation qui survienne ou quoi que vous ressentiez, vous devriez dire : « Je vis dans la foi, la foi du Fils de Dieu. Je ne porte aucune responsabilité. Je lâche prise. »

Une fois que vous lâcherez prise et croirez, vous verrez le Fils de Dieu menant la bataille pour vous. Il vaincra pour vous. Le Fils de Dieu a pris votre mauvaise humeur, votre entêtement, votre fierté et votre jalousie. Alléluia, il n'y a qu'un Vainqueur au monde ! Alléluia ! Nous sommes tous faibles ! Alléluia, nous avons tous échoué, et nous sommes tous inutiles ! Alléluia, seul le Seigneur est le Vainqueur ! Alléluia, à travers l'histoire, il n'y a qu'un Vainqueur ! Alléluia, c'est pourquoi nous nous glorifions dans le Seigneur Christ ! Frères et sœurs, qu'avons-nous que nous n'ayons reçu ? Que pouvons-nous revendiquer ? Montrez-vous du doigt les voleurs et les prostituées ? Sans la grâce de Dieu, nous serions comme eux. Alléluia, nous ne sommes pas changés mais *échangés* !

Frères et sœurs, tout ce que nous avons à faire est de remplir les conditions. D'un côté, nous ne pouvons réussir, et nous ne devrions pas essayer de réussir. D'un autre côté, nous vivons dans la foi au Fils de Dieu. C'est cela, la victoire. Alléluia, Il a tout accompli ! Il nous faut demander à Dieu de nous montrer que Son Fils a tout accompli, et que nous n'avons pris aucune part à Son œuvre. Voilà la victoire.

Chapitre Six

UNE VIE LIVRÉE

Lisons deux versets. Luc 18.27 nous dit : « Jésus répondit : Ce qui est impossible aux hommes est possible à Dieu. » 2 Corinthiens 12.9 nous dit : « Et il m'a dit : Ma grâce te suffit, car ma puissance est perfectionnée dans la faiblesse. Je me glorifierai donc bien plus volontiers de mes faiblesses, afin que la puissance de Christ se dresse comme un tabernacle sur moi. »

MANQUER D'UNE CHOSE

Dans Luc 18.27, le Seigneur Jésus déclare que les choses qui sont impossibles aux hommes sont possibles à Dieu. Nous connaissons les circonstances dans lesquelles le Seigneur a prononcé ces paroles. Un jeune homme vint au Seigneur et Lui demanda : « Que dois-je faire pour hériter la vie éternelle ? » (v. 18). Puisqu'il demandait ce qu'il devait faire, le Seigneur répondit : « Tu connais les commandements : Ne commets pas l'adultère ; ne tue pas ; ne dérobe pas ; ne dis pas de faux témoignage ; honore ton père et ta mère » (v. 20). Le Seigneur mentionna cinq choses. Il dit au jeune chef qu'afin d'hériter la vie éternelle, la vie non créée de Dieu, par des œuvres, l'on devrait se préoccuper de ces choses. Certaines sont des choses que l'on doit faire, d'autres des choses que l'on ne devrait pas faire. Le jeune chef pensa que, si pour hériter la vie éternelle il suffisait de ne pas faire certaines choses et d'en accomplir d'autres qui sont bonnes, il pouvait remplir ces conditions ; en fait, il les avait même remplies depuis sa jeunesse. Mais le Seigneur déclara alors : « Il te manque encore une chose » (v. 22).

Ce soir, nous n'avons pas le temps d'interpréter ce passage. Je me contenterai d'en extraire un principe. Lorsque le jeune homme demanda au Seigneur ce qu'il devait faire pour hériter la vie éternelle, le Seigneur ne mentionna que cinq choses. Pourquoi pas six ? Pourquoi le Seigneur ne lui dit-il pas tout en même temps ? Pourquoi, après ces cinq choses, dit-Il : « Il te manque encore une chose » ? C'était uniquement pour montrer au jeune homme qu'il ne pouvait réussir. La vie éternelle est un don. C'est la grâce de Dieu, et l'homme ne peut l'obtenir par quelque œuvre que ce soit. Le Seigneur mentionna d'abord cinq choses au jeune homme, puis dit : « Il te manque encore une chose » car Il voulait que le jeune homme sache qu'il ne pouvait hériter la vie éternelle par des œuvres. En effet, c'est impossible. Mais le jeune homme ignorait cela, il affirmait encore pouvoir réussir. Depuis sa jeunesse, il avait respecté les commandements concernant le fait de ne pas commettre d'adultère, de meurtre, de vol, de ne pas dire de faux témoignage et d'honorer son père et sa mère. C'est pourquoi le Seigneur ajouta : « Il te manque encore une chose. » Le Seigneur se rendit compte qu'il y avait une chose que le jeune homme ne pouvait pas faire. Le Seigneur pénétra l'âme du jeune homme et vit qu'il y avait une chose qu'il ne pouvait accomplir.

Aujourd'hui, le Seigneur fait la même chose parmi nous en ce qui concerne l'expérience de la vie de vainqueur. Il applique le même principe envers nous. Peut-être certaines sœurs ou certains frères affirment-ils qu'ils ne sont pas aussi fiers, aussi jaloux ou aussi têtus que d'autres. Ils peuvent penser qu'ils sont meilleurs que d'autres dans beaucoup de domaines, mais Dieu sait qu'il existe une chose, en chacun de nous, que nous ne pouvons vaincre. Dieu permet à cette seule chose de rester en nous afin de nous montrer que c'est « impossible aux hommes ». Tant que nous n'avons pas commis d'adultère, de meurtre, de vol, dit de faux témoignage et tant que nous honorons nos parents, nous pensons pouvoir tout faire. Si d'autres nous demandent si nous avons vaincu, nous pouvons dire que nous avons vaincu dans tel ou tel domaine. Nous pouvons penser que tout va bien. Mais aujourd'hui, la question n'est pas de savoir combien de choses nous avons vaincues, mais si oui ou non, il y a une chose que nous n'avons pas vaincue. Dieu permet à une chose de rester en nous afin de nous montrer qu'il y a encore quelque chose que nous ne pouvons faire.

Ce dernier samedi soir nous avons vu que, selon l'estimation de Dieu, nous ne méritons que d'être crucifiés. Dieu se rend pleinement compte que nous ne pouvons vaincre le péché et que nous ne pouvons jamais faire le bien. Mais même si Dieu déclare que nous sommes inutiles, nous pensons encore être quelque peu utiles. Pour Dieu les choses sont claires, mais nous-mêmes ne sommes pas convaincus. Nous aurons beau dire que nous sommes bons, Dieu dira qu'il nous manque encore une chose. La mauvaise humeur poursuit certains sans cesse. D'autres ne sont ni fiers ni jaloux mais ils s'entêtent toujours. Il leur manque encore une chose. Il y aura toujours une chose, un péché, que nous n'aurons pas le pouvoir de vaincre. Certains ne sont ni fiers, ni jaloux, ni têtus et ne perdent pas facilement leur calme, mais ils sont très bavards ; ils ne peuvent vivre sans parler constamment. Ils peuvent se vanter de ne pas avoir commis telle ou telle sorte de péché, mais le Seigneur dira quand même qu'il leur manque une chose. Certains ne peuvent se résoudre à dépenser leur argent ; ils ne commettent jamais de péché sérieux. Mais l'avarice est leur péché ; ils sont entachés par elle. Dieu dit qu'il leur manque encore une chose. Il manque encore une chose car Dieu veut nous prouver que nous ne pouvons réussir. Il se peut que nous voulions vivre une vie parfaite, mais il y a une chose qui témoigne du fait que nous n'avons pas atteint une telle vie. Frères et sœurs, c'est la première qualification — admettre que nous avons encore « une chose. » Pour certains, c'est la fierté ; pour d'autres, c'est la jalousie, le bavardage, ou des pensées impures. Certains peuvent même avoir plus d'une chose.

Les paroles du Seigneur indiquent que le salut est impossible à l'homme, recevoir la vie est impossible à l'homme, la victoire est impossible à l'homme et obtenir la vie plus abondante est aussi impossible à l'homme. Cependant, le jeune homme ne croyait pas qu'il était incapable. Il répondit avec audace : « Toutes ces choses, ... je les ai gardées dès ma jeunesse. » Quelle fierté, quelle confiance émanaient de cette réponse ! Il pensait tout avoir. Mais le Seigneur lui a dit qu'il lui manquait encore une chose. Un homme peut dire qu'il n'a pas le péché de la fierté, de la jalousie, de l'entêtement, du bavardage ou aucun des péchés que j'ai mentionnés, mais il lui manque encore une chose. S'il rentrait chez lui et réfléchissait un peu, il se rendrait compte qu'il y a encore une chose.

L'INTENTION DE DIEU, C'EST QUE L'HOMME SE RENDE COMPTE DE SON INCAPACITÉ

Frères et sœurs, Dieu a conclu que nous ne réussirons jamais. Dieu a déterminé que nous ne pouvons réussir. Il a perçu et réalisé notre incapacité. Il nous en a déjà parlé. La question est de savoir comment nous allons réagir. Frères et sœurs, depuis notre conversion, pourquoi Dieu a-t-Il permis que nous échouions si fréquemment ? Pourquoi avons-nous constamment échoué, depuis le jour de notre conversion ?

Nombre de frères et sœurs me confessent en pleurant qu'ils ne peuvent vaincre tel ou tel péché. Frères et sœurs, je ne suis pas indifférent à vos frustrations. Je sais qu'un péché vous tourmente. Mais je rends grâces au Seigneur que vous ne puissiez réussir. Vous avez abandonné, vous avez reconnu la défaite. Dieu vous a montré que vous ne pouviez réussir. Il n'a pas besoin de vous faire remarquer de nombreux péchés. Il suffit qu'Il vous en laisse un, et cela sera assez pour vous montrer que vous ne pouvez réussir.

Une sœur a vaincu toutes sortes de péchés. Mais elle ne peut vaincre le péché du mensonge. Dès qu'elle ouvre la bouche, elle ment. Dès qu'elle parle, des mensonges s'échappent. Elle sait que c'est un péché qu'elle ne peut vaincre.

Une autre sœur ne peut vaincre sa mauvaise humeur. Dès qu'on l'ennuie elle perd son calme. Aussitôt elle confesse son péché, mais tout de suite après elle se remet de nouveau en colère. À chaque fois qu'elle perd son calme, elle pense devoir confesser son péché, mais aussitôt après, elle perd de nouveau son calme. Cela est très embarrassant pour elle, mais elle ne peut rien y faire. Elle se met sans arrêt en colère.

Un frère a vaincu de nombreux péchés. C'est un bon frère, mais il ne peut vaincre sa dépendance de la cigarette.

Une sœur peut vaincre toutes sortes de péchés, mais ne peut s'empêcher de grignoter.

Pourquoi les chrétiens font-ils ces différentes expériences ? Dieu les permet afin de nous prouver que nous ne pouvons réussir. Dieu sait que nous ne pouvons réussir, mais nous continuons à dire que nous pouvons réussir. Dieu dit que nous sommes sans espoir, mais nous continuons à dire que nous avons de l'espoir. Il faut nous rendre compte que c'est par nos nombreux déchirements de cœur et nos échecs, ainsi que par nos nombreuses défaites honteuses que Dieu nous prouve que nous ne pouvons réussir. Dieu nous demande si nous nous rendons compte que nous avons assez échoué. Il nous prouve que nous ne pouvons jamais vaincre. Il nous permet d'échouer une fois, deux fois, dix fois, voire vingt fois afin que nous nous rendions compte que nous ne pouvons réussir. Il nous permet d'échouer sans cesse afin de nous montrer notre incapacité. Il permet de telles expériences pour que nous reconnaissions devant Lui que nous ne sommes pas capables. Frères et sœurs, la première étape vers la délivrance est d'admettre que nous ne pouvons pas réussir. Pour être sauvé, un homme doit d'abord reconnaître son incapacité. Pour vaincre, il doit également reconnaître son incapacité. Une fois que nous aurons atteint ce stade, Dieu commencera Son œuvre. Malheureusement, le jeune homme qui est venu à Jésus s'en est allé déçu ! Quel dommage qu'il soit parti désespéré, bien qu'il se soit rendu compte de sa propre incapacité !

Pourquoi Dieu a-t-Il donné la loi aux hommes ? Nous n'avons pas besoin de considérer toutes les lois données par Dieu au cours des quatre mille années passées. Il nous faut seulement considérer les Dix Commandements donnés par Dieu aux Israélites sur le Mont Sinaï. Quel était le dessein de ces commandements ? Dieu donna les Dix Commandements aux Israélites non pas pour qu'ils les respectent, mais pour qu'ils les violent. Qu'est-ce que cela veut dire ? Dieu sait que l'homme ne peut pas respecter la loi, et Il sait que chaque homme est un pécheur. Mais l'homme ne veut pas reconnaître le verdict de Dieu. Ce n'est qu'après avoir essayé et échoué qu'il admettra être un pécheur. L'épître aux Romains nous raconte que Dieu donna la loi à l'homme pour que celui-ci la viole, et non pas pour qu'il la respecte. Quand un homme s'aperçoit qu'il ne peut respecter la loi, sa volonté se soumet et il s'humiliera. Dieu a passé quatre mille ans à aider l'homme à se rendre compte qu'il ne pouvait pas réussir, puis Il envoya Christ frayer le chemin afin que l'homme Le reçoive et soit sauvé par Lui.

Au cours de ces deux mille ans passés, de nombreux pécheurs ont été sauvés. Nous étions pécheurs, mais nous avons été sauvés. Logiquement, cela aurait dû nous humilier. Mais je ne sais pas si cela a provoqué une amélioration quelconque de notre tempérament ou notre fierté. Il peut y avoir eu une prétendue amélioration, mais c'est en fait une sorte de répression. Auparavant, la mauvaise humeur s'exprimait extérieurement. Maintenant, elle est réprimée à l'intérieur. Il en est de même pour la fierté. Mais quand le refoulement atteint un certain point, nous ne pouvons plus réprimer ces choses, et tout éclate. Dieu nous montre que nous ne pouvons réussir. Il nous dit que personne ne peut vaincre ou traiter ses péchés. Du moment qu'il existe une chose que l'homme ne peut faire, il s'avère qu'il est impuissant.

Frères et sœurs, nous sommes impuissants. Pour recevoir la délivrance de Dieu, la première chose que nous avons à faire est d'admettre devant Lui que nous ne pouvons réussir, et que nous n'avons pas l'intention de réussir. Il nous faut Lui dire : « Dieu, je me livre à Toi. J'en ai assez. Je suis fini. Je ne lutterai plus. » C'est la signification d'une vie livrée. Frères et sœurs, la première condition pour la délivrance, c'est de dire : « Je ne peux plus réussir, je ne lutterai plus et je ne me démènerai plus. Dans le passé, j'ai essayé de m'améliorer quelque peu en ce qui concerne ma fierté. Mais Seigneur, je n'ai plus l'intention de me changer. Dans le passé, j'ai essayé de changer quelque peu mon tempérament. Mais Seigneur, je n'ai plus l'intention de le changer. J'avais pensé corriger ma langue bien affilée, mais maintenant j'ai arrêté d'essayer. Je ne peux rien faire. Je n'essayerai plus de me changer moi-même. J'abandonne. »

SE LIVRER, C'EST LÂCHER PRISE

Frères et sœurs, qu'arrive-t-il lorsque nous considérons la mort du Seigneur, pour nous, sur la croix, et que ce passe-t-il lorsque nous croyons ? Nous arrêtons immédiatement d'essayer de faire le bien. Dès que nous croyons, nous sommes sauvés. De même, quand nous verrons que le Seigneur nous a menés à la croix et nous y a crucifiés, nous cesserons de lutter et n'essaierons plus de devenir meilleurs par nous-mêmes. Une fois que nous aurons cru que le Seigneur vit en nous et vainc pour nous, nous arrêterons notre propre travail et permettrons à Dieu de venir à notre secours. Nous dirons : « Seigneur, je ne m'améliorerai jamais, et je n'ai pas l'intention de m'améliorer. À partir de maintenant, je ne ferai plus rien, je ne m'occuperai de rien et je ne me soucierai de rien. À partir de maintenant, je vais lâcher prise, et les problèmes ne seront plus les miens. » Frères et sœurs, c'est cela, se livrer à Dieu. C'est lâcher prise.

Certains ont dit qu'il est très difficile de lâcher prise. Quand vient la tentation, il faut qu'ils lui résistent, et lorsque leur colère monte ils se sentent obligés de lutter contre elle. Quand ils prennent la résolution d'arrêter de faire quelque chose et qu'ils échouent, cela signifie seulement qu'ils prendront une résolution plus ferme la prochaine fois. Cependant, une résolution de plus équivaut à un échec supplémentaire, et une promesse de plus n'est qu'une promesse non tenue de plus. Plus l'on prend de résolutions, plus l'on échoue. Si la première résolution n'est pas assez ferme, la seconde n'aboutira à rien, même si elle est plus ferme. Romains 7 décrit très bien cela : car le vouloir est avec moi, mais la capacité de faire le bien ne l'est pas (v. 18) ! Aucune des promesses que nous faisons n'est juste, car nous n'avons pas lâché prise. Nous nous occupons encore de nos propres affaires, et nous ne pouvons dire que nous sommes crucifiés avec Christ et que ce n'est plus nous qui vivons. Mourir, c'est lâcher prise, abandonner. C'est ignorer et abandonner tous les efforts que nous faisions pour diriger nos vies. Lorsque nous ne serons plus capables, Dieu deviendra capable. C'est pourquoi la première chose à faire est de lâcher prise.

À Tientsin, il y avait un frère du nom de Lee qui me demanda un jour comment abandonner et lâcher prise. Il disait ne pas pouvoir le faire. Où était la solution ? Je lui demandai ce qu'il faisait dans son entreprise, et il me répondit qu'il était le directeur du département textile. Je demandai : « Si le directeur général de la compagnie te disait que le mois suivant la compagnie n'aurait plus besoin de toi et que tu étais licencié, que ferais-tu ? » Il répondit que la seule chose à faire serait de démissionner. Alors, je demandai : « Suppose qu'arrive le mois suivant, que le nouveau directeur prenne ses fonctions, et que tu lui transfères tout. Que ferais-tu si un acheteur venait te demander : « Monsieur le directeur, quel nouveau genre de tissu avez-vous ? Combien coûte-t-il ? De combien pensez-vous qu'il augmentera en deux jours ? » Le frère répondit : « Si cela se produisait quelques jours avant l'arrivée du nouveau directeur, je ferais quelques calculs et chercherais à savoir ce que la compagnie a en stock, et combien elle devrait en stocker. Mais si j'avais déjà tout transféré au nouveau directeur, je n'aurais plus rien à faire sinon regarder les autres travailler. » C'est cela, lâcher prise et se livrer à Dieu. C'est ce que signifie être crucifié avec Christ. Il nous faut dire au Seigneur : « Je n'abandonne pas parce que je suis capable. J'abandonne car j'en ai assez. Je ne suis capable de rien faire. Je ne peux plus m'occuper de rien. C'est pourquoi il me faut abandonner. Ma mauvaise humeur est toujours là, ma fierté, mon entêtement et ma jalousie aussi. Je ne peux rien y faire. Je ne peux que tout transférer et démissionner. Je ne peux que dire que tout est désormais entre Tes mains. » Cependant, quand les « acheteurs » se présentent, il ne faut pas nous alarmer. De nombreux « acheteurs » viennent tous les jours pour faire des affaires. Tout ce que nous avons à faire est de tout remettre entre les mains du Seigneur. Nous n'avons à nous soucier ni à nous occuper de rien. C'est ce que signifient vaincre, s'abandonner.

LA TENTATION DE SATAN — NOUS POUSSER À AGIR

Savez-vous ce qu'est la tentation ? Un frère déclara qu'il était toujours tenté de perdre son calme. Un autre frère dit qu'il était toujours tenté d'être obstiné. Un frère se plaignit qu'il était toujours tenté par des pensées impures. Un autre frère se plaignit qu'il était toujours tenté par sa langue bien affilée. Il semble qu'il existe mille tentations différentes pour mille personnes différentes. Mais, frères et sœurs, il n'y a en fait qu'une seule tentation dans le monde. Nous pensons que les tentations nous mènent à la colère, à la fierté, à la cupidité ou à l'adultère. Mais avec Satan, il n'y a qu'une tentation — la tentation d'agir. Satan ne nous amène pas à nous mettre en colère ou à être fier, cupide ou adultère. Il nous tente en nous poussant à l'action. Aussi longtemps que nous agissons, et peu importe de quelle façon, Satan l'emporte sur nous. S'il réussit à nous inciter à agir, nous avons échoué. En ce qui concerne notre vie de prière et notre lecture de la Bible, il a gagné la victoire à la minute même où nous commençons à agir. J'aimerais tellement être ému jusqu'aux larmes en vous partageant cela. Nous ne devrions pas agir. Dès que nous nous mettons à agir, nous sommes vaincus. Nous pouvons lutter avec Satan. Nous pouvons nous battre avec lui ou lui résister. Mais à l'instant où nous agissons, Satan a gagné la victoire complète. Il faut nous rendre compte que le secret de notre victoire réside dans le fait que nous sommes en état d'alerte. Il ne réside pas dans le fait de prendre en charge la situation, car si nous le faisons nous échouerons aussitôt. Frères et sœurs, c'est une chose très surprenante ! Dieu veut nous mettre de côté et permettre à Son Fils de vaincre pour nous.

On lit, dans Galates 5.17 : « Car la chair convoite contre l'Esprit, et l'Esprit contre la chair ; car ils s'oppossent l'un à l'autre, afin que vous ne fassiez pas ce que vous voudriez. » Ce verset ne dit pas que nous nous opposons à nos désirs ou que nos désirs s'opposent à nous. Il dit que la chair a des désirs contraires à l'Esprit, et que l'Esprit en a de contraires à la chair. Nous ne jouons aucun rôle. Ces deux parties s'opposent l'une à l'autre. Que signifie cela ? Un jour, un frère se lamentait que ses seuls désirs étaient le péché et l'impureté. Il n'y pouvait rien. Mais c'est la chair qui lutte contre l'Esprit, et l'Esprit qui s'oppose à la chair. Nous ne jouons aucun rôle dans cette lutte. C'est la manière par laquelle Dieu nous délivre. Si nous pouvons nous retirer et permettre à l'Esprit de lutter contre les désirs de la chair, et aux désirs de la chair de lutter contre l'Esprit, nous ferons l'expérience de la délivrance.

Lors de ma conversion, j'entendis l'histoire d'une fillette qui connaissait très bien la signification de la victoire. Pendant la Convention de Keswick, un homme demanda à la petite fille comment elle avait la victoire quand le diable venait à elle. Elle répondit : « Dans le passé, si le diable venait frapper à la porte, aussitôt qu'il frappait, je déclarais : « N'entre pas. N'entre pas. » Mais le résultat était toujours un échec. Maintenant, lorsque le diable frappe à ma porte, je dis : « Seigneur, ouvre la porte à ma place. » Si le Seigneur ouvre la porte, et que le diable voit le Seigneur, il dira : « Désolé, je me suis trompé de porte, » et il s'en ira en courant. »

Lorsque nous sommes tentés et déclarons : « Seigneur, sauve-moi car la tentation survient encore, » le diable entrera avant même que la porte soit ouverte. Il faut que nous permettions au Seigneur de s'occuper entièrement de cette affaire. Plus nous prions, plus nous nous désespérons, et plus nous répétons notre prière, plus il est difficile de lâcher prise. Un frère déclara un jour que quand Pierre était en train de couler, il dit simplement : « Seigneur, sauve-moi. » Faire une prière courte, c'est lâcher prise. Mais si l'on continue à prier : « Seigneur, sauve-moi… » cinq ou six fois, on est déjà battu. J'appelle ce genre de prière une prière de bourreau. C'est comme une personne qui tente de se pendre une deuxième et une troisième fois après avoir échoué la première fois. Lorsqu'une personne prie ainsi de façon répétée, cela montre qu'elle n'a pas lâché prise. Elle essaie de saisir la victoire par ses prières. Elle essaie de vaincre par sa propre force. À chaque fois, le résultat est la défaite. Si elle n'avait pas tant prié, elle aurait peut-être encore pu vaincre. Frères et sœurs, je vous prie de vous rappeler que Satan essaie de nous pousser à agir. Tant que nous agirons, même si c'est par la prière, il pourra faire ce qu'il veut.

Supposons que vous vous mettiez en colère chaque fois que d'autres vous embêtent. Comment réagirez-vous aujourd'hui ? Qu'allez-vous faire lorsque quelqu'un continuera à vous agacer par ses paroles, et que vous serez de plus en plus énervés ? « Seigneur, je ne prends pas cette situation en charge ; ma colère n'est pas mon problème ; la victoire est Ton affaire. Je ne peux contrôler ma colère. Seigneur, il faut que Tu t'en occupes. » Si vous pouvez dire cela, vous êtes bien en train de lâcher prise. Le

Seigneur s'en chargera, et vous manifesterez Sa patience. Vous serez même capables de Lui rendre grâces, en disant : « Seigneur, je ne prends plus la responsabilité de cela. » Cependant, si vous sentez que vous ne pouvez supporter le tourment, et que vous priez : « Seigneur, délivre-moi, car je suis sur le point de perdre mon calme », un quart d'heure sera pour vous comme quinze heures. Extérieurement, vous garderez peut-être votre calme, mais vous bouillonnerez intérieurement. Cela n'est pas la victoire. Satan n'a pas besoin de vous faire perdre votre calme de façon spectaculaire. Tout ce qu'il vous faut faire pour qu'il ait la victoire, c'est d'agir ne serait-ce qu'un peu.

Vaincre, c'est refuser d'agir. Vaincre, c'est ne pas tenir compte de la situation et s'en détourner. Si vous faites ainsi, vous lâchez prise. La victoire n'a rien à voir avec vous. Vous êtes déjà morts, c'est Christ qui vainc pour vous. La victoire, c'est que vous mouriez et que Christ vive.

Récemment à Chefoo, de nombreux frères et sœurs ont découvert l'expérience de vainqueur. Une sœur avait eu un passé difficile. Son mari était très dur avec elle, et sa belle-mère la maltraitait. Elle supportait, mais sans vaincre. Après avoir entendu ce que je prêchais sur la vie de vainqueur, elle l'accepta. Mais deux jours après, elle vint me voir et demanda comment elle pouvait lâcher prise et se mettre entre les mains du Seigneur. J'essayai de le lui expliquer, mais elle ne comprenait pas. Enfin, je demandai au Seigneur de me fournir une illustration adéquate. Je lui dis : « Madame Une telle, avez-vous jamais pris un pousse-pousse pour aller chez une amie ? » Elle répondit que oui. Je continuai : « Supposons que vous arriviez chez votre amie, et tandis que vous payez l'homme du pousse-pousse, votre amie intervient et essaie de payer pour vous. Vous voulez payer, mais votre amie insiste. Puis, quand vous lui rendez l'argent, elle essaie de vous le redonner. Avez-vous déjà été confrontée à une telle situation ? » Elle répondit que oui. Je poursuivis : « Supposons qu'elle ait réglé les vingt cents, et que l'homme ait pris l'argent et soit parti. Puisque vous ne vouliez pas que votre amie paie, vous lui fourrez vingt cents dans la main. Cependant, au moment où vous allez partir, elle vous le rend. Après que ce mouvement de va et vient s'est répété plusieurs fois, vous décidez de mettre cet argent par terre et dites au revoir à votre amie. Mais alors, vous vous demandez si votre amie va prendre l'argent, ce qui arrivera si elle le laisse et qu'un passant le prend. Vous vous demandez ce qui se passera si le tireur de pousse-pousse le ramasse, ou si un petit enfant voit cet argent et le prend. C'est pourquoi vous vous retournez pour voir si votre amie l'a pris. Quand vous voyez qu'elle ne l'a pas ramassé, vous vous retournez encore pour jeter à nouveau un coup d'œil. Mais aussi longtemps que vous ferez cela, votre amie ne prendra pas l'argent. Cependant, si vous aviez mis l'argent sur le sol et dit à votre amie : « l'argent est là ; prends-le », et que vous soyez partie en courant sans vous retourner, votre amie l'aurait probablement ramassé. » Après que je lui ai fait part de cette illustration, elle comprit et entra dans l'expérience de la vie de vainqueur.

C'est de cette façon que de nombreuses personnes remettent leurs affaires à Dieu. D'une part, elles disent qu'elles ont tout remis à Dieu. Mais d'autre part, elles ne sont pas tranquilles, et elles jettent toujours un coup d'œil en arrière. Si vous voulez prendre les choses en main, Dieu n'interviendra pas, au contraire, Il vous laissera faire. Si vous ne prenez plus les choses en main, Il le fera et endossera toute la responsabilité. Si vous voulez prendre les choses en main, ce sera à vous de réprimer votre colère, et il vous faudra tout ramasser vous-mêmes. Que signifie se livrer à Dieu ? Cela signifie laisser l'argent par terre, se détourner et partir. Cela signifie laisser de côté. Peu importe que les enfants, le tireur de pousse-pousse ou un piéton prennent l'argent. Vous ne vous en souciez plus, et vous n'en prenez plus la responsabilité. Il vous faut simplement dire au Seigneur : « Seigneur, je Te donne tout. À partir de maintenant, je ne m'occupe plus de savoir si je suis bon ou mauvais. » Une fois que vous vous serez abandonné à Dieu de cette manière, Dieu recevra sûrement ce que vous Lui avez confié. Tout ce que nous avons à faire est de remettre au Seigneur ce que nous avons.

Il nous faut d'abord lâcher prise avant que Dieu puisse ramasser ce que nous avons lâché. Cependant, nous voulons attendre que Dieu ramasse, avant que nous lâchions. Mais Dieu veut que nous lâchions et ensuite Il ramasse. J'ai dit au frère dont j'ai fait mention plus tôt que si son patron décidait de le licencier le premier jour du mois suivant, et que si une nouvelle personne était embauchée, il devrait tout transférer à ce nouvel employé. Pendant la période d'intérim, il serait responsable de la moitié du travail, et le nouvel employé serait responsable de l'autre moitié. Pendant cette période de transition, l'ancien employé transmet une partie de son travail au nouveau. Mais en ce qui concerne Dieu, soit Il prend tout, soit Il ne prend rien. Il ne prendra jamais une moitié pour nous laisser, si nous le souhaitons, prendre l'autre moitié. Nous devons déménager le trente et un, puis Dieu emménagera le premier du mois suivant. Si nous essayons d'abandonner graduellement, Dieu ne prendra pas le relais.

Frères et sœurs, l'un de nos plus grands péchés est que nous avons un cœur mauvais et incrédule. Tous les jours, nous essayons de nous contrôler et de nous dominer. C'est nous qui nous contrôlons et nous dominons. Nous nous demandons ce qui arriverait si nous ne le faisions pas. Quand nous prêchons l'Évangile à un non-croyant, nous lui disons qu'il ne devrait s'inquiéter de rien car Christ est mort pour lui, il lui faut simplement croire afin de tout recevoir. De la même manière, nous avons été crucifiés avec Christ, et Christ vit en nous. Rendons grâces à Dieu du fait que Christ soit notre Tête et que nous soyons Ses membres. Christ est le cep et nous sommes les sarments. Il est notre vie et notre tout. Quand nous serons émondés, aurons abandonné, démissionné et nous serons détournés, Christ commencera à prendre le relais.

Si un non-croyant tente de se débarrasser de lui-même, le diable emménagera. « Alors il dit : Je retournerai dans ma maison d'où je suis sorti ; et, quand il arrive, il la trouve vide, balayée et ornée. Il s'en va et prend avec lui sept autres esprits plus mauvais que lui ; ils entrent dans la maison, s'y installent » (Mt 12.44-45). Pour les croyants, il s'agit du cas de deux familles vivant sous un même toit. Lorsque l'une déménagera, l'autre sera encore là. Si un homme n'est pas sauvé, il ne sera pas victorieux même s'il cesse d'œuvrer par lui-même. Mais s'il est sauvé, le Seigneur lui donnera la pleine victoire aussitôt qu'il cessera d'œuvrer par lui-même. Une fois que le moi s'en va, la victoire arrive. Dès que nous déménageons, nous avons la victoire. Lâcher prise et abandonner signifient nous supprimer nous-mêmes et déménager. C'est la signification du plein abandon.

Dans le livre *The Christian's Secret of a Happy Life* [*Le secret du chrétien pour une vie heureuse*], se trouve l'histoire d'un chrétien qui descend dans un puits asséché. Il y avait une corde au bord du puits, et l'homme s'en servit pour descendre. Soudain, il arriva au bout de la corde. Il voulait aller au fond, mais il ne savait pas quelle était la profondeur du puits. Il pensa remonter mais il n'avait pas assez de force. La seule chose qu'il pouvait faire était de s'agripper à la corde et de crier au secours. Cependant, le puits se trouvait dans un désert, et l'homme était à l'intérieur du puits. Personne ne répondait à ses cris. Bientôt, il n'eut plus de voix, ses forces étaient épuisées, et il n'en pouvait plus. Il pria : « Dieu, fasse que je tombe dans l'éternité. » Après avoir prié, il lâcha prise et tomba, mais ce ne fut qu'une chute de huit centimètres ! Quiconque pense tomber dans l'abîme lorsqu'il lâche prise s'apercevra qu'il est tombé sur le Roc éternel plutôt que dans l'éternité. Frères et sœurs, lâchez prise ! Lâchez prise ! La première condition de la vie de vainqueur est de lâcher prise. À partir de maintenant, vous n'avez pas besoin de prendre les choses en main. Cela signifie qu'à partir de maintenant, vous vaincrez. La démission apporte la victoire.

Récemment, à Chefoo, une sœur entendit parler des deux conditions de la vie de vainqueur — livrer sa vie à Dieu et croire. Je lui demandai si elle était arrivée au bout. Elle avait l'habitude d'aller sans cesse prier sur la montagne, et elle répondit : « Je suis allée sur la montagne aujourd'hui, j'ai creusé une autre tombe pour moi-même et j'ai procédé à un autre enterrement. » Je lui posai la question plusieurs fois, elle répondait toujours de la même manière. Je savais qu'elle avait déjà réglé de nombreux péchés difficiles, mais elle n'était toujours pas heureuse. Je priais pour elle, mais il ne semblait pas y avoir de résultat. Un jour, je priai pour que Dieu me donne les mots qui l'aideraient à arriver au bout. Ce jour-là, elle jouait un hymne. Je lui demandai comment elle allait. À cette question, elle se mit à pleurer. Elle me dit qu'elle avait réglé de nombreuses choses, mais qu'elle ne pouvait régler le petit péché de grignotage. Cela pouvait paraître insignifiant à d'autres, mais pour elle, c'était un petit péché. Lorsqu'elle mentionna cela, je ris et dis : « C'est merveilleux. C'est ce qu'il y a de mieux. » Elle déclara : « Tu dis que la condition pour recevoir la vie de vainqueur est d'abord de se livrer à Dieu et ensuite de croire. Or je ne peux faire aucune de ces deux choses. » Je répliquai : « Alors, pourquoi ne continues-tu donc pas ainsi ? » Elle répondit : « Mais n'as-tu pas dit que la condition pour vaincre est d'abord de se livrer à Dieu et ensuite de croire ? Or je ne peux pas le faire. Où est la solution ? » Je dis : « Continue simplement ainsi. Que signifie se livrer à Dieu ? Cela veut dire lâcher prise. Lâcher prise n'est pas un travail, mais tu en as fait un travail. Croire n'est pas non plus un travail, mais tu en as fait un travail. Si tu ne peux te livrer à Dieu ou croire, reste telle que tu es. Ce n'est pas la peine de t'améliorer ou de lâcher prise. Il est vrai que la condition pour vaincre est de se livrer à Dieu et de croire. Mais tu en as fait une formule pour la victoire. Cela ne marchera pas. Lâche prise complètement, plutôt. Tu n'as rien besoin de faire. Tu n'as même pas besoin d'essayer de lâcher prise ou de croire. Si tu peux louer Dieu, alors loue-Le. Si tu ne peux pas, tu n'as pas besoin d'essayer. Si tu peux venir devant le Seigneur, viens devant Lui. Viens devant Lui, que tu sois morte à toi-même ou non. C'est tout ce que tu as à faire. C'est ce que signifie se livrer à Dieu. » Mes amis, nous sommes trop compliqués. Dieu dit que nous n'avons rien besoin de faire, mais nous voulons quand même faire beaucoup de choses. De nombreux frères et sœurs déclarent qu'ils lâchent prise, mais ils font encore de cela un travail, en quelque sorte. Ils luttent constamment entre lâcher prise et ne pas lâcher prise. Ils sont encore en train d'exercer leur propre force dans ce domaine. Frères et sœurs, lâcher prise signifie que vous en avez terminé. C'est la victoire. Après avoir entendu mes paroles, la sœur fut troublée pendant trois jours. La révélation avait été trop grande pour elle et elle était déroutée. Mais au bout de trois jours, elle franchit le cap ! Frères et sœurs, existe-t-il une chose que vous ne pouvez vaincre ? Cette sœur n'avait qu'une chose dont elle ne pouvait pas se défaire, et le Seigneur l'en a délivrée.

NOTRE FAIBLESSE EST NOTRE GLOIRE

On lit, dans 2 Corinthiens 12.9 : « Et il m'a dit : Ma grâce te suffit, car ma puissance est perfectionnée dans la faiblesse. Je me glorifierai donc bien plus volontiers de mes faiblesses, afin que la puissance de Christ se dresse comme un tabernacle sur moi. » Cela nous montre qu'il ne faudrait pas seulement nous considérer nous-mêmes comme étant faibles, impuissants et incapables, mais qu'il faudrait aussi nous réjouir de notre faiblesse, de notre impuissance et de notre incapacité. Ce verset dit-il qu'il nous faudrait pleurer sur notre faiblesse ? Non, au contraire, il est dit que nous devrions nous réjouir de nos faiblesses, et nous ne devrions pas seulement nous réjouir mais aussi nous glorifier de nos faiblesses. Que signifie se glorifier de ses faiblesses ? Le monde entier se lamente de ses faiblesses, mais les vainqueurs se glorifient de leurs faiblesses car ils ont la foi.

Frères et sœurs, sentez-vous que vous avez des problèmes ? Sentez-vous que vous avez des échecs ? Il faut vous rendre compte que vos problèmes et vos échecs sont pour vous une bénédiction : ils sont là pour vous aider à vaincre.

Un jour, à Chefoo, je rencontrai un médecin qui était sauvé depuis trois ou quatre ans. Il avait servi dans l'armée pendant plus de dix ans et il avait bien l'allure d'un soldat ; il était direct et franc. Son salut était certain. Cependant, il avait l'habitude de fumer des cigarettes. Fumer ne lui posait pas de problème majeur quand il était en Mandchourie, mais quand il arriva à Chefoo, les choses se compliquèrent un peu. Il y avait soixante-dix ou quatre-vingts personnes à l'église, et Chefoo était un petit endroit. Le seul lieu où il pouvait fumer était chez lui. Mais même là, il n'osait pas fumer ouvertement car sa femme était chrétienne. À l'hôpital où il travaillait, il y avait quelques infirmières qui étaient aussi nos sœurs en Christ. D'un côté, il voulait fumer, mais d'un autre côté, il se sentait gêné. Chaque fois qu'il entendait quelqu'un approcher alors qu'il était en train de fumer, il devait éteindre sa cigarette en vitesse. Quand il fumait dans la rue, il lui fallait d'abord regarder devant et derrière lui pour voir s'il reconnaissait quelque visage familier. Il ne pouvait arrêter de fumer, cependant continuer à fumer lui était pénible. Il ne savait que faire. Après l'une de mes réunions, il vint vers moi et prit rendez-vous pour me voir le lendemain matin à neuf heures. Il me dit qu'il avait à parler de choses très importantes. Le lendemain matin, quand il arriva, il me raconta toute son histoire. Il me dit qu'il fumait depuis plus de dix ans et ne pouvait pas arrêter. Que devait-il faire ? Plus il parlait, plus je riais en regardant le plafond. Il dit : « Monsieur Nee, il s'agit d'un problème sérieux. » Je répondis que je savais qu'il s'agissait d'un problème sérieux. Il dit qu'il ne pouvait rien y faire. Je répondis : « C'est merveilleux que vous ne puissiez rien y faire. Rien ne pourrait être plus agréable à entendre. » Il me demanda pourquoi et je répondis : « Je me réjouis car seul le Seigneur peut régler ce problème. Je ne peux rien y faire, et vous ne pouvez rien y faire. Votre femme ne peut rien y faire, et les frères et sœurs non plus. Avec un patient si idéal que vous, le Seigneur Jésus aura encore à faire dans Sa clinique. » Il me dit qu'il ne s'agissait pas d'une banalité, car depuis plus de dix ans il essayait en vain de vaincre le problème. J'étais d'accord, mais je lui répondis : « C'est difficile pour vous, mais rien n'est difficile pour le Seigneur. Il peut changer la situation d'un seul coup. » Je poursuivis : « Docteur Shi, vous êtes un bon médecin, et je suis en bonne santé. C'est pourquoi vous n'avez pas besoin de moi, et je n'ai pas besoin de vous. Si vous voulez démontrer vos talents sur moi, il faut d'abord que je tombe malade, et que ma maladie ne soit pas bénigne, mais grave. Plus ma maladie sera grave, plus vous manifesterez votre talent. Aujourd'hui, le Seigneur Jésus est ici. Il peut régler ce que vous, Docteur Shi, ne pouvez régler. » Il me demanda ce que je voulais dire, et je citai 2 Corinthiens 12.9 : « Ma grâce te suffit, car ma puissance est perfectionnée dans la faiblesse. Je me glorifierai donc bien plus volontiers de mes faiblesses, afin que la puissance de Christ se dresse comme un tabernacle sur moi. » Il était bon qu'il veuille arrêter de fumer, et merveilleux qu'il ne puisse arrêter. Mais il ne comprenait toujours pas les paroles de 2 Corinthiens 12.9. C'était merveilleux qu'il ne puisse arrêter de fumer. Cela n'aurait pas été si merveilleux s'il avait été capable d'arrêter, car 2 Corinthiens dit que la puissance de Christ s'accomplit dans les faiblesses des hommes. Je dis : « Pour vous, c'est mal de fumer. Mais pour Dieu, c'est merveilleux que vous ne soyez pas capable d'arrêter. » Il était abasourdi, et il me regardait avec de grands yeux. Je lui dis : « Ne pensez jamais : « Je fume, c'est lamentable, c'est malheureux. » Il vous faut dire au Seigneur : « Je Te rends grâces car je fume. Je Te rends grâces car je ne peux arrêter de fumer. Seigneur, je Te rends grâces car Tu peux me faire arrêter de fumer et Tu peux m'aider à arrêter. » Il demanda d'un ton dubitatif : « Dieu peut-Il vraiment faire cela ? » Je répondis : « Bien sûr qu'Il le peut. » Puis nous prîames ensemble. Je priai d'abord, en quelques mots, puis ce fut son tour. Il avait la foi, et dans sa façon de prier on pouvait discerner le soldat. Il s'exprima de manière honnête : « Dieu, je Te rends grâces car je fume. Seigneur, je Te rends grâces car je ne peux m'arrêter de fumer. Seigneur, je Te rends grâces car Tu peux arrêter de fumer à ma place. » Après avoir prié, alors qu'il n'avait pas encore séché ses larmes, il mit son chapeau et s'apprêta à partir. Je lui demandai : « Docteur Shi, fumerez-vous encore ? » Il répondit : « Moi, Tsai-lin Shi, je ne peux arrêter de fumer, mais Dieu le peut à ma place. » Je savais que tout irait bien pour lui. Toutefois, dans la soirée, je me fis quelque souci et demandai aux gens de l'hôpital ce qu'il devenait. Je découvris que tout marchait sans à-coups. Le lendemain matin, je m'informai de nouveau à son sujet et la réponse fut la même. Tout allait bien pour lui. Cet après-midi-là, quand je le rencontrai, il me dit qu'il discutait avec sa femme. Sa femme se plaignait depuis plus de dix ans parce qu'il fumait, mais il n'avait jamais été capable d'arrêter. Après avoir parlé avec Dieu, il avait arrêté de fumer en une demi-heure. Il déclara : « Je n'ai pas fumé hier, et je n'ai pas fumé aujourd'hui. » Quand je fus sur le point de partir, je demandai de nouveau : « Pensez-vous que vous, Docteur Shi, pouvez arrêter de fumer ? » Il répondit que non. Je demandai : « Qu'allez-vous donc faire ? » Il répondit : « Le Seigneur arrêtera à ma place. » Sur ces mots, je partis en paix.

Frères et sœurs, ne pensez pas que vous changerez. Dans cinq ans, vous vous mettrez toujours en colère. La victoire dépend de Christ qui vit pour vous. Vous pouvez déclarer : « Grâces soient rendues au Seigneur car je ne peux réussir, mais Christ le peut. »

J'aimerais pouvoir parler de cela au monde entier. Je n'ai pas peur d'un mauvais caractère. Je n'ai pas peur d'un tempérament coléreux. Je n'ai pas peur d'une fierté excessive. J'ai seulement peur de ceux qui ne voient pas leur propre incapacité, et qui ne voient pas que Christ est capable.

Frères et sœurs, il est bon que vous rendiez grâces à Dieu pour votre victoire. Mais il faut aussi Lui rendre grâces pour vos faiblesses. Vos faiblesses contribuent d'autant plus à manifester la puissance de Christ. Je rends grâces à Dieu que Watchman Nee soit irrémédiablement corrompu. Je Le remercie du fait que la puissance de Christ s'accomplit une fois de plus à travers moi. Je dis au Seigneur que je n'ai en moi ni bonté, ni justice, ni sainteté, ni patience, ni calme. Grâces soient rendues au Seigneur car je n'ai aucune de ces choses et je n'essaie plus de les obtenir. « Ô Seigneur, à partir de maintenant, je Te remets tout. À partir de maintenant, c'est Ton Fils qui vaincra pour moi. » Si vous faites cela, vous vaincrez immédiatement. Vous pouvez vaincre en une minute, voire même en une seconde.

IMPOSSIBLE À L'HOMME, MAIS POSSIBLE À DIEU

Luc 18 nous montre un jeune homme qui ne pouvait réussir, tandis que Luc 19 nous montre Zachée qui réussit. « Voici, Seigneur. Je donne aux pauvres la moitié de mes biens, et si j'ai pris quelque chose à quelqu'un par une fausse accusation, je lui rends le quadruple » (v. 8). Il réussit à cet instant même. Zachée fit ce que le jeune homme ne pouvait pas faire. Luc 18 nous montre qu'à l'homme, c'est impossible, tandis que Luc 19 nous montre qu'à Dieu, tout est possible. Le vieil homme, dans Luc 19, fut capable de faire ce que le jeune homme, dans Luc 18, ne put faire. Dans Luc 18, le jeune homme ne pouvait pas faire ce que le Seigneur lui disait de faire. Dans Luc 19, le Seigneur n'a pas dit grand-chose au vieil homme, mais celui-ci croyait. Le jeune homme n'a pas réussi parce qu'il ne croyait pas en Dieu. Le vieil homme et sa maisonnée étaient les descendants d'Abraham. Ils avaient la foi, et le salut est entré dans cette maison. C'était l'œuvre de Dieu.

Frères et sœurs, il nous faut rendre grâces au Seigneur. Nous ne pouvons aimer. Nous n'avons pas de patience. Nous ne pouvons être humbles. Nous ne pouvons être doux. Mais il n'y a pas un verset dans la Bible, pas une parole de Dieu, qui nous disent que nous devrions vivre une vie que nous sommes capables de vivre, ou que nous devrions faire ce que nous sommes capables de faire. Dieu nous dit toujours de faire ce que nous ne pouvons faire, et de vivre une vie que nous ne pouvons vivre. Chaque matin, je m'éveille et rends grâces à Dieu, car aujourd'hui encore Il accomplira Ses miracles. Le soir, je Lui rends grâces pour les miracles qu'Il a réalisés ce jour-là. Aujourd'hui, Dieu me rend capable d'endurer ce que je ne pourrais pas endurer autrement. Il me rend capable d'aimer ce que je ne pourrais pas aimer autrement. Il me rend capable de faire ce que je ne pourrais pas faire autrement et d'agir de la manière dont je ne pourrais pas agir autrement. Grâces Lui soient rendues ! Chaque jour, nous expérimentons ces paroles : « Les choses qui sont impossibles à l'homme sont possibles à Dieu ! »

Chapitre Sept

CROIRE

Références bibliques : Ga 2.20 ; He 11.1

POUR VAINCRE, IL FAUT CROIRE

Aujourd'hui, nous ne lirons que Galates 2.20 et Hébreux 11.1. Au cours de ces derniers jours, nous avons vu que la vie de vainqueur est simplement Christ Lui-même. Nous ne vivons pas la vie de vainqueur en devenant meilleurs ou en progressant par nous-mêmes, en faisant des efforts pour tenter de devenir comme Christ. La victoire est Christ qui vit en nous, c'est-à-dire que c'est Christ qui vainc pour nous. Il est mort sur la croix pour nous afin de nous sauver. Aujourd'hui, Il vit en nous afin de vaincre pour nous. Au cours de ces derniers jours, nous avons vu les conditions qui permettent de vaincre. La première condition est de se livrer à Dieu, et la seconde condition est de croire. Nous croyons que le Fils de Dieu vit en nous, et nous croyons qu'Il manifeste Sa victoire à travers nous. Hier, nous avons vu ce que signifie se livrer à Dieu. Aujourd'hui, nous allons voir ce que signifie croire. J'ai bien peur que beaucoup se soient livrés à Dieu, mais ne soient pas victorieux car ils n'ont pas encore cru. C'est pourquoi il faut nous rappeler que nous ne pouvons vaincre si nous nous sommes livrés à Dieu mais n'avons pas cru. Se livrer à Dieu n'est que le côté négatif du problème. Il nous faut encore croire, c'est le côté positif. Si nous nous livrons à Dieu et croyons, nous vaincrons.

Il y avait un frère de Chefoo qui alla un jour à Shanghaï. En rentrant chez lui il raconta qu'il s'était livré à Dieu, mais qu'il n'avait pas encore vaincu. Il se sentait aussi mauvais qu'auparavant. Il se mit même en colère sur son lieu de travail. Je lui dis que se livrer à Dieu, ce n'était pas vaincre ; ce n'était que l'aspect négatif de la question, et croire n'était pas moins important. Il accepta ces paroles, et il finit par vaincre. Au cours de la dernière réunion, il loua Dieu et proclama que pour la première fois, il n'y avait rien dont il puisse se glorifier, et que tout était de Dieu.

Frères et sœurs, je vous prie de vous rappeler que pour vaincre il ne suffit pas de se livrer à Dieu. On ne vainc pas simplement en se livrant à Dieu. Après s'être livré à Dieu, il faut croire fermement. En se livrant à Dieu puis en croyant, on vaincra.

Quelle fut l'expérience de Paul ? Comment parvint-il à vaincre ? D'abord, il se livra à Dieu. Il déclara : « Je suis crucifié avec Christ. » Il avait déjà fait l'expérience du « ce n'est plus moi, » mais il poursuivit en disant : « La vie que je vis maintenant dans la chair, je la vis dans la foi au Fils de Dieu. » Cela signifie qu'il croyait que Christ vivait en lui, qu'Il l'aimait et qu'Il s'était sacrifié pour lui.

Nombreux sont ceux qui se sont livrés à Dieu, mais qui n'ont pas vaincu car ils n'ont pas cru. S'ils ne croient pas, rien ne marchera. Aujourd'hui, je parlerai de la signification de la foi, mais je ne peux en parler en détail. Je ne peux qu'en parler brièvement. Je mettrai en relief la profonde relation entre la foi et la victoire.

CROIRE AUX ACTES DE DIEU

Tout ce qui est écrit dans la Bible a été accompli pour nous par Dieu. Dieu a tout accompli pour nous. Dans notre conférence de janvier de l'année dernière, nous avons mentionné trois choses que Dieu nous a données : premièrement, l'alliance. Deuxièmement, les actes qu'Il a accomplis pour nous. Troisièmement, les promesses qu'Il nous a faites. Toute l'œuvre de Dieu pour nous est contenue dans ces trois choses. Nous avons parlé de ces trois choses lorsque nous avons évoqué le sujet de la nouvelle alliance. Aujourd'hui, je ne m'attarderai pas sur ces choses. Une promesse est quelque chose que Dieu fera pour nous dans l'avenir. Un acte est quelque chose que Dieu a accompli en Christ, c'est quelque chose que Dieu a déjà fait. Aujourd'hui, je parlerai des actes de Dieu et de Sa promesse.

Nombreux sont ceux qui ne savent pas ce que sont les actes de Dieu. Le Seigneur Jésus est mort sur la croix pour tous les hommes, Il est mort pour le monde entier. C'est l'acte de Dieu. Mais combien de personnes sont-elles sauvées ? Seules celles qui croient sont sauvées. Puisque Christ est mort pour le monde entier, est-il sans importance qu'une personne croie ou non ? Est-ce que l'on est sauvé, que l'on croie ou non ? Est-ce la même chose que l'on croie ou non, puisque Christ est mort pour tous et puisque cela est devenu un acte de Dieu ? C'est de cette façon que pensent bon nombre de chrétiens lorsqu'ils disent que Christ vit en eux. Christ est la Tête et nous sommes le Corps. La façon de ressentir les choses, de contrôler, de diriger et d'assumer la responsabilité devrait être identique pour la Tête et pour les chrétiens. Aujourd'hui, combien de chrétiens voient-ils que le Seigneur Jésus est la Tête ? Est-ce Christ qui ressent ou bien nous qui ressentons ? Est-ce Christ qui contrôle ou bien nous qui contrôlons ? Est-ce Christ qui dirige ou bien nous qui dirigeons ? Où est notre problème ? Le problème est que nous n'avons pas la foi.

Certains frères et sœurs affirment qu'ils ont foi en Christ en tant que Tête, mais ils n'ont pas foi en la Tête prenant toutes les responsabilités. Nombreux sont ceux qui ne peuvent croire, ils ne savent pas ce que signifie la foi. La Bible dit que le Seigneur est le cep et que nous sommes les sarments (Jn 15.5). Elle ne dit pas qu'Il sera notre cep et que nous serons Ses sarments. Peu importe que nous croyons ou pas, Il est toujours le cep et nous sommes toujours les sarments. Cependant, ceux qui croient feront l'expérience de la sève qui coule en eux, et ils produiront des fruits par leur travail. La vie du Seigneur ne coule pas à travers ceux qui ne croient pas, ils doivent lutter pour travailler et porter des fruits. Si nous leur disons que le Seigneur est le cep et que nous sommes les sarments, ils demanderont peut-être pourquoi ils ne peuvent travailler ou porter du fruit. Ils ne le peuvent pas car ils n'ont pas la foi. Puisque le Seigneur est le cep et que nous sommes les sarments, ils peuvent répondre que peu importe que l'on croie ou non, un acte de Dieu est toujours un acte de Dieu. Ceux qui disent cela ne connaissent pas la signification de la foi.

LA FOI — PERCEVOIR LA RÉALITÉ

Hébreux 11.1 évoque l'importance de la foi. Dans toute la

Bible, c'est le seul verset qui donne la définition de la foi. « Or la foi est la substantialisation des choses qu'on espère, la conviction des choses. » On peut traduire le mot « substantialisation » de nombreuses façons. Le mot grec traduit par « substantialisation » signifie rendre quelque chose réel. Par exemple, nous avons la forme des lampes, la couleur des murs et le son de l'orgue. Comment ces formes, ces couleurs et ces sons deviennent-ils réels pour nous ? La seule chose qui nous prouve l'existence de la couleur, ce sont nos yeux. Voici un tableau avec de merveilleux verts, rouges et jaunes, mais ces couleurs ne peuvent être perçues que par les yeux. Sans eux, les couleurs ne pourraient être perçues, quelle que soit leur beauté. Le son de l'orgue est très beau, mais il ne peut être perçu que par l'ouïe. Une personne sourde ne sera pas capable de percevoir le son. Ni les yeux ni les mains ne peuvent percevoir le son. Seules les oreilles peuvent le faire. Les objets ont des formes différentes : certains sont cubiques, tandis que d'autres sont sphériques, plats, triangulaires ou courbes. On ne peut appréhender ces formes que par la vue ou le toucher. C'est pourquoi l'existence d'un objet est une chose, mais sa perception en est une autre. Il y a des millions d'objets sur terre, mais il faut certaines aptitudes pour les percevoir. De même la foi sert à percevoir les réalités spirituelles.

Voici une toile représentant des montagnes, de l'eau, des fleurs, de l'herbe et des arbres. Le paysage est très beau, et si vous avez des yeux, vous pouvez apprécier la beauté de la peinture et en parler aux autres. Mais supposons qu'une personne soit aveugle de naissance et n'aie jamais vu de couleurs de toute sa vie. Si vous lui parlez de la couleur rouge et dites qu'elle est attirante, elle demandera : « Qu'est-ce que le rouge ? » Vous pouvez lui parler du vert et dire que c'est beau, mais elle demandera : « Qu'est-ce que le vert ? » Vous pouvez seulement dire que le rouge, c'est le rouge et le vert, c'est le vert. Bien que la peinture existe, cette personne ne peut en apprécier la beauté. Bien que le paysage peint sur la toile soit splendide, elle n'a aucun moyen de l'apprécier.

Nous avons ici une sœur qui joue très bien du piano. Ceux qui ont des oreilles et comprennent la musique peuvent apprécier ce qu'elle joue. Cependant, ceux qui sont sourds ou ne comprennent pas la musique ne peuvent témoigner de la beauté de la musique. La même chose est vraie de notre foi. Tous les actes de Dieu sont réels. Cependant, ces actes de Dieu ne peuvent être perçus que par la foi, car la foi est l'assurance des choses qu'on espère, la démonstration de celles qu'on ne voit pas.

Une peinture peut représenter un très beau paysage, mais un aveugle ne peut le voir. Cependant, on ne peut pas dire que cette toile n'existe pas parce qu'on ne l'a pas vue. Elle existe réellement. Qu'on la voie ou pas, c'est toujours une peinture, et les superbes couleurs sont toujours là. La question est de savoir si cette peinture vous a apporté quelque chose. Ceux qui voient apprécieront la toile, ils en recevront un certain bénéfice. Le Seigneur est mort et a versé Son sang sur la croix pour tous les hommes. C'est un fait. Mais certains ont la foi pour témoigner de la réalité de la mort du Seigneur, et ils en reçoivent un bénéfice. D'autres n'ont pas la foi. La mort du Seigneur sur la croix est toujours un fait, mais ils sont incapables d'en faire l'expérience.

Frères et sœurs, voyez-vous l'importance de la foi ? Nous avons besoin de la foi pour percevoir une réalité spirituelle autant que nous avons besoin des yeux, des oreilles et des mains pour appréhender l'existence d'objets physiques. La main témoigne de la forme des objets, et l'oreille perçoit les sons, mais la main ne peut ressentir les couleurs, et l'oreille ne peut les entendre. Les couleurs ne peuvent être perçues que par les yeux. C'est aussi vrai pour les questions d'ordre spirituel. Par exemple, le Seigneur est la Tête et nous sommes les membres. Cette union est une réalité, il n'y a aucune possibilité de séparation. De la même manière, le Seigneur est le cep et nous sommes les sarments, il n'y a pas de possibilité de séparation. Si nous croyons cela, nous recevrons le bénéfice de cette réalité. Certains confessent que le Seigneur est le cep et que nous sommes les sarments. Mais ils n'ont pas la sève, la vie. Ils ne peuvent porter de fruits car ils n'ont pas la foi.

Qu'est-ce que la foi ? Ce n'est pas la compréhension mentale d'une vérité. C'est la vision d'un fait et sa perception. Nous avons entendu dire que le Seigneur est mort sur la croix et a versé Son sang pour notre rédemption. Nous sommes peut-être même d'accord avec d'autres sur ce point. Nous avons aussi entendu dire que le Seigneur est le cep et que nous sommes les sarments, nous nous accordons peut-être même avec d'autres sur ce point. Nous avons entendu dire que le Seigneur Jésus est notre vie et qu'Il vit en nous, et peut-être sommes-nous d'accord avec d'autres sur ce point. Cependant, cela ne suffit pas à rendre ces faits perceptibles. Frères et sœurs, peut-être que nous nous sommes déjà mis de côté nous-mêmes et nous sommes rendu compte que nous étions impuissants et inutiles. Il se peut que nous ayons déjà lâché prise, mais tout cela ne constitue que le côté négatif de la question. D'un point de vue positif, nous devrions encore percevoir Christ. C'est merveilleux ! Cela ne prend qu'une seconde, et les actes accomplis par Christ seront réalisés en nous.

Voici une très belle toile. Comment savez-vous qu'elle est très belle ? Vous le savez car vous l'avez vue. Comment connaissez-vous toutes les richesses de Christ ? Vous les connaissez car vous les avez vues. Colossiens nous dit que nous avons tout pleinement en Christ. Comment savons-nous que nous avons tout pleinement en Christ ? Nous le savons car nous L'avons vu. Lorsque nous nous regardons, nous ne voyons aucune plénitude. Mais on nous dit que nous avons tout pleinement en Christ. Avons-nous déjà tout pleinement en Christ ? Le Seigneur nous a donné toute la plénitude, et nous a donné grâce après grâce. Les avons-nous déjà ? La question n'est pas de savoir si nous les avons déjà dans la tête, mais si nous avons une telle foi dans notre cœur ou pas.

On lit, dans Éphésiens 1.3 : « Béni soit le Dieu et Père de notre Seigneur Jésus-Christ, qui nous a bénis de toute bénédiction spirituelle dans les lieux célestes en Christ. » Il ne fait aucun doute que Dieu nous a bénis de toute bénédiction spirituelle dans les lieux célestes en Christ. Mais où sont ces bénédictions ? Frères et sœurs, la question principale repose sur la foi, il nous faut croire que la Parole de Dieu est vraie. Cela est si simple, et il n'y a rien à ajouter.

Qu'est-ce que la foi ? Considérons cette question du point de vue du Seigneur. L'un des grands manquements chez les chrétiens, est qu'ils ne peuvent croire. Croire, c'est rendre les faits réels. Par la vue nous percevons les choses. Par la foi nous percevons les actes de Dieu, tout simplement.

Il y avait un Anglais du nom de Webpeblo, dont la fille mourut. Au retour des funérailles, il réfléchit pour savoir quel devrait être le sujet de son sermon le jour suivant. Il pensa : « Ma fille est morte, et l'assemblée sait que j'ai le cœur brisé. Il me faut délivrer un sermon qui les réconforte. » Il choisit le texte de 2 Corinthiens 12.9 : « Ma grâce te suffit. » Il divisa son sermon en sections et sous-sections, selon l'Écriture. Puis il se mit à genoux et pria pour la bénédiction de Dieu. Mais tandis qu'il priait, il se demanda : « La grâce de Dieu me suffit-elle ? Si Sa grâce ne me suffit pas, comment puis-je dire qu'elle me suffit ? Je dis que la grâce de Dieu est suffisante, mais si je me chagrine et pleure la mort de ma fille, c'est que la grâce de Dieu ne me suffit pas. Je ne peux pas mentir. » Il pensa à changer de sujet, mais il n'avait pas assez de temps pour le faire. Il décida de se contenter de prier pour que Dieu fasse en sorte que Sa grâce lui suffise. Il pria : « Dieu, fais en sorte que Ta grâce me suffise. Ô Seigneur, fais en sorte que Ta grâce me suffise. » Il pria pendant longtemps, mais sans résultat. Il ne savait que faire. À ce moment-là, il leva les yeux et vit le même verset sur le manteau de la cheminée. C'était un verset que sa mère avait placé là tandis qu'il était aux funérailles. Le verset était imprimé en trois couleurs. Les mots *Ma* et *te* étaient imprimés en bleu, le mot *suffit* était en rouge. Le mot *grâce* était en noir. Soudain, Dieu l'éclaira, et il se confessa devant le Seigneur, déclarant : « Dieu, Tu dis que Ta grâce me suffit, mais je dis que Ta grâce ne me suffit pas. Tu as dit que Ta grâce me suffit, mais je demande encore que Ta grâce me suffise. » Il confessa son péché et rendit grâces au Seigneur, déclarant : « Ta grâce me suffit. Je n'ai pas besoin de prier plus longtemps. » Il était rempli de joie et de reconnaissance. Il n'avait plus besoin de prier. Le lendemain, sur l'estrade, il délivra le meilleur sermon de sa vie. Quand quelqu'un lui demanda d'où lui venait cette puissance, il répondit que celle-ci était venue après les funérailles de sa fille. À partir de ce jour, il fut différent, car il avait appris à croire.

Aujourd'hui, le problème est que nous avons entendu dire que le Seigneur Jésus était la Tête, cependant nous prions encore pour qu'Il soit notre Tête. Pourquoi ne Lui rendrions-nous pas plutôt grâces en disant : « Seigneur, Tu es la Tête » ? Si nous faisions cela, nous pourrions percevoir immédiatement ce fait.

Un jour, un frère déclara : « Monsieur Nee, vous en avez tant dit, et cependant je n'ai rien reçu. » Je lui répondis que c'était parce qu'il se contentait d'écouter mes paroles, il devrait plutôt aller au Seigneur et Lui demander de lui parler. Ce soir-là, il pria Dieu : « Dieu, fais-moi vaincre. Seigneur, rends-moi victorieux. Seigneur, j'ai mauvais caractère, aide-moi à vaincre. » Tandis qu'il priait, il se souvint de la prière du lépreux au Seigneur : « Si Tu le veux, Tu peux me rendre pur. » Il pria de cette façon : « Seigneur, si Tu le veux, mon mauvais caractère disparaîtra. » À ce moment-là, il se rendit compte que si le Seigneur le voulait, il n'avait plus à prier. Le Seigneur a tout accompli, et Il le veut : tout est fait.

Frères et sœurs, tout ce que nous avons à faire est de croire ce que disent 2 Corinthiens 12.9 ou Luc 18.27. Aussi longtemps que nous croirons les mots « je le veux, » tout ira bien. Une fois que nous avons le « je le veux, » les problèmes sont derrière nous et la mauvaise humeur n'existe plus. Même si nos femmes sont mourantes, du moment que le Seigneur a dit : « Je le veux, » tout ira bien. C'est ce que croire signifie. Croire, ce n'est pas demander quelque chose, ce n'est pas demander à Dieu de faire quelque chose qu'Il a déjà promis de faire.

Un jour, un frère parlait du sujet de la victoire. Après son message, il invita les frères et sœurs à poser les questions qu'ils ou elles pouvaient avoir. Il remarqua qu'une jeune sœur pleurait sur son siège, mais ne se levait pas pour demander quoi que ce soit. Une autre femme, plus âgée, se leva et demanda : « Au cours de ces dernières années, j'ai prié pour la victoire mais n'en ai jamais fait l'expérience. Qu'est-ce qui ne va pas ? » Le frère répondit : « Rien. Vous avez trop prié. Si vous changez votre prière en louange, tout ira bien. » Après cela, un homme se leva et déclara : « Il y a onze ans que je recherche en vain la victoire. La question de cette femme et votre réponse m'ont éclairé, et maintenant, je l'ai. » Puis le frère se dirigea vers la jeune sœur et lui demanda comment elle allait. La jeune fille répondit que la question et la réponse l'avaient elle aussi éclairée. C'est la signification de la foi.

Frères et sœurs, je vous prie de vous rappeler qu'il ne suffit pas de lâcher prise. Sans la foi vous ne percevrez pas les actes de Dieu. La couleur d'une toile ne peut être perçue que par la vue, le son d'un orgue par l'ouïe et la texture d'un objet par le toucher. De même, la Parole de Dieu et Ses promesses ne peuvent être perçues que par la foi. Nous n'avons pas à prier Dieu de manière hésitante, en disant : « Seigneur, sois ma victoire, sois ma vie, et sois ma sanctification. » Nous devrions plutôt Lui dire : « Dieu, Tu es ma victoire. Je Te rends grâces car Tu es ma vie et Tu es ma sanctification. Je Te rends grâces ! »

Frères et sœurs, nous sommes sans cesse confrontés à des tentations. Nous rencontrons de nombreuses difficultés et des mots durs parviennent à nos oreilles. Devrions-nous prier Dieu de nous donner la force de vaincre ? Non, nous devrions dire : « Seigneur, je Te rends grâces car Tu es ma victoire ! Seigneur, Tu vaincs pour moi. Je Te rends grâces car Tu tiens ferme pour moi. Je Te remercie car Tu es ma Tête et je suis Ton corps. Tu es le cep et je suis un sarment. Tu pourvois à tous mes besoins. » Il le fait déjà, selon Sa parole !

Lors de notre conversion nous avons reçu l'une des milliers de paroles que le Seigneur a prononcées. Certains ont été sauvés par Jean 3.16, d'autres par Jean 5.24, d'autres encore par Romains 10.10. Du moment que nous avons une parole du Seigneur, nous sommes sauvés. La même chose est vraie de la victoire. Tout ce dont nous avons besoin est de l'une de Ses nombreuses paroles. Le frère dont j'ai fait mention plus tôt vainquit grâce à trois mots seulement : « Je le veux. » Certains sont vainqueurs grâce à 2 Corinthiens 12.9, tandis que d'autres sont vainqueurs grâce à Romains 6.14. D'autres encore le sont grâce à 1 Corinthiens 1.30.

LA FOI, CE N'EST PAS L'ESPOIR

Maintenant, il faut nous demander ce que la foi n'est pas. La foi n'est pas l'espoir. Ceux qui ont l'espoir n'ont pas forcément la foi. Quand vous parlez à d'autres de la victoire et leur demandez s'ils ont vaincu, vous savez qu'ils n'ont pas la foi s'ils répondent : « J'espère vaincre. » C'est comme parler du salut à quelqu'un. S'il vous dit qu'il espère être sauvé, vous savez qu'il n'a pas encore la foi. Certains espèrent constamment que Dieu les sauvera, et ils espèrent constamment que le Seigneur les aidera à vaincre. Certains prient constamment et demandent au Seigneur de les rendre vainqueurs. Ils attendent sans cesse cela. Certains disent qu'ils se sont livrés à Dieu et ont cru, mais ils attendent toujours de voir si cela va marcher. S'ils veulent attendre de voir si cela marche, cela ne marchera jamais, car la foi n'est pas l'espoir.

Un jour, un frère me demanda si une personne ayant vaincu devrait constamment essayer de se rappeler que le Seigneur est sa victoire. Il déclara : « J'ai plus de vingt employés dans ma fabrique. Je dois les diriger, mais j'oublie facilement les choses. Je supervise beaucoup de jeunes employées. Chaque jour, depuis le matin jusqu'à huit heures du soir, il se passe beaucoup de choses. Comment puis-je sans cesse me rappeler que le Seigneur est ma victoire ? Si je ne puis me le rappeler, suis-je toujours victorieux ? » Je demandai : « Lorsque tu es dans ta fabrique, te rappelles-tu que tu as deux yeux ? » Il répondit : « Non. » Je lui demandai : « Lorsque tu quittes ta fabrique, dois-tu toucher tes yeux avec tes mains pour être sûr qu'ils sont bien là ? » Il répondit : « Bien sûr que non. » Peu importe qu'il se souvienne de ses yeux ou pas, pourvu qu'ils soient vraiment là. Grâces soient rendues au Seigneur, car la vie de vainqueur ne dépend pas du fait que nous nous souvenions du Seigneur, mais du fait que le Seigneur se souvienne de nous. Il serait, pour nous, extrêmement difficile d'être obligés de nous souvenir du Seigneur. Grâces soient rendues au Seigneur parce qu'Il se souvient de nous !

LA FOI, CE N'EST PAS UN SENTIMENT

Certains n'espèrent pas, ne prient pas ou n'attendent pas, mais recherchent des sentiments. Une sœur déclara qu'elle s'était livrée à Dieu et croyait que le Seigneur vivait en elle, mais qu'elle n'osait pas dire qu'elle avait vaincu. C'est parce que depuis qu'elle avait reçu le Seigneur Jésus comme sa victoire, elle n'avait jamais rien ressenti à ce sujet. Frères et sœurs, croire, c'est avoir une foi absolue en quelque chose. Les sentiments ne jouent aucun rôle là-dedans. Les sentiments n'ont rien à voir avec l'apparence d'un tableau, seuls les yeux sont nécessaires pour voir. En certaines occasions, les sentiments peuvent être utiles. Cependant, ils sont inutiles pour comprendre les choses de Dieu. La main ne peut que toucher les choses et sentir leur température, elle ne peut voir un tableau. Les choses spirituelles ne peuvent être perçues que par la foi, elles ne peuvent l'être par des sentiments. Nous vainquons par la Parole de Dieu. Dieu parle, et c'est fait. Il ne s'agit pas, pendant quelques jours, de ressentir une sorte de force ou quelque chose d'extraordinaire. Pour vaincre, il suffit d'une parole du Seigneur.

Ce matin, un frère a mentionné son problème. Il s'était déjà livré à Dieu et avait déjà cru, mais il n'osait pas dire qu'il avait vaincu. Satan l'accusait toujours. Hier il s'est produit quelque chose qui semblait indiquer qu'il avait rechuté. Il commença à douter de la réalité de sa victoire. Je lui dis : « Supposons que je te vende le jardin qui se trouve derrière ma maison, et que je rédige un contrat. Si quelqu'un d'autre survient et déclare que le terrain est à lui, que feras-tu ? » Dans une telle situation, il aurait deux possibilités. La première serait de croire le contrat, et de croire que tout ce qui y est mentionné lui appartient. La seconde serait de croire ma parole, et de croire que, puisque ce que je dis est vrai, ce qu'affirme l'autre homme doit être faux. La question était de savoir qui il choisirait de croire. S'il choisissait de croire aux paroles de cet autre homme, il serait obligé de lui permettre d'occuper ce terrain. Mais s'il choisissait de croire mes paroles, il faudrait qu'il dise à cet homme de partir, et ce dernier devrait s'exécuter sur-le-champ. La promesse de Dieu et Sa parole sont dignes de confiance. Si vous dites que votre mauvaise humeur et votre fierté sont réels, vous insinuez que l'on ne peut pas se fier à la Parole de Dieu. Si vous n'avez pas la foi, votre mauvaise humeur et votre fierté deviendront réels. Mais si vous avez la foi, toutes ces choses seront chassées.

Dieu nous a donné une alliance qui dit que la douceur, la patience, l'amour, la tempérance et tout ce qui est en Christ sont à nous. Mais quand vous vous mettez de nouveau en colère, et que votre fierté, votre impureté et vos échecs reviennent, que devriez-vous faire ? Si vous croyez la Parole de Dieu, vous devriez dire : « Dieu, je Te rends grâces car je peux être doux, patient, humble, aimant et tempéré. Je peux être toutes ces choses car Christ vit en moi. » Tant que vous vous accrochez à la Parole de Dieu, les choses dont vous avez peur disparaîtront.

L'INCRÉDULITÉ, LE PLUS GRAND DES PÉCHÉS

Aujourd'hui, le plus grand problème, parmi les enfants de Dieu, est qu'ils ne peuvent croire la Parole de Dieu. Il n'est pas si difficile de leur demander de lâcher prise. Puisqu'ils ont lâché prise, il devrait leur être facile de croire. Frères et sœurs, je vous prie de venir dans la présence du Seigneur. Après avoir lâché prise, vous devriez croire que vous arriverez au bout.

Une sœur avait complètement lâché prise et avait tout remis entre les mains du Seigneur. Je lui demandai si elle avait vaincu, et elle répondit qu'elle n'en était pas sûre. Je lui demandai pourquoi, et elle répondit qu'elle n'en avait encore pas vu les résultats. Je lui dis carrément : « Tu as commis le plus grand péché que l'homme puisse commettre, le péché d'incrédulité. Quand tu ne crois pas, cela signifie que tu fais de Dieu un menteur. Dieu a dit que tu étais un sarment et que si tu lâchais prise, la vie du Seigneur s'écoulerait spontanément de toi. Cependant, tu dis que Dieu ne t'a pas délivrée, bien que tu aies lâché prise. Tu dis que tu as rempli ton rôle mais que Dieu n'a pas rempli le Sien. » Elle nia avoir eu cette intention. Alors, je lui dis : « Tu devrais dire au Seigneur : « Je Te rends grâces car Tu m'as tout donné. »

Frères et sœurs, je vous prie de vous rappeler que lorsque nous croyons que le Seigneur est notre Tête et notre vie, et que nous croyons que nous avons tout reçu, tout est bien à nous. Une fois que nous croyons, tous les problèmes sont résolus. Une fois que nous avons la foi, aucun obstacle ne peut nous séparer de la victoire. Alléluia ! C'est cela, le salut. Aujourd'hui notre foi n'est pas une œuvre, mais c'est la substantialisation des actes de Dieu. Nous croyons que le Seigneur est la Tête, qu'Il vit en nous, qu'Il est notre vie, qu'Il est le cep, que nous sommes les sarments, et qu'Il vainc pour nous. Une fois que nous croirons, toutes les tentations disparaîtront. Une fois que nous croirons, le Seigneur fera tout pour nous. Rendons-Lui grâces, car Il a tout accompli !

Cela fait déjà huit ou neuf jours que nous nous rencontrons ici. J'aimerais voir ce qui va se passer pour chacun d'entre nous. Combien d'entre nous ont-ils lâché prise ? Combien ont non seulement lâché prise, mais aussi cru ? D'abord, j'aimerais demander à ceux d'entre vous qui ont lâché prise de lever la main. Maintenant, je voudrais que ceux qui ont lâché prise et aussi cru lèvent la main. Il n'y a pas grande différence entre le nombre de ceux qui ont levé la main la première fois et le nombre de ceux qui l'ont levée la seconde fois. Cependant, la seconde fois, il y avait quelques mains de moins. À présent, je vais ajouter quelque chose au sujet de la foi.

Frères et sœurs, je vous prie de vous rappeler que la Parole de Dieu est digne de confiance. Nous ne faisons pas confiance à notre propre expérience. Nous ne croyons pas nos propres sentiments. Nous croyons la Parole de Dieu. Dieu déclare que non seulement le Seigneur Jésus est devenu notre justice sur la croix, mais Christ est devenu notre sanctification en vivant en nous. Nous pouvons donc dire que Christ est non seulement notre justice, mais aussi notre sanctification. Nous n'avons pas besoin de sentir que Christ est notre vie, et nous n'avons pas besoin de sentir qu'Il est notre sanctification. Nous croyons qu'Il est notre vie et qu'Il est notre sanctification. La Parole de Dieu est fiable. Quand Dieu déclare que Christ est notre vie, nous disons aussi qu'Il est notre vie. Quand Dieu déclare que Christ est notre sanctification, nous disons aussi qu'Il est notre sanctification. Quand Dieu déclare que Christ est notre victoire, nous disons aussi qu'Il est notre victoire. Quoi que Dieu déclare, nous le croyons.

À Chefoo, je demandai à une sœur si elle avait lâché prise, et elle répondit : « Oui, car Dieu dit que je suis crucifiée avec Christ. » Ensuite, je lui demandai si elle avait vaincu, et elle n'osait pas se prononcer, car elle n'en était pas sûre. Je lui dis en toute franchise : « Sœur, Dieu dit que Jésus-Christ est ta vie, mais tu dis que Jésus-Christ n'est peut-être pas ta vie. Dieu dit que Jésus-Christ est ta sanctification, mais tu dis qu'Il n'est peut-être pas ta sanctification. Dieu dit que Sa grâce te suffit, mais tu dis que Sa grâce ne te suffit peut-être pas. Donc l'un de vous doit mentir. Soit Dieu se trompe, soit tu te trompes. Oses-tu dire que Dieu est un menteur ? Dieu déclare que Christ est ta vie, mais tu dis que Christ n'est peut-être pas ta vie. Dieu déclare que Christ est ta sanctification, mais tu dis qu'Il n'est peut-être pas ta sanctification. N'es-tu pas en train de dire que la Parole de Dieu n'est pas digne de foi ? » Entre-temps elle avait changé d'expression, et elle répondit immédiatement : « Ce n'est pas ce que je voulais dire. Je crois la Parole de Dieu. » Frères et sœurs, si vous doutez encore, et si vous vous demandez encore si Christ est votre vie et votre sanctification, ce n'est pas une bagatelle. Je peux carrément vous dire que vous faites de Dieu un menteur !

Un jour, j'eus un bref entretien avec une sœur, à Chefoo, juste avant une réunion. Comme l'heure de la réunion approchait, je lui demandai rapidement si elle avait lâché prise. Elle me répondit que oui. Je lui demandai alors si elle avait vaincu, et elle me répondit que non, mais qu'elle savait quel était son problème, et qu'il ne s'agissait pas d'un gros problème. Je me rendis compte qu'il me fallait partir d'ici quelques minutes, et je priai Dieu qu'Il me donne la sagesse de lui dire quelque chose. Je dis : « Tu as souri et dit négligemment que tu n'as pas la foi. Mais cela est un grand péché aux yeux de Dieu. C'est un grand péché de ne pas croire la Parole de Dieu. Dieu dit que Christ est ta vie et qu'Il est ta sanctification. Il dit que Christ est ta victoire et que Sa grâce te suffit. Mais tu ne peux pas croire, et tu prends cela à la légère, et tu écartes le problème en souriant. Sœur, laisse-moi te dire que tu as commis un grand péché ! Il te faut aller au Seigneur et dire : « Dieu, je n'ai pas cru en Ta Parole, j'ai péché contre Toi. Je Te prie de me pardonner, de me débarrasser de mon cœur mauvais et incrédule. Je T'en prie, enlève-moi ce péché. »

Certains ne croient pas, mais ils ne s'en font pas pour cela. Ils pensent que cette incrédulité est une chose sans importance. En fait, il s'agit d'un grand péché. Ce péché est plus sérieux que le péché d'adultère ou de meurtre. Il nous faut dire à Dieu : « Pardonne-moi, car j'ai péché contre Toi. Seigneur, débarrasse-moi de mon cœur mauvais et incrédule. » Si nous appelons cette incrédulité un péché, nous réussirons. Notre foi est basée sur la Parole de

Dieu. Que les versets suivants sont merveilleux ! 2 Corinthiens 12.9 dit : « Ma grâce te suffit. » 1 Corinthiens 1.30 dit : « Christ Jésus, qui est devenu de la part de Dieu pour nous : justice, sanctification et rédemption. » Colossiens 3.4 dit : « Christ [est] notre vie. » Si nous saisissons la Parole de Dieu et croyons en elle, tout ira pour le mieux. Même si nous n'avons qu'un verset de l'Écriture ou qu'une parole du Seigneur, nous aurons l'assurance, et nous vaincrons.

Chapitre Huit

LA FOI ÉPROUVÉE

Ce soir, j'aimerais lire un verset. 1 Pierre 1.7 nous dit : « Afin que l'épreuve de votre foi, bien plus précieuse que celle de l'or qui est périssable quoiqu'il soit éprouvé par le feu, ait pour résultat la louange, la gloire et l'honneur, lors de la révélation de Jésus-Christ. » Ce soir, j'évoquerai la foi éprouvée ou la mise à l'épreuve de la foi. La Bible nous montre qu'il ne peut y avoir de foi sans mise à l'épreuve. Toute foi doit être éprouvée. La foi doit être mise à l'épreuve pour les raisons suivantes.

RAISONS POUR QUE LA FOI SOIT ÉPROUVÉE

Afin que nous croissions

Dieu met notre foi à l'épreuve afin que nous puissions croître. Aucun chrétien ne peut croître sans que sa foi soit d'abord mise à l'épreuve. Je peux dire sans réserve que la foi de tout chrétien doit être éprouvée. La seule façon d'accroître la foi, c'est de la mettre à l'épreuve. Ce n'est qu'en éprouvant notre foi que Dieu peut nous aider à croître. Nous venons à Dieu et recevons toutes Ses grâces par la foi. Quand notre foi est éprouvée, nous croissons spontanément.

Afin de satisfaire Dieu

Dieu éprouve notre foi non seulement pour notre croissance, mais aussi pour Sa propre satisfaction. Il n'existe personne qui, ayant cru au Seigneur et reçu la grâce de Dieu, puisse éviter que sa foi soit éprouvée. La mise à l'épreuve de la foi prouve que notre foi est authentique. C'est la foi authentique qui satisfait Dieu. Une foi qui a été agréée par Dieu Lui rendra gloire en ce monde. Quand nous passerons par des tribulations, des persécutions, des obstacles et des ténèbres, que nous croirons encore après ces épreuves, et que nous tiendrons encore bon après ces adversités, cette foi glorifiera le nom de Dieu.

Afin de faire taire Satan

Dieu ne met pas notre foi à l'épreuve uniquement pour notre croissance et Sa propre satisfaction. Notre foi agréée par Dieu fera taire Satan. Satan n'admettra pas aisément que nous ayons cru, et il ne nous permettra pas de dire que nous avons obtenu ce en quoi nous avons cru. Il viendra toujours nous tromper et nous importuner. En éprouvant notre foi, Dieu enlèvera toute excuse à Satan. Lorsqu'il se rendra compte que nous sommes intransigeants, il se retirera. Aussi longtemps qu'il peut nous tromper, il nous bloquera et ne nous laissera pas en paix. Si c'est possible, il nous retirera la bénédiction de Dieu. Il ne nous lâchera pas avant d'avoir épuisé tous ses moyens. Pour faire taire Satan, Dieu doit éprouver notre foi.

Afin que nous aidions les autres

Dieu éprouve aussi notre foi pour une autre raison : afin que nous puissions aider les autres. Une foi non éprouvée ne peut aider autrui. Les autres ne reçoivent notre aide que lorsque notre foi a été mise à l'épreuve. Si un homme a cru, mais que sa foi n'a pas été éprouvée, sa foi n'est pas digne de confiance. Satan ne peut rien faire contre une foi qui a été éprouvée de manière authentique, il ne peut ébranler une telle foi. Seule cette sorte de foi aidera l'église. Frères et sœurs, la foi qui a été éprouvée est bien plus précieuse que l'or périssable, cependant éprouvée par le feu.

LA RELATION ENTRE NOTRE FOI ÉPROUVÉE ET LE FAIT DE VAINCRE

Considérons maintenant la relation entre notre foi éprouvée et le fait de vaincre. Dieu veut mettre notre foi à l'épreuve afin de s'assurer que notre foi est bien la foi. Toute foi authentique est de longue durée. Toute foi de courte durée n'est pas du tout la foi. La foi authentique est toujours de longue durée. Elle croira après trois jours, un mois, un an, dix ans, voire cinquante ans. La foi authentique peut résister à un obstacle, cinq obstacles, voire dix obstacles. La foi authentique croira après avoir été mise à l'épreuve une fois, cinq fois ou sept fois. Toute foi qui est de courte durée, qui s'écroule et s'évapore à la moindre secousse, n'est pas la foi du tout.

Dans la Bible, nous voyons que la victoire dépend de la foi en la Parole de Dieu. Dieu déclare que Son Fils est notre vie, notre Tête, notre victoire, notre sanctification et notre puissance. Nous savons qu'Il a porté notre fardeau et qu'Il est responsable de toutes nos affaires. Nous savons qu'Il nous procure la patience et l'humilité, nous savons qu'Il nous apporte, intérieurement, tout ce dont nous avons besoin. Grâces soient rendues au Seigneur ! Nous savons et nous croyons. Mais une telle foi doit passer par l'épreuve.

Ce matin, un frère m'a dit : « J'ai déjà lâché prise et j'ai déjà cru. Je devrais avoir vaincu. Mais alors que je rentrais chez moi en vélo après la réunion d'hier, un vieil homme m'a renversé devant un grand magasin. Bien que je ne lui aie rien dit, je bouillais intérieurement. Que m'est-il arrivé ? J'ai lâché prise, j'ai admis que je ne pouvais réussir, et j'ai cru que Christ était ma victoire. Pourquoi ma colère m'est-elle revenue ? Je pensais ne plus me mettre en colère. » Frères et sœurs, il y a deux raisons à cela.

La victoire ne signifie pas que nous sommes changés

Après avoir vaincu et ne pas avoir péché pendant une semaine, deux semaines, trois semaines, voire quatre ou cinq semaines, vous pensez être devenus bons, avoir changé et mûri. Vous commencez peut-être à vous estimer vous-mêmes et à vous enorgueillir. C'est pourquoi Dieu vous mettra à l'épreuve et vous fera échouer, afin que vous vous rendiez compte que vous n'avez pas du tout changé. Si vous êtes capables d'endurer quoi que ce soit, ce n'est pas parce que vous avez changé mais parce que vous êtes *échangés*. Le Seigneur a enduré à votre place. Si vous pensez avoir changé, vous échouerez sûrement. Il faut vous rendre compte que s'il y a quelque patience en vous, c'est Christ qui est patient à votre place. S'il y a quelque douceur en vous, c'est Christ qui est doux à votre place. S'il y a quelque sainteté en vous, c'est Christ qui est votre sainteté. Peu importe depuis combien de temps vous avez vaincu : vous êtes encore vous, vous serez toujours vous et vous ne changerez jamais. Watchman Nee sera toujours Watchman Nee. Dans cinquante ans, il sera encore Watchman Nee. Une fois la grâce partie, il ne reste que Watchman Nee. Je rends grâces au Seigneur que la victoire soit Christ et qu'elle n'aie rien à voir avec moi. Je peux pécher encore, je n'ai pas changé du tout.

Quelques missionnaires de la *China Inland Mission* [Mission Intérieure de la Chine] de Chefoo m'ont un jour demandé quelle était la différence entre un changement et un échange. Je répondis que sans la grâce, Paul, Jean et Pierre n'auraient été que des pécheurs. Ils n'auraient pas été différents des autres si la grâce leur avait été enlevée. Si nous enlevons la grâce à une personne, elle devient pareille aux voleurs ou aux prostituées des rues. La grâce signifie que Christ nous remplace. Cela ne veut pas dire qu'un changement se soit opéré en moi. Dans un hymne, on trouve ces paroles : « Chaque fois que mon cœur s'élève, / Comme je suis tout près de tomber. » Et cela est bien vrai. Frères et sœurs, nous devons nous rendre compte que nous sommes toujours les mêmes : nous n'avons pas changé du tout.

La Parole de Dieu est-elle plus fiable que notre expérience ?

Il nous est très facile de croire en notre propre expérience. Parfois, nous nous demandons comment une personne aussi faible, incompétente et colérique que nous peut vaincre. Quand nous observons notre propre expérience, nous pensons que la Parole de Dieu ne peut être vraie. Mais, frères et sœurs, est-ce la Parole de Dieu ou notre propre expérience qui est la plus fiable ?

Un jour que j'étais à Chefoo, la femme du Frère Witness Lee vint me voir et me dit qu'elle s'était déjà livrée à Dieu et croyait pleinement que le Seigneur était sa victoire. Elle était entrée dans l'expérience de vainqueur. Cependant, elle se plaignait : « Ma victoire est de courte durée. Au bout d'une semaine, je suis de nouveau vaincue. Mes deux enfants m'énervent sans cesse, et je n'ai aucune patience avec eux. Ces deux ou trois derniers jours, j'ai été de nouveau vaincue. Que m'est-il arrivé ? » Je lui demandai si Christ avait changé, et elle me répondit que non. Je lui demandai si la Parole de Dieu avait changé, et elle me répondit que non. Je lui dis : « Puisque Christ n'a pas changé et que la Parole de Dieu n'a pas changé, pourquoi n'êtes-vous pas victorieuse ? » Elle répondit que c'était parce que son expérience ne correspondait pas à l'idée qu'elle s'en faisait. Je dis : « Supposons que votre fils sorte et rencontre dans la rue un homme qui lui dise : « Tu n'es pas le fils de ta mère, tu as été acheté à l'herboristerie pour vingt cents. » Il reviendrait et demanderait : « Maman, suis-je ton fils ou bien ai-je été acheté à l'herboristerie pour vingt cents ? Dehors, quelqu'un m'a dit que tu m'avais acheté. » Vous lui diriez sûrement : « Mon fils, tu es mon fils. Ne crois pas ce que les autres disent. » Supposons qu'il sorte de nouveau et rencontre le même homme, qui répète la même chose et ajoute : « J'étais là quand ta mère t'as acheté. » Si votre fils revenait à la maison et vous posait de nouveau la question, vous diriez : « Mon fils, ne crois-tu pas ce que je dis ? » Plus tard, supposons que votre fils rencontre encore le même homme qui lui dit : « As-tu demandé à ta mère ? Je ne mens pas. Le jour où ta mère t'a acheté pour vingt cents j'étais là, et ce chauffeur, là-bas et cette personne et aussi celle-là étaient également présents. » L'homme pourrait peut-être citer dix ou vingt personnes qui auraient été témoins de la scène, pour prouver que votre fils a été acheté pour vingt cents. D'un côté, votre fils a votre parole, qui n'a pas besoin d'être prouvée, mais d'un autre côté, il y a ce que disent les étrangers, le témoignage de vingt ou cinquante personnes, dont les mensonges semblent fondés sur des preuves solides. Votre fils devrait-il se fier à vos paroles, qui n'ont pas besoin de preuves à l'appui, ou bien aux mensonges des étrangers, qui peuvent fournir de nombreuses preuves ? Supposons que votre fils revienne vers vous et vous dise : « Maman, ces gens témoignent clairement du fait que tu m'as acheté. Ai-je été engendré par toi ou bien m'as-tu acheté ? » S'il disait cela, vous répondriez sûrement : « Quel enfant insensé ! » Madame Lee, Dieu dira aussi que vous êtes un enfant insensé ! Dieu dit que Son Fils est votre sainteté, votre vie et votre victoire. Tout ce que Dieu a dit est important. Mais dès que vous vous éloignez de Lui, vous vous inquiétez et déclarez : « Il y a quelque chose qui cloche. Il est évident que je n'ai pas vaincu ! Bien que Dieu ait affirmé que Son Fils était ma sainteté, cela ne peut être vrai, car il est évident que je n'ai aucune sainteté ! » En disant cela, vous dites exactement ce que votre fils a dit. Vous choisissez de croire les mensonges de Satan, lesquels semblent abonder en preuves, plutôt que de proclamer la Parole de Dieu. Supposons que d'autres disent quelque chose à votre fils pour le tromper, et qu'il leur déclare en souriant : « C'est la parole de ma mère qui compte. Vous êtes des menteurs. » Supposons que ce scénario se reproduise une fois, dix, vingt, voire cinquante fois. Si votre fils réagit ainsi, il fait honte à l'ennemi et rend gloire à sa mère ! Si Satan vient et vous donne le sentiment que vous êtes froide, vous devriez lui dire que vous êtes victorieuse parce que Christ est votre victoire. Si Satan vient vous troubler, vous devriez lui dire que vous êtes victorieuse parce que Christ est votre victoire. Vous devriez affirmer que les paroles de Satan sont des mensonges, et que seule la Parole de Dieu est la vérité. C'est cela, la foi, la foi qui a été agréée par Dieu. C'est la foi qui rend gloire au nom de Dieu. Si nous affirmons que nous croyons mais que l'épreuve nous fait aussitôt reculer, en larmes, où est notre foi ? Une telle foi est de courte durée. La foi authentique doit supporter l'épreuve sans problème. Si vous vous avouez vaincue à la minute-même où vous êtes éprouvée, vous avez échoué. »

Frères et sœurs, lorsqu'arrivent les épreuves et que nous affirmons que la Parole de Dieu est digne de foi, déclarant que la Parole de Jéhovah, le Seigneur des armées, subsiste, que tout ce qu'Il a dit est important et que Sa Parole est établie au ciel pour toujours, nous tiendrons ferme. Maintenant, la question est de savoir quelle parole nous allons croire.

LA MONTAGNE NE PEUT COHABITER AVEC LA FOI

Une sœur avait le même problème que Madame Lee. Elle disait qu'elle croyait, mais qu'elle ne pouvait vaincre. Je lui ai dit que nous avions besoin de la foi qui déplace les montagnes. Une foi qui échoue à la moindre épreuve n'est pas la foi du tout. Qu'est-ce qu'une grande foi, une foi qui déplace les montagnes ?

Une foi solide est une foi qui déplace les montagnes. Aucun obstacle ne peut l'entraver. Les problèmes n'ont plus qu'à fuir. C'est cela, la foi qui déplace les montagnes. Une montagne et la foi ne peuvent coexister. Soit la montagne doit partir, soit la foi doit partir. Chaque épreuve fournit une occasion de déplacer la montagne. Il ne s'agit pas de savoir s'il y a une épreuve, mais voici l'enjeu : lorsque la montagne reste, la foi doit partir et lorsque la foi reste, la montagne doit partir. La question est de savoir si nous écouterons les paroles des étrangers, ou bien la Parole de Dieu. Tout ce qui, confronté à une épreuve, s'écroule, n'est pas la foi.

Apparemment un frère a fait quelque découverte à ce sujet, mais il n'a pas encore compris ce qu'est la victoire. Satan lui dit : « Tu vois, tu penses avoir vaincu, mais tu es encore battu. On t'a trompé. La victoire n'existe pas. » Frères et sœurs, si vous admettez que l'on vous a trompés, tout est fini, assurément. En effet, Dieu agira selon ce que vous croyez.

Je me souviens d'une fois où j'étais malade et alité à l'étage. Un frère vint prendre ma température et mon pouls. J'avais de la fièvre et mon pouls battait rapidement. Quelques nuits avant sa visite, j'avais été incapable de dormir, il semblait que j'étais aux portes de la mort. Ce soir-là, je priai, et le lendemain après-midi, je reçus une parole du Seigneur. Il avait entendu ma prière et me donnait Romains 8.11, où il est écrit : « Et si l'Esprit de celui qui a ressuscité Jésus d'entre les morts habite en vous, celui qui a ressuscité Christ d'entre les morts donnera aussi la vie à vos corps mortels par son Esprit qui demeure en vous. » Je pensais avoir besoin d'un bon repos ce jour-là mais, contrairement à mes souhaits, j'étais exceptionnellement agité. Quand le frère prit de nouveau ma température, celle-ci était montée et mon pouls battait encore plus rapidement. Satan était à l'œuvre. Il vint à moi sans tarder et me dit : « Quelle sorte de promesse est-ce là ? Dieu a promis que tu vivrais, mais il est évident que tu n'es pas en train de guérir. » Les paroles de Satan semblaient très plausibles. À ce moment même, le Seigneur me donna deux versets. Le premier était Jonas 2.9 : « Ceux qui regardent aux vanités mensongères abandonnent la grâce qui est à eux » (version Darby). Jonas prononça ces mots tandis qu'il était dans le ventre du poisson. Toutes circonstances et conditions extérieures ne sont que vanités. Le deuxième verset était Jean 17.17 : « Ta parole est vérité. » Dieu affirme que Sa parole est vérité et que tout le reste n'est que vanité. Si la parole de Dieu est vérité, ma fièvre, mon pouls rapide, mon insomnie devaient être des mensonges. C'est pourquoi je remerciai immédiatement le Seigneur en disant : « Romains 8.11 est vrai, et tous ces symptômes de maladie sont erronés. » Voilà ce que je crus et affirmai. Ce même après-midi, la fièvre s'en alla et mon pouls reprit son rythme normal. Le soir, je fus de nouveau capable de dormir.

LA VRAIE FOI EST CELLE QUI CROIT UNIQUEMENT À LA PAROLE DE DIEU

Frères et sœurs, c'est l'épreuve de la foi. Qu'est-ce que la vraie foi ? La vraie foi est une foi qui croit uniquement à la Parole de Dieu et non pas à l'expérience personnelle, à ce qu'on ressent ou aux circonstances défavorables. Alléluia ! Seule la Parole de Dieu est vraie ! Si les circonstances et l'expérience correspondent à la Parole de Dieu, nous Lui rendons grâces ! Si elles ne correspondent pas à la Parole de Dieu, c'est la Parole de Dieu qui l'emporte. Tout ce qui est en contradiction avec la Parole de Dieu est faux. Satan peut dire : « Tu dis que tu as vaincu, mais regarde, tu es toujours aussi corrompu qu'avant. Tu es toujours aussi faible qu'avant. Qu'est-ce qui te fais dire que tu as vaincu ? » Vous pouvez répondre à Satan : « C'est vrai que je suis toujours le même, je ne changerai jamais. Cependant, Dieu affirme que Christ est ma sainteté, ma vie et ma victoire. » Satan dira que vous êtes toujours corrompus, faibles et impurs. Mais la Parole de Dieu est vraie. Les paroles de Satan sont des mensonges. Seule la Parole de Dieu est vraie !

À Chefoo, j'appris une leçon. Un jour, Mademoiselle Fischbacher et moi-même étions en train de prier pour des dons précis de Dieu. Je priai pour le don de la foi, tandis qu'elle priait pour le don de guérison. Après avoir prié pendant un quart d'heure, nous reçûmes tous deux les dons. Le soir, nous allâmes à la réunion, et Sœur An me dit qu'une autre sœur, qui vivait à l'étage au-dessous de la salle de réunion, perdait la raison. D'habitude, cette sœur avait un accès de folie une ou deux fois par mois. Mais ces crises étaient devenues plus fréquentes dernièrement. À vingt-deux heures trente, après la réunion, je rentrai chez moi. En chemin, je pensai à ce qui arriverait si la sœur avait une autre crise juste à ce moment-là, étant seule. Je dis au revoir aux frères, puis les paroles de 1 Pierre 1.7 me vinrent à l'esprit. « L'épreuve de votre foi, bien plus précieuse que celle de l'or qui est périssable quoiqu'il soit éprouvé par le feu. » Je me dis : « Qu'il en soit ainsi. Si la foi doit être éprouvée, qu'elle le soit. » Le lendemain, j'invitai Mademoiselle Fischbacher à venir avec moi rendre visite à la sœur malade. Bien sûr, j'aurais pu y aller seul, mais Mademoiselle Fischbacher venait juste de recevoir le don de guérison, et j'avais reçu le don de la foi. Pourquoi ne pas les mettre en pratique dès maintenant ? Quand Mademoiselle Fischbacher reçut mon invitation, elle hésita quelque peu. Elle dit qu'elle allait d'abord prier. Après avoir prié, elle décida de venir. À notre arrivée, nous apprîmes que la patiente s'était endormie quelques instants auparavant. Frère Shi, qui était médecin, nous informa que nous devrions attendre qu'elle se réveille. Il nous dit que, humainement, il n'y avait rien à faire. Mademoiselle Fischbacher devait rejoindre son embarcation à onze heures et demie. Nous avons attendu jusqu'à onze heures moins dix avant que quelqu'un nous invita à entrer. J'adressai quelques mots à la sœur malade. Ses cheveux se dressaient sur sa tête. C'est caractéristique des personnes qui ont perdu la raison. Mais grâces soient rendues au Seigneur ! Je priai une ou deux minutes, et le Seigneur me donna la foi. Ma foi s'éleva en moi, et je me mis à rendre grâces au Seigneur ! Je savais qu'elle allait être guérie. Après avoir prié, Mademoiselle Fischbacher eut elle aussi la foi et se mit à rendre grâces au Seigneur. Puis deux frères et une sœur prièrent aussi brièvement, mais ils n'étaient pas autant que nous en communion avec l'Esprit. Enfin, l'heure vint, et il me fallut accompagner Mademoiselle Fischbacher à son bateau. Quand je revins de la jetée, la sœur pleurait, riait, et criait de nouveau. Au bout de quelques minutes, elle s'évanouit. Les gens ne pouvaient rien faire. Je sus alors que Dieu était en train d'éprouver leur foi. Le médecin me prit à part pour me dire : « Frère, prie immédiatement pour elle. En tant que médecin, je ne peux rien faire pour elle. » Je lui dis qu'il n'était pas nécessaire de prier. Je ris et déclarai : « Satan, essaie encore. Essaie autant que tu veux. » La sœur avait perdu la tête, et j'agissais aussi comme si j'étais fou, également. Elle hurlait dans la maison, j'hurlais à l'extérieur. Elle continua ainsi jusqu'à quinze heures trente, et je fis de même. À la fin, la foi me vint. À seize heures, j'avais une autre réunion et je devais partir. Je dis au docteur Shi qu'il ne devrait pas la déranger ou essayer de faire quoi que ce soit, il devrait simplement laisser Satan faire tout ce qu'il pouvait. Quand Dieu dit quelque chose, c'est fait. Il ne nous joue jamais de tours. Le soir-même, le docteur Shi vint me dire que l'état de santé de la sœur s'améliorait. Le lendemain matin, il me dit qu'elle était devenue normale. Je savais qu'elle continuerait à se comporter de manière bizarre car la foi de quelques autres frères devait aussi être éprouvée. La sœur malade allait relativement bien pendant, au plus, une heure à la fois, et allait très bien pendant seulement une demi-heure environ à la fois. L'après-midi, elle se comporta de nouveau d'une manière étrange, et le docteur Shi vint demander ce qu'il devait faire. Je me mis à genoux pour prier, mais aucune parole ne me vint. Il semblait que ma foi ne pouvait s'élever. Satan survint immédiatement et dit : « Essaie de rire de nouveau. Hier, tu as tant ri. Pourquoi n'essaies-tu pas de rire aujourd'hui. » Mais entre-temps, il semblait que ma foi s'en était allée. Satan était à mes côtés, déclarant : « Tu pouvais rire hier, mais maintenant tu es si froid. » Mais grâces soient rendues au Seigneur ! Une voix en moi me dit : « Tes sentiments ont peut-être changé. Hier, tu pouvais rire, et aujourd'hui tu es froid, mais Moi je n'ai pas changé. » Je répondis : « Non, le Seigneur n'a pas changé, » et je me mis immédiatement à rendre grâces au Seigneur, en disant : « Seigneur, Tu n'as pas changé. » La veille, je croyais à la Parole de Dieu. Mon rire ne rendait pas Dieu plus digne de confiance, et de même mon impression de froideur et l'absence du rire, ce jour-là, ne rendaient pas Dieu moins digne de confiance. Je me contentai de rendre grâces au Seigneur et ne priai pas davantage. Au cours de la soirée, le docteur Shi me dit que la sœur était complètement guérie de sa maladie, en ce qui concernait ses symptômes physiques. Le lendemain, elle retrouva son calme. Alléluia ! La Parole de Dieu est digne de confiance ! C'est une démonstration de foi.

Frères et sœurs, nous voulons voir des résultats immédiats après avoir cru. Nous voulons que l'expérience suive tout de suite. Mais, frères et sœurs, ne pouvons-nous pas persévérer dans la foi en Dieu pendant trois jours ou pendant trois mois ? Si nous en sommes incapables, où est notre foi ? J'ai dit cela déjà une fois, et je le répète : « Celui qui croit ne se hâtera pas de fuir » (Es 28.16 version anglaise).

Un jour, le Seigneur dit aux disciples de passer sur l'autre rive. Soudain, une bourrasque survint, et les vagues se mirent à battre contre la barque. La barque allait bientôt être pleine d'eau. Le Seigneur Jésus était à l'arrière de la barque, endormi sur un coussin. Quand les disciples Le réveillèrent, ils dirent : « Maître, Tu ne Te soucies pas de ce que nous périssons ? » Le Seigneur se réveilla et menaça le vent et les vagues. Après cela, que dit-Il ? On lit, dans Marc 4.40 : « Comment n'avez-vous pas de foi ? » On lit, dans Matthieu : « Gens de peu de foi ? » (8.26). Nombre de prières désespérées ne sont que des signes d'incrédulité. Si la foi est là, on peut tenir ferme. Le Seigneur nous a dit de passer sur l'autre rive. Il ne nous a pas dit d'aller au fond de la mer. Il a ordonné cela, et peu importe que le vent soit violent ou que les vagues soient déchaînées. Regardez et voyez si la barque coule ou non. Sans la foi, on se sauvera à l'approche de l'épreuve. Mais avec la foi, on peut toujours tenir bon quand vient l'épreuve. Une petite foi se sauvera à la vue des épreuves, mais une grande foi tiendra bon face à elles. Une foi fausse s'effondrera à la vue des épreuves, mais une foi authentique tiendra bon face à elles.

SE TENIR UNIQUEMENT SUR LE TERRAIN DE LA FOI

Un jour, une personne me réprimandait avec colère. Plus j'endurais ses reproches, plus elle continuait. Alors je me mis à prier le Seigneur : « Dieu, donne-moi la patience. Donne-moi la force d'endurer. Sinon, ma colère va éclater. » Si la même chose m'arrivait maintenant, je ne m'inquiéterais pas autant. Au contraire, je dirais à Satan en plaisantant : « Satan, tu peux m'injurier par la bouche des hommes. Voyons si le Christ qui est en moi peut être troublé par tes injures. Je ne hais pas ceux qui injurient. Au contraire, je les aime. » En effet, si nous agissons de cette manière, Satan sera incapable de faire quoi que ce soit contre nous. Frères et sœurs, rendons grâces au Seigneur. La victoire, c'est Christ, pas nous. Par nous-mêmes nous ne pourrions supporter les injures que jusqu'à un certain point, puis nous nous mettrions en colère. Mais si la victoire, c'est Christ, aucune tentation ne sera trop forte pour nous, et aucune épreuve trop dure à subir. Quand nous nous tenons sur le terrain de la Parole de Dieu et de la foi, Satan ne peut rien nous faire. Le Seigneur a donné l'ordre de passer sur l'autre rive. Nous passerons sûrement sur l'autre rive. Ce n'est pas notre parole qui compte, mais c'est la Parole de Dieu, car Dieu est fidèle.

Enfin, frères et sœurs, il me faut vous poser une question : y a-t-il un ou deux péchés qui reviennent sans cesse, et qui vous ennuient ? Je crois que oui. Frères et sœurs, quand le Christ qui demeure en nous nous fait passer par l'épreuve, qui est, en fait, mis à l'épreuve ? Chaque fois qu'une épreuve nous est envoyée, ce n'est pas nous qui sommes mis à l'épreuve, mais Dieu. Quand notre foi est éprouvée, le Fils de Dieu est mis à l'épreuve. La fidélité de Dieu est mise à l'épreuve, ce n'est pas nous qui sommes mis à l'épreuve. Chaque épreuve sert à voir ce que Christ peut faire. Chaque épreuve est une épreuve de la fidélité de Dieu. La foi se tient sur le terrain de Dieu, de Sa Parole, et à l'opposé de nos circonstances. Vaincre est cela. Satan déclare que nous sommes impurs, mais nous disons que Christ est notre sainteté. Satan déclare que nous sommes fiers, mais nous disons que Christ est notre humilité. Satan déclare que nous avons échoué, mais nous disons que Christ est notre victoire. Nous pouvons répondre à tout ce que dit Satan en affirmant que Christ est digne de confiance, et que Sa Parole est digne de confiance. C'est la foi, et c'est la réalisation de la Parole de Dieu. Alléluia ! Christ est victorieux ! Alléluia ! Dieu est fidèle ! Alléluia ! Sa Parole est digne de confiance !

Frères et sœurs, je vous prie de vous rappeler que l'épreuve de la foi ne durera pas longtemps. Immédiatement après que nous avons fait l'expérience de la vie de vainqueur, la tentation peut survenir plus fréquemment que jamais. Mais après que notre foi aura été éprouvée, nous pourrons aider les autres. Après la mise à l'épreuve de notre foi, le cœur de Dieu sera satisfait, et Son nom sera glorifié. La bouche de Satan sera fermée, il ne pourra rien nous faire. Alléluia, la Parole de Dieu est digne de confiance ! Grâces soient rendues au Seigneur ! Quand nous nous tenons devant Dieu, rien ne peut nous faire obstacle. Quand nous avons la foi, aucune montagne n'est immuable. La foi se spécialise dans le déplacement de montagnes. Du moment qu'il s'agit d'une montagne, la foi peut la faire disparaître. Alléluia, Dieu est fidèle !

Chapitre Neuf

LA CROISSANCE

Références biblique : Jean 17.17

Ce soir, nous allons examiner un autre sujet devant le Seigneur, mais auparavant, il nous faut reprendre ce que nous avons vu. Nous avons vu que notre expérience a été une histoire d'échecs constants. Nous avons vu aussi que la vie que Dieu a ordonnée est une vie bien supérieure à notre expérience chrétienne actuelle. Troisièmement, nous avons vu que la vie de vainqueur que Dieu nous a donnée est Christ et que les moyens humains tels que la répression, la lutte, les prières et ainsi de suite, sont inutiles. Quatrièmement, nous avons vu qu'il existe cinq caractéristiques à la vie de vainqueur, dont la plus importante est que cette vie est une question d'échange et non pas de changement. Cinquièmement, nous avons vu les conditions nécessaires à l'expérience d'une telle vie. Les deux conditions de base sont (1) se livrer à Dieu, c'est-à-dire lâcher prise, et (2) croire. Lorsque Dieu déclare que Sa grâce nous suffit, c'est qu'elle nous suffit. Lorsque Dieu déclare que Christ est notre vie, c'est qu'Il est notre vie. Lorsque Dieu déclare que Christ est notre sainteté, c'est qu'Il est notre sainteté. Sixièmement, nous avons vu ce que signifie lâcher prise. Septièmement, nous avons vu que la foi permet de percevoir ce que Dieu a fait. Huitièmement, nous avons vu que, même si nous avons cru, notre foi doit être mise à l'épreuve. Ce soir, nous poursuivrons en considérant un autre sujet lié à la vie de vainqueur — le chemin de la croissance. Après avoir entendu les points précédents, vous demanderez sûrement : « Après que nous avons vaincu, notre vie a-t-elle atteint le degré de qualité optimal, et aucun progrès n'est-il possible à partir de ce point ? » Ce soir, je parlerai de ce qu'une personne devrait faire après avoir vaincu.

QUE FAIRE AU QUOTIDIEN APRÈS AVOIR VAINCU

Vaincre les péchés d'habitude

De nombreux chrétiens ont en effet vaincu, et Christ est vraiment leur victoire. Mais ils ne savent pas comment se maintenir dans cette vie de vainqueur, et bientôt, ils échouent de nouveau. La toute première chose à laquelle un chrétien devrait s'attendre, la chose qu'il devrait espérer après sa victoire, c'est que Dieu le délivre de péchés particuliers, c'est-à-dire des péchés qui l'ont tourmenté et ont été constamment une entrave pour lui. Aucun chrétien étant entré dans l'expérience de vainqueur ne devrait conserver en lui de péchés particuliers. Le Seigneur nous a sauvés, et Il est déjà notre vie de vainqueur. Nous pouvons dire : « Seigneur, je Te rends grâces car la victoire de Christ est devenue ma victoire ! Seigneur, je Te rends grâces car la sainteté de Christ est devenue ma sainteté. » C'est Christ qui vit pour nous. Si un frère était, auparavant, lié par sa colère, cette colère devrait désormais disparaître. Un frère peut avoir été une personne incrédule, et ses doutes peuvent l'avoir beaucoup troublé dans le passé. Il peut avoir été une personne bavarde, et sa langue bien affilée peut avoir été la cause de sa frustration. Une personne peut avoir été liée par n'importe lequel des huit genres de péchés que nous avons mentionnés auparavant, et avoir été tourmentée par ce péché. Maintenant, cette personne peut s'attendre à ce que Dieu repousse ces péchés. Une fois qu'une personne a vaincu, elle devrait dire à Dieu : « Seigneur, je compte sur Toi pour chasser ces péchés. »

De nombreux autres problèmes relatifs au péché doivent être réglés. Par exemple, il se peut que vous ayez offensé autrui ou bien offensé les frères. Maintenant, il faut vous excuser auprès d'eux. Auparavant, vous n'aviez pas la force de vous excuser, maintenant, vous l'avez. Dans le passé, vous pouvez avoir été liés par quelque chose. Maintenant, Christ vit en vous, et vous êtes libres. De ce fait, immédiatement après qu'un frère ou une sœur est entré dans l'expérience de vainqueur, il (elle) doit compter sur le Seigneur pour qu'Il le (la) débarrasse de son péché particulier, c'est-à-dire du péché qui revient sans cesse et est continuellement une entrave pour lui (elle). Si une personne laisse subsister un tel péché, non seulement d'autres diront qu'elle n'a pas encore vaincu, mais elle aussi commencera à douter de son expérience. Avant d'avoir reçu la vie de vainqueur, cette personne n'avait pas la force de lutter. Maintenant qu'elle l'a reçue, elle a la force de combattre. Désormais, elle a la foi et la puissance, et elle peut se battre.

À Chefoo, quelques sœurs occidentales vinrent un jour me demander si l'on devait continuer à lutter après avoir vaincu. Je répondis : « La question est de savoir si l'on se bat pour vaincre, ou si l'on vainc pour se battre. Vous ne pouvez jamais vous battre pour vaincre, mais il est juste de vaincre pour se battre. C'est pourquoi la question est de savoir si vous allez de la bataille à la victoire ou de la victoire à la bataille. » Nombreux sont ceux qui luttent et se démènent pour vaincre, et le résultat est toujours l'échec. La victoire ne peut jamais être obtenue par nos propres efforts. La victoire vient de Christ et est absolument quelque chose que Dieu a donné. Nous avons cru que le Seigneur était notre sainteté, notre perfection et notre victoire. C'est pourquoi toute autre chose doit désormais s'en aller. Tout ce qui n'est pas planté par le Père sera arraché.

Un jour, j'ai utilisé une illustration alors que je parlais à un frère. Je demandai : « Supposons que tu achètes un bout de terrain et que le vendeur rédige un contrat avec toi. Le contrat spécifie la longueur et la largeur du terrain. Quand tu vas prendre possession de ton bien, tu trouves quelques canailles essayant de bâtir une chaumière sur la propriété. Que devrais-tu faire ? Tu devrais chasser ces canailles en te basant sur l'autorité que te donne le contrat. » Nous devrions faire la même chose dans notre lutte contre le péché. Nous n'avons pas à nous battre par nos propres forces, mais selon l'autorité que Dieu nous a donnée. Il est vrai que la Bible nous dit de nous battre, mais elle nous dit aussi de nous battre avec foi. Il est vrai que la Bible dit qu'il nous faudrait l'emporter sur l'ennemi, mais elle nous dit aussi qu'il nous faut l'emporter sur celui-ci avec foi. Il est vrai que la Bible nous dit qu'il faut résister au diable, mais elle nous dit aussi de lui résister en étant protégés par le bouclier de la foi.

Frères et sœurs, notre tempérament individuel vient-il de la vie de Christ ? Notre méfiance exagérée, notre loquacité excessive et notre péché tenace proviennent-ils de la vie de Christ ? Nous savons, bien sûr, que non : ces choses ne sont pas de Christ. Puisqu'elles ne sont pas de Christ, nous pouvons leur donner ordre de partir. Si nous tentons d'abord de leur résister puis de vaincre, nous serons sûrement battus. Si nous essayons de lutter jusqu'à la victoire par nos propres forces, nous échouerons sûrement. Mais si nous vainquons d'abord puis luttons, et si nous luttons à partir de la victoire, nous irons de victoire en victoire. C'est pourquoi le point crucial est de savoir si l'on se bat pour la victoire ou si l'on se bat à partir de la victoire. Se battre à partir de la victoire, c'est dire : « Seigneur, je Te rends grâces car Tu as vaincu ! Parce que Tu as vaincu, je peux repousser hors de moi tous ces péchés. » Après avoir fait l'expérience de la vie de vainqueur, un chrétien devrait dire : « Dieu merci. Puisque Christ est ma vie, ces péchés ne devraient plus rester en moi. Ils devraient partir. » Tout péché d'habitude peut être chassé immédiatement. C'est le vrai sens du combat. Le péché qui nous poursuivait continuellement peut désormais être balayé d'un seul coup. C'est ce que signifie la victoire.

Reconnaître que l'on ne peut réussir et accepter Christ en tant que Tout

Deuxièmement, notre vie devrait toujours rester telle qu'elle était le jour où nous avons fait l'expérience de la vie de vainqueur. Chaque matin au réveil, nous devrions dire au Seigneur : « Dieu, je suis toujours faible et impuissant devant Toi. Je n'ai pas changé, je suis toujours le même. Néanmoins, je Te remercie car Tu es toujours ma vie, ma sainteté et ma victoire. Je crois que Tu manifesteras Ta vie à travers moi tout au long de ce jour. Dieu, je Te remercie car tout découle de Ta grâce, et tout a déjà été accompli par Ton Fils. » Cependant, il existe quelques points auxquels nous devrions être attentifs.

DEUX SORTES DE TENTATIONS ET LA MANIÈRE DE S'EN DÉBARRASSER

Je vous ai déjà parlé de ce frère qui rentrait chez lui à bicyclette après la réunion et qui fut renversé dans la rue. Avant qu'il ne s'en rende compte, il se mit en colère. S'il avait eu le temps et l'occasion de réfléchir, il aurait peut-être pu réfréner sa colère. Mais la soudaineté de l'événement ne lui permit pas de réfléchir, et sa colère éclata inopinément. Nous voyons donc qu'il existe deux sortes de tentations auxquelles nous sommes confrontés au quotidien. D'une part celle qui vient subitement et nous prend au dépourvu sans que nous puissions réfléchir. D'autre part celle qui vient progressivement sous forme de suggestions graduelles et nous laisse le temps de réfléchir. Nous pensons que la tentation progressive est facile à vaincre, tandis que la tentation soudaine est difficile à vaincre. Mais, frères et sœurs, après être entrés dans l'expérience de la vie de vainqueur, il nous faut encore dire deux prières chaque matin au lever. Si nous négligeons ces deux prières, nous échouerons sûrement encore.

La première prière consiste à dire au Seigneur : « Délivre-moi des tentations. Ne les laisse pas venir à moi et me prendre au dépourvu. Ne permets pas que je pèche sans que j'aie une chance de réfléchir. » Le Seigneur peut nous délivrer de toute tentation qui nous prendrait au dépourvu. C'est une prière très précieuse, et elle a sauvé de nombreuses personnes.

Ce soir, je n'ai pas le temps de lire tout le chapitre cinq de l'épître aux Romains. Je ne mentionnerai que quelques versets. Romains 5.12-19 nous enseigne plusieurs choses. Ce passage nous dit que notre union avec Christ est la même que notre union avec Adam. Tout comme nous avons péché par notre union avec Adam, de même nous avons la justice par notre union avec Christ. Frères et sœurs, combien d'entre nous doivent exercer leur force pour se mettre en colère ? Il n'y a pas besoin d'exercer sa force pour se mettre en colère, le moindre agacement la fait surgir. Nous nous mettons spontanément en colère car nous sommes unis à Adam. Nous péchons naturellement car nous sommes unis à Adam, nous n'avons pas besoin de faire d'efforts pour pécher. Mais la vie en Christ que Dieu a promise fonctionne d'après le même principe que notre union à Adam. Nous devrions dire au Seigneur : « Tout comme j'étais uni à Adam et péchais naturellement, sans réfléchir, je suis en Christ aujourd'hui. Je peux être naturellement patient, sans avoir besoin de réfléchir. Je n'ai pas à lutter pour devenir patient. Seigneur, je n'ai pas l'occasion de réfléchir aux nombreuses choses qui vont m'arriver aujourd'hui. Mais je Te rends grâces car mon union à Toi est aussi forte que mon union à Adam. Lorsqu'aujourd'hui, la tentation surviendra, Tu pourras manifester Ta douceur, Ta sainteté et Ta victoire à travers moi même si je suis pris de court et n'ai pas le temps de résister. » Si nous prenons cette position devant le Seigneur, nous vaincrons la première sorte de tentation. Chaque jour, quand nous nous réveillons, nous devrions croire que Dieu peut nous délivrer des tentations qui surviennent à l'improviste. Chaque matin, nous devrions croire à la vie de Christ, et nous manifesterons spontanément Sa victoire. Tout comme nous nous mettons en colère machinalement, nous pouvons de même chasser notre colère machinalement. Ceci dépend entièrement de notre foi. Du moment que nous avons la foi, nous pourrons expérimenter tout ce qui est propre à Dieu.

La deuxième sorte de tentation ne vient pas soudainement, elle vient plutôt de manière progressive. Elle persiste et nous séduit à maintes reprises. Que devrions-nous faire face à cette sorte de tentation ? Nous devrions l'ignorer et ne pas la combattre. Tout repose sur le Seigneur Jésus. « Je suis toujours le même qu'avant : je suis toujours faible et je suis toujours incapable de résister à la tentation. Seigneur, je ne peux réussir. Non seulement je ne peux réussir, mais je n'essayerai pas non plus de réussir. Seigneur, je ne peux être patient, et je n'essayerai pas de l'être. Je ne pouvais réussir dans le passé, et je ne peux réussir maintenant. Je Te rends grâces car je ne peux réussir. Alléluia ! Je ne peux réussir ! Alléluia ! Je n'ai aucun moyen de régler cela ! » En même temps, nous devrions lever la tête, regarder au Seigneur, et Lui dire : « Seigneur, Toi Tu peux réussir ! Tu n'es pas faible en moi. Tu es fort en moi. Seigneur, je Te rends grâces car Tu es capable ! Alléluia ! Tu es capable ! » Frères et sœurs, si nous prenons ainsi position, les tentations s'en iront. Lorsque nous luttons et combattons contre les tentations, il semble qu'elles refusent de s'en aller. Mais quand nous déclarons que nous ne pouvons pas réussir et que Dieu peut réussir, et quand nous nous glorifions de nos faiblesses et de la puissance de Dieu, les tentations s'en vont.

LE JUSTE VIT PAR LA FOI

Certains frères ont demandé si cela signifiait que nous ne pécherions plus après avoir fait l'expérience de la victoire. Ma réponse est que nous finirons par atteindre cet objectif. Mais en attendant, il existe encore la possibilité de pécher. Selon la Bible, quel genre de vie devrions-nous vivre ? La Bible nous montre que la vie d'un chrétien est une vie de foi. « Le juste aura la vie et vivra par la foi. » Les justes reçoivent la vie par la foi, c'est l'expérience initiale. Les justes vivent aussi par la foi, c'est l'expérience continue.

Il y a deux mondes en face de nous : le monde physique et le monde spirituel. Quand nous exerçons nos organes physiques, nous vivons dans le monde physique. Mais quand nous exerçons notre foi, nous vivons dans le monde spirituel. Quand nous exerçons nos yeux pour nous regarder nous-mêmes, nous sommes encore pécheurs, nous sommes toujours impurs, fiers, et nous ne valons pas mieux que quiconque dans le monde. Mais quand nous exerçons notre foi pour nous regarder nous-mêmes en Christ, nous voyons que notre colère et notre entêtement ont disparu. Tout a disparu. Aujourd'hui, il existe deux mondes et chaque jour nous devons choisir entre les deux. L'homme a une intelligence, des sentiments et une volonté. Nous avons le libre arbitre : c'est pourquoi nous vivons dans le monde que nous choisissons. Si nous vivons selon les sens de nos organes physiques dans le monde physique, nous percevrons le monde physique. Si nous vivons par la foi dans le monde spirituel, nous percevrons le monde spirituel. Autrement dit, quand nous exerçons nos sens nous vivons en Adam, mais quand nous exerçons notre foi, nous vivons immédiatement en Christ. Nous sommes toujours entre ces deux choses. Quand nous vivons par nos sens, nous vivons en Adam. Quand nous vivons par la foi, nous vivons en Christ. Quand nous vivrons en Christ, nous expérimenterons tout ce qui est en Christ.

La Bible n'enseigne jamais le fait que le péché puisse être

extirpé. Mais une fois qu'un croyant est entré dans la vie de vainqueur, selon le principe de l'œuvre de Dieu et selon Sa provision et Ses commandements, il ne devrait plus pécher. C'est possible, pour nous, de manifester Christ chaque jour, et d'être chaque jour plus que vainqueurs. Mais dès que nous vivrons dans nos sentiments et par nos sentiments, nous échouerons. Frères et sœurs, nous devons vivre quotidiennement par la foi : c'est seulement à ce moment-là que nous pouvons concrétiser tout ce qui est en Christ.

ÊTRE RÉTABLI PAR LE SANG JUSTE APRÈS L'ÉCHEC

Que devrions-nous faire si nous échouons de manière accidentelle ? Nous devrions venir à Dieu sur-le-champ et placer nos péchés sous Son sang. Immédiatement après, nous pouvons nous tourner vers le Seigneur et dire : « Dieu, je Te rends grâces car Ton Fils est toujours ma vie et ma sainteté. Il manifestera Sa vie de vainqueur à travers moi. » Nous pouvons être rétablis en une seconde. Il n'est pas nécessaire d'attendre cinq minutes ou une heure. Dieu nous pardonne et nous purifie, mais nous pensons que nous devrions nous apitoyer sur nous-mêmes un peu plus longtemps et endurer une punition plus longue avant d'être entièrement purifiés. Là, nous cherchons des ennuis. Nous vivons par nos sentiments et ne faisons que prolonger nos liens avec Adam pendant encore une heure ou deux.

Certains demanderont peut-être : « Si un homme échoue encore et a besoin d'être purifié par le sang de Christ après être entré dans l'expérience de vainqueur, n'est-il pas pareil à ceux qui n'ont jamais fait cette expérience ? » Frères et sœurs, il y a une grande différence. Avant que nous fassions cette expérience, notre vie est un échec complet. Il se peut que nous vainquions de temps en temps, mais en général, nous échouons à tout bout de champ. Cependant, après que nous avons vaincu, notre vie devient une vie victorieuse. Si nous échouons, il s'agit d'un échec occasionnel. Dans l'ensemble, nous vainquons constamment. Il y a une grande différence entre les deux ! Alléluia ! La différence est énorme ! Auparavant, les échecs étaient fréquents et la victoire occasionnelle. Maintenant, la victoire est fréquente et les échecs occasionnels. Avant la victoire, les échecs se répètent. Ceux qui ont tendance à se mettre en colère se mettent toujours en colère. Ceux qui ont tendance à avoir des pensées impures ont toujours des pensées impures. Ceux qui sont enclins à s'entêter s'entêtent toujours, ceux qui ont tendance à être bornés ou jaloux manifestent toujours à nouveau ces péchés. Chaque fois que l'on échoue, c'est toujours dans le même domaine, et la victoire est rare. En général, une personne est liée par sa colère, sa fierté, sa jalousie ou ses mensonges. Après être passée par l'expérience de vainqueur, elle n'échouera plus que de temps en temps, et quand elle échouera, elle ne commettra pas le même péché de manière répétée. Quand elle péchera, cela sera différent d'avant.

Avant d'avoir vaincu, une personne ne saura que faire lorsqu'elle aura échoué. Elle ne saura pas comment retrouver la communion avec Dieu, et recevoir de nouveau la lumière de Dieu. Elle aura l'impression de se trouver au pied d'un immense escalier et ne saura pas comment remonter. Après avoir vaincu, il se peut qu'elle échoue encore de temps en temps, mais en quelques secondes, elle sera rétablie. Elle confessera immédiatement ses péchés et sera purifiée. Elle pourra rendre grâces au Seigneur sur-le-champ, et Christ manifestera de nouveau Sa victoire à travers elle. C'est la grande différence entre vaincre et ne pas vaincre.

LA RELATION QUE NOUS DEVRIONS AVOIR AVEC CHRIST AU QUOTIDIEN

J'aimerais attirer votre attention sur 1 Jean 5.11-12, où il est écrit : « Et voici le témoignage : Dieu nous a donné la vie éternelle, et cette vie est en Son Fils. Celui qui a le Fils a la vie ; celui qui n'a pas le Fils de Dieu n'a pas la vie. » Avez-vous vu cela ? Comment la vie de vainqueur nous est-elle donnée ? Elle nous est donnée dans le Fils. Nous ne pouvons recevoir la vie de vainqueur autrement que par le Fils. Celui qui a le Fils de Dieu a la vie, et celui qui n'a pas le Fils de Dieu n'a pas la vie. Quand Dieu nous donne Son Fils, Il ne nous donne pas uniquement l'ordonnance mais le Médecin Lui-même. Dieu ne se contente pas de nous donner la vie : il nous donne cette vie en Son Fils. Pour expérimenter la vie de vainqueur, il ne s'agit pas seulement de recevoir la vie : il s'agit de recevoir le Fils de Dieu. C'est pourquoi, quand notre relation avec Christ est défectueuse, des problèmes se développent. Une fois que nous douterons de la fidélité de Christ et de Ses promesses, nous aurons des problèmes en nous. Dieu ne nous donne pas la patience, la douceur ou l'humilité indépendamment de Christ. Il nous donne la patience, la douceur et l'humilité en Son Fils. Dès que notre relation avec Son Fils est défectueuse, nous perdons notre victoire. C'est pourquoi nous avons besoin, chaque jour, d'une relation de qualité avec Christ.

Chaque jour, nous devrions dire : « Seigneur, Tu es ma Tête, et je suis un membre de Ton corps. Seigneur, Tu es toujours ma vie, et Tu es toujours ma sainteté. » Si nous portons nos regards sur nous-mêmes, nous ne trouverons aucune de ces choses. Mais si nos regards sont tournés vers Christ, nous aurons tout. La foi est cela. Nous ne pouvons nous maintenir dans la sainteté, la victoire, la patience ou l'humilité en dehors de Christ. Une fois que nous avons Christ, nous avons la sainteté, la victoire, la patience et l'humilité. Les Chinois ont une expression : « Tant que subsiste la montagne verte, on ne craint pas une pénurie de bois de chauffage. » Dieu ne nous donne pas le « bois de chauffage » : Il nous donne la « montagne. » Tant que la « montagne » sera là, il y aura du « bois de chauffage ». Nous croyons que le Fils de Dieu vit en nous. L'échec, chez beaucoup de chrétiens, est principalement dû au fait qu'ils vivent par les sentiments et non pas par la foi.

Quand nous échouons, cela ne signifie pas que tout ce que nous avions expérimenté jusqu'à présent est nul et non avenu. Cela signifie simplement que quelque chose est allé de travers dans ce que nous croyons. Nous ne devrions jamais penser qu'une personne doit échouer après avoir vaincu. Avant de vaincre, nous devons échouer. Dieu veut que nous échouions, et que nous échouions misérablement. Mais après avoir vaincu, nous n'avons pas besoin d'échouer ! Même si nous le faisons, cela ne devrait être qu'occasionnel. Quand nous sommes en Adam et que nous nous sentons froids, durs et impurs, cela signifie que nous sommes vraiment froids, durs et impurs. Mais quand nous sommes en

Christ, nous devrions nous dire que nous avons la sainteté et la victoire. Quoi que nous affirmions posséder, nous l'aurons.

LA CROISSANCE PASSE PAR LE FAIT DE VOIR LA VÉRITÉ ET DE RECEVOIR LA GRÂCE

Enfin, considérons ce que signifie la croissance. Nous sommes d'accord sur le fait que nous devrions continuer à croître après avoir vaincu. Certains sont trop fiers, ils pensent qu'après avoir vaincu et avoir été sanctifiés, ils n'ont pas besoin d'aller plus loin. Il est peut-être vrai que nous avons vaincu et avons été sanctifiés, mais il faut nous rendre compte qu'entrer dans une expérience, c'est comme passer par une porte. Sans passer par la porte, nous ne pouvons suivre le chemin. De même, nous ne pouvons croître qu'après avoir vaincu. Nous devrions nous rendre compte que l'homme a un libre arbitre : il raisonne et il a des sentiments. Quand nous vainquons, nous ne vainquons que les péchés que nous connaissons. Nous ne pouvons vaincre ceux que nous ignorons, d'où la nécessité de croître.

Quel est le péché dont vous êtes conscients ? Supposons que vous ayez un tempérament coléreux. Si vous avez vraiment vaincu en Christ, vous aurez la patience qui vous permettra de vaincre votre colère, et vous ne pouvez croître davantage en ce qui concerne la patience. En effet, votre patience est absolue car elle vient de Christ. Cette patience est la même que celle dont Christ a fait preuve pendant les trente-trois ans et demi de Sa vie terrestre. Si votre patience n'est pas une fausse patience mais la patience de Christ, vous ne pouvez être plus patients.

Nous ne pouvons vaincre que les péchés dont nous sommes conscients. Cependant, il y a des péchés dont nous ne sommes pas conscients, et ceux-ci ne sont pas inclus dans notre expérience de la victoire de Christ. Par conséquent, nous avons besoin de Jean 17.17, où il est écrit : « Sanctifie-les dans la vérité. » D'une part, nous avons 1 Corinthiens 1.30, où il est écrit : « C'est de lui que vous êtes en Christ Jésus, qui est devenu sagesse de la part de Dieu pour nous : justice, santification et rédemption. » D'autre part, nous avons Jean 17.17 où il est écrit : « Sanctifie-les dans la vérité. » Christ nous sanctifie, et la sanctification augmente en proportion de ce que la vérité nous fait découvrir. Y a-t-il un frère qui connaisse la Bible entière dès le jour de sa conversion ? Non, nous la connaissons petit à petit. La vérité nous dit ce qui est bien et ce qui est mal. Par exemple, il y a deux ans, nous pouvions ignorer que telle chose fût un péché. Maintenant, nous nous rendons compte que c'est un péché. Peut-être qu'il y a quinze jours, nous ne savions pas que telle chose était un péché, mais aujourd'hui, nous réalisons que c'en est un. De nombreuses choses que nous considérions bonnes et que nous approuvions auparavant deviennent pour nous, plus tard, des péchés.

Il y a une différence entre le passé et le présent car plus nous connaissons la vérité, plus nous découvrons de péchés, et plus nous découvrons de péchés, plus nous avons besoin de Christ en tant que notre vie. Plus notre capacité de discernement est grande, plus notre besoin de Christ est grand. Tous les jours, il nous faut étudier soigneusement la Parole de Dieu afin de voir ce qui est péché. Plus nous voyons nos péchés, plus il nous faut dire au Seigneur : « Dieu, montre-moi dans ces domaines que Christ est ma victoire et ma provision. » Frères et sœurs, si nous voulons croître, la lumière de la vérité est indispensable. La lumière de la vérité révélera nos erreurs et nous montrera notre propre vulnérabilité. Dès que cette lumière aura mis en évidence notre état, notre capacité de discernement augmentera, et plus elle augmentera, plus nous pourrons assimiler.

J'aime beaucoup 2 Pierre 3.18. Il y est écrit : « Mais croissez dans la grâce et dans la connaissance de notre Seigneur et Sauveur Jésus-Christ. » C'est l'un des rares endroits dans la Bible, où la croissance est évoquée. Nous croissons dans la grâce. Que signifie croître dans la grâce ? Personne ne croît vers la grâce : nous croissons tous dans la grâce. Nous ne pouvons croître vers la grâce : nous ne pouvons que croître dans la grâce.

Qu'est-ce que la grâce ? La grâce, c'est Dieu qui fait quelque chose pour nous. Quand nous croissons dans la grâce, cela signifie que nous avons besoin que Dieu fasse davantage pour nous. Supposons que Dieu ait déjà fait cinq choses pour moi. Mais il y a encore trois choses que Dieu doit faire pour moi. Mon besoin a augmenté, c'est pourquoi j'ai besoin que Dieu fasse davantage pour moi. C'est là que se trouve la relation entre la vérité et la grâce. La vérité expose notre besoin, tandis que la grâce pourvoit à notre besoin. La vérité nous montre où se trouve notre manque, tandis que la grâce comble ce manque. Alléluia ! Dieu possède non seulement la vérité, mais aussi la grâce ! Dans l'Ancien Testament, les hommes échouaient constamment car ils n'avaient que la vérité, ils n'avaient pas la grâce. Ils avaient la loi, mais ils n'avaient pas la force de respecter la loi. Nous rendons grâces au Seigneur. « Car la loi a été donnée travers Moïse, la grâce et la vérité sont venues travers Jésus-Christ » (Jn 1.17). Grâces soient rendues au Seigneur, car Il nous a montré la vérité et nous a donné la grâce ! Alléluia !

Je peux affirmer devant Dieu : « Je resterai toujours un mendiant, un pauvre. Je dois venir à Toi aujourd'hui, et je viendrai à Toi demain et après-demain. » Grâces soient rendues au Seigneur parce que je peux Lui demander quelque chose chaque jour. Je peux Lui présenter une requête le lundi, et une autre le mardi. Si nous importunons et sollicitons Dieu ainsi, Il dira que nous avons grandi dans la grâce. Plus nous verrons nos manquements, plus nous solliciterons Dieu. Nous Lui demanderons d'autant plus de prendre nos affaires en main. Nous dirons : « Seigneur, je suis toujours impuissant. J'ai toujours besoin que Tu endosses mes responsabilités à ma place. » Une fois que nous nous apercevons que nous avons fait quelque chose de mal, la première chose à faire est de dire à Dieu : « Je confesse mes péchés. (À de tels moments, il vous faut appeler le péché par son vrai nom. Il vous faut appeler un péché un péché). Dieu, je ne me changerai plus. J'ai appris une leçon de plus. Je ne pourrai jamais changer, et je n'ai pas l'intention de changer. Dieu, je Te rends grâces car c'est une nouvelle occasion de me glorifier de ma faiblesse ! Dieu, je Te rends grâces car Toi Tu peux réussir ! Je Te rends grâces car Tu peux me débarrasser de ma faiblesse. » Frères et sœurs, chaque fois que nous nous glorifierons de notre faiblesse, la puissance de Christ reposera sur nous. Chaque fois que nous dirons que nous ne pouvons pas réussir, Dieu nous montrera que Lui peut réussir. Si nous faisons cela à maintes reprises, nous croîtrons.

Ce soir, je mentionnerai quelques exemples pour vous montrer ce que signifie la croissance. Il existe beaucoup de péchés dont nous ignorons qu'ils sont des péchés. Mais une fois que nous le réalisons, nous devrions dire : « Dieu, j'ai péché ! J'ai besoin que Christ manifeste Sa vie ! » Je peux témoigner qu'un jour, un homme m'a maltraité et que je lui ai lancé quelques paroles inconsidérées. Je savais que c'était mal de lancer des paroles inconsidérées aux autres, mais je prétendais qu'il était plus en tort que moi et qu'il ne s'était pas excusé auprès de moi. Je n'avais qu'à moitié tort. Aurais-je mieux fait de m'excuser auprès de lui ? Oui, c'est ce que Dieu voulait que je fasse. Cet homme m'avait offensé, mais je lui avais pardonné et je n'étais plus fâché contre lui. Cependant, il me fallait encore m'excuser. J'étais déjà assez content de ce que j'avais fait, mais j'étais encore loin d'atteindre le niveau fixé par Dieu dans Matthieu 5, où il est écrit qu'il nous faut aimer nos ennemis. Si je pouvais aimer cet homme, je serais même capable d'aimer un chat ou un chien. J'avais écrit une lettre où je reconnaissais mes paroles inconsidérées, mais puisque je ne pouvais aimer cet homme, je décidai de ne pas envoyer cette lettre. Je résolus d'en écrire une autre quand je serais capable de l'aimer. Je ne le haïssais pas, je lui avais pardonné, mais je ne pouvais pas l'aimer. Seul Dieu pouvait le faire. La vérité nous montre que nous devons aimer et que ne pas aimer est un péché. Je voulais vaincre, et je voulais lutter avec foi. Je déclarai au Seigneur : « Si Tu ne me fais pas l'aimer, je ne peux pas l'aimer. » Lorsque je dis que je ne pouvais aimer et que Dieu était le Seul qui puisse aimer, je découvris que je l'aimais. D'un côté, la vérité nous dit que nous devrions aimer. D'un autre côté, la grâce nous donne la force d'aimer. De telles tractations prennent parfois quelques secondes, et parfois quelques jours.

Mademoiselle Fischbacher avait une collègue de travail qui lui donnait toujours du fil à retordre. Cette collègue trouvait toujours des idées pour la faire souffrir. Si Mademoiselle Fischbacher affirmait qu'il y avait telle ou telle chose, sa collègue le niait. Elle la contredisait toujours. Il semblait qu'elle essayât sans cesse de montrer aux autres que Mademoiselle Fischbacher était malhonnête. Mademoiselle Fischbacher essayait de supporter cela mais ne pouvait rien faire en ce qui concernait son propre comportement. Chaque fois que Mademoiselle Fischbacher voyait cette personne, elle lui tapotait l'épaule ou lui serrait la main comme pour manifester de l'amour. Extérieurement, tout semblait aller très bien, mais intérieurement, cela n'allait pas. Un jour, Mademoiselle Fischbacher lut 1 Pierre 1.22, où il est écrit : « Aimez-vous ardemment les uns les autres, d'un cœur pur. » Elle réfléchit et en vint à la conclusion qu'il lui était impossible d'aimer cette personne, et encore moins de l'aimer ardemment. Elle dit au Seigneur : « Je ne peux vaincre ce problème. Seigneur, j'ai découvert que c'était un péché. Tu as dit que nous devrions aimer ardemment les frères, mais je ne le peux pas. C'est certainement un péché. » Elle demanda à Dieu de la débarrasser de ce péché. Elle ne haïssait pas cette personne, et elle avait passé du temps avec elle, mais il lui était difficile d'aimer cette personne. Chaque fois qu'elle la voyait, elle faisait de son mieux pour essayer de l'aimer, mais cela ne marchait jamais. Un jour, elle s'enferma dans sa chambre et pria Dieu en disant : « Je devrais l'aimer, mais je n'y arrive pas. C'est un péché. Je ne Te laisserai pas de répit aujourd'hui jusqu'à ce que je puisse aimer cette personne. » Elle pria pendant trois heures. À la fin, elle fut remplie de l'amour du Seigneur et elle se sentit même prête à donner sa vie pour sa collègue. Non seulement elle l'aimait, mais elle l'aimait ardemment. Comme elle l'aimait ardemment, elle pria toute la nuit pour elle. Le lendemain, après son travail habituel, elle pria de nouveau pour elle. Elle faisait non seulement l'expérience de la victoire, mais aussi celle de la puissance. C'est ce que signifie la vérité qui nous sanctifie. C'est ce que signifie la croissance dans la grâce. La vérité nous permet de voir ce qu'est le péché, et la grâce nous donne la force de vaincre le péché. Une fois que nous aurons découvert ce qu'est le péché, nous ne lâcherons pas prise avant d'avoir vaincu. C'est la façon dont, jour après jour, nous croissons dans la grâce.

Il y avait trois sœurs britanniques. L'une était fiancée, tandis que les deux autres avaient décidé de rester célibataires. Toutes trois travaillaient pour le Seigneur en Chine intérieure. La sœur qui était fiancée était la moins heureuse des trois. Bien que son fiancé lui écrive souvent pour la réconforter, elle était sans cesse déprimée. Un jour, dans sa chambre, alors qu'elle se sentait seule, elle pleura. Les deux autres sœurs lui demandèrent : « Pourquoi te sens-tu esseulée ? Tu as un fiancé qui t'écrit tout le temps ! Ce devrait être à nous deux de nous sentir esseulées. » Après avoir dit cela, elles retournèrent dans leurs chambres et se sentirent soudain seules elles aussi. Elles pensèrent à leur travail au fin fond de la Chine, à leur nourriture étrange et à leur demeure inconfortable. Quelle solitude ! En effet, le péché est contagieux. Tandis qu'elles s'apitoyaient sur leur sort, elles se souvinrent des paroles du Seigneur : « Et voici, je suis avec vous tous les jours, jusqu'à la consommation de l'âge » (Mt 28.20). Elles se souvinrent aussi du Psaume 16.11, où il est écrit : « Il y a abondance de joies devant ta face, des délices éternelles à ta droite. » Elles dirent au Seigneur : « Se plaindre de la solitude est un péché. Tu as dit que Tu seras avec nous jusqu'à la consommation de l'age. C'est pourquoi nous disons que se plaindre d'être seul est un péché. Tu as dit qu'il y a abondance de joie en Ta présence, et des délices éternelles à Ta droite, c'est pourquoi nous disons que se plaindre d'être seul est un péché. » Elles se mirent toutes deux à genoux et prièrent : « Seigneur, nous reconnaissons que se plaindre d'être seul est un péché. » À partir du moment où elles eurent réglé leur problème de solitude de façon si spécifique, elles ne souffrirent plus jamais de leur isolement. Alléluia ! Elles ne se sentirent plus jamais seules.

Frères et sœurs, chaque jour nous pouvons découvrir de nouveaux péchés et rencontrer de nouveaux échecs. Cependant, en même temps, la grâce est toujours renouvelée. « Car de sa plénitude nous avons tous reçu, et grâce sur grâce » (Jn 1.16). Nous l'avons reçue une fois et nous la recevons toujours à nouveau.

Une sœur travaillait en Inde, et elle avait de nombreuses inquiétudes. Un jour, elle lut Philippiens 4.6, où il est écrit : « Ne vous inquiétez de rien, mais en toutes choses, faites connaître à Dieu vos requêtes, par des prières et des supplications avec des actions de grâces. » Elle vit que l'inquiétude était un péché, et que manquer de rendre grâces était également un péché. Frères et sœurs, une fois que nous voyons un péché, il nous faut le confesser devant le Seigneur et également reconnaître que le Seigneur vit en nous. C'est ce que signifie croître.

Notre victoire en Christ est, par nature, absolue, il n'y a pas de place pour des améliorations. Cependant, les domaines où s'exerce notre victoire sont toujours en expansion. Chaque personne reçoit du Seigneur une intensité de lumière différente. Plus un homme reçoit de lumière, plus il avance, et moins un homme reçoit de lumière, moins il avance. Plus une personne en sait sur le péché, plus elle reçoit la provision de Dieu. Moins une personne reçoit de lumière de Dieu, moins elle reçoit la provision de Dieu. Frères et sœurs, il nous faut savoir que nous sommes dépendants de la vérité et de la grâce. J'espère que nous dirons tous quotidiennement à Dieu : « Seigneur, je ne peux réussir, et je n'ai pas l'intention de réussir. Seigneur, je Te rends grâces car je ne peux réussir. » Chaque jour, il nous faut prier Dieu de nous donner la lumière et la grâce. Nous pouvons échouer par accident, mais nous pouvons être rétablis en une seconde. Si nous faisons cela jour après jour, notre croissance dépassera les espérances de quiconque, car elle sera uniquement l'œuvre de Christ. Alléluia ! Le salut complet, c'est cela. Alléluia, Il nous entraîne ! Alléluia, Satan ne peut rien nous faire ! Alléluia, Christ a vaincu !

Chapitre Dix

L'ACCENT DE LA VICTOIRE

Références bibliques : Ps 20.6 ; 2 Ch 20.1, 3, 12, 15, 17-22, 24, 26-28

Au cours de ces dernières soirées, nous avons considéré la façon dont un chrétien devient vainqueur. Dieu soit loué, bon nombre de frères et sœurs, parmi nous, sont entrés dans l'expérience de la vie de vainqueur. Hier soir, nous avons vu la façon dont nous pouvons progresser dans la vie de vainqueur. Aujourd'hui, nous examinerons un autre sujet, l'accent de la victoire. Souvent, quand une personne chante, les paroles sont justes mais l'intonation est fausse. Je vous prie de vous rappeler que la vie de vainqueur a aussi son accent. Il ne suffit pas que les mots soient justes : l'intonation doit également être juste. Aujourd'hui, nous considérerons ce que signifie l'accent de la victoire.

On lit, dans le Psaume 20.6 : « Nous crierons victoire (version anglaise) à cause de ton salut. » Le mot « salut » peut être traduit par « victoire, » et l'expression « crier victoire » peut se traduire par « se réjouir. » Il n'y a pas de différence énorme entre le salut et la victoire : ce sont simplement deux aspects de la même entité.

Loué soit le Seigneur, nombre de frères et sœurs sont passés par la porte de la victoire. Mais après être passé par cette expérience, il faut encore avoir le juste accent de la victoire. Vous pouvez ne pas comprendre ce que j'entends par le juste accent. Peut-être puis-je m'exprimer différemment : la victoire a ses points de référence. Comment savez-vous que vous avez vaincu ? Quand savez-vous que vous avez vaincu ? Vous savez que vous avez vaincu en vous référant au Psaume 20.6 : « Nous crierons victoire à cause de Ton salut. »

DIFFÉRENCE ENTRE LA VICTOIRE ET SE GLORIFIER DE LA VICTOIRE

Je me demande si vous connaissez la différence entre la victoire et le fait de se glorifier de la victoire. Qu'est-ce que la victoire, et qu'est-ce que se glorifier de la victoire ? La victoire est quelque chose que Christ a réalisé, c'est l'œuvre de Christ, tandis que se glorifier de la victoire est quelque chose que nous faisons, c'est notre œuvre. La victoire nous dit que le travail est fait et prévaut encore, tandis que se glorifier de la victoire est une proclamation continuelle après l'acte de la victoire. Avant, je jouais au cricket. C'est un sport qui demande de l'énergie, la balle est lourde, et les mains sont douloureuses après avoir frappé cette balle pendant un moment. On joue pendant une heure, en suant et en faisant des efforts. On envoie la balle à travers un arceau, un autre arceau, pour finir par le dernier arceau. C'est la victoire. Lorsqu'une équipe gagne, les autres camarades de classe agitent leurs drapeaux, se réjouissent et poussent des cris. C'est se glorifier de la victoire. L'équipe gagne la victoire, mais les camarades se glorifient de la victoire. Loué soit Dieu, la victoire est accomplie par Christ ! Nous n'avons pas versé de sang pour l'obtenir. Cependant, nous pouvons nous glorifier de Sa victoire.

Je vous prie de vous rappeler qu'après avoir vaincu, un chrétien devrait continuer à utiliser sa voix pour se glorifier de la victoire. Un jour sans alléluia est un jour passé sans se glorifier de la victoire. Si, chaque jour, nous ne voyons que des torrents de larmes, nous ne nous glorifions pas de la victoire. Notre accent devrait être celui de quelqu'un qui se réjouit dans le salut donné par Christ, qui pousse des cris de triomphe parce qu'Il a vaincu. Quand notre équipe de cricket gagna, nous apportâmes la victoire à notre école, et nos camarades de classes se glorifièrent de cette victoire. De la même manière, notre Seigneur a gagné la victoire et nous a apporté cette victoire. Désormais, nous pouvons continuellement nous glorifier de cette victoire.

Il nous faudrait dire : « Alléluia ! Christ est Vainqueur ! » Ceux qui sont incapables de dire alléluia peuvent ne pas être battus, mais ils n'ont certainement pas l'accent de la victoire. Un homme de Kiangsi peut parler le dialecte de Pékin. Les mots peuvent être justes, mais l'accent est mauvais. Ceux qui ne peuvent dire alléluia ont un mauvais accent. Il nous faut non seulement vaincre mais aussi avoir le bon accent. Si notre accent est mauvais, les autres douteront du fait que nous ayons vaincu, et nous en douterons aussi. L'accent de Pierre était celui d'un Galiléen, et même une servante pouvait le détecter. Quand nous n'avons pas l'accent « galiléen, » notre voix laisse croire que nous n'avons pas vaincu. Chaque jour, nous devons avoir l'accent « galiléen. » Nous devrions être identifiés comme ceux qui ont suivi Jésus, ceux qui ont l'accent « galiléen. »

DE QUOI JOSAPHAT SE GLORIFIAIT-IL ?

Dans l'Ancien Testament, il y avait un roi de Juda nommé Josaphat. Lisons 2 Chroniques 20 pour en savoir plus sur l'accent de sa victoire.

En ce temps-là, « les fils de Moab et les fils d'Ammon, et avec eux d'autres Ammonites arrivèrent pour combattre Josaphat » (v. 1). À l'époque de Josaphat, le royaume de Juda était très faible et impuissant dans sa lutte contre ses ennemis. Josaphat, bien sûr, avait peur lorsqu'il se regardait. Jusqu'à présent il avait été incapable de vaincre, et il l'était toujours. Lorsque les ennemis reviendraient, que pourrait-il faire ? Rien du tout.

Cependant, c'était un homme qui craignait Dieu. Il « décida de consulter l'Éternel. Il proclama un jeûne pour tout Juda » (v. 3). Il ne pouvait rien faire d'autre que de venir à Dieu. Il pria le Seigneur : « Ô notre Dieu, n'exerceras-tu pas tes jugements sur eux ? Car nous sommes sans force devant cette multitude nombreuse qui s'avance contre nous, et nous ne savons que faire, mais nos yeux sont sur toi » (v. 12). Il reconnut son impuissance, et ses yeux étaient tournés vers le Seigneur. Frères et sœurs, au cours de ces derniers jours, nous avons, de nombreuses fois, répété les conditions d'une vie livrée à Dieu. Les voici : (1) se rendre compte que nous ne pouvons réussir, et (2) arrêter d'essayer de réussir. Nous devrions aussi croire en Dieu. C'est ce que fit Josaphat quand il déclara qu'il n'avait pas la force de résister à l'ennemi et qu'il ne savait que faire. Il ne pouvait que se tourner vers le Seigneur.

Dieu lui envoya un prophète sur-le-champ et lui dit : « Soyez sans crainte et sans effroi devant cette multitude nombreuse, car ce n'est pas votre combat, mais celui de Dieu » (v. 15). Le combat est celui du Seigneur ! La victoire ou l'échec n'ont rien à voir avec nous. La colère, la fierté, le doute, les pensées impures, la cupidité et toutes sortes de péchés n'ont rien à voir avec nous. Le combat n'est pas le nôtre, mais celui de Dieu. Dieu a dit : « Vous n'aurez pas à y combattre » (v. 17). Dieu nous demande seulement de rester sur place. Il veut que nous baissions les bras et Le laissions tout faire. Il nous faut seulement rester où nous sommes et nous verrons « le salut de l'Éternel » (v. 17). Frères et sœurs, ce n'est pas nous qui combattons, nous sommes les spectateurs. Dès que nous cessons de nous glorifier de la victoire, nous échouons. Nous ne devons pas avoir peur devant Dieu, car Il est Celui qui combattra pour nous.

Josaphat fit encore une chose. Non seulement il se tint là et regarda la bataille, mais il se prosterna devant Dieu, le visage contre terre, en entendant les paroles du prophète ! Tout Juda et les habitants de Jérusalem tombèrent aussi devant le Seigneur pour se prosterner en Sa présence. D'autres étaient en train de joindre leurs forces pour les attaquer, mais que faisaient-ils de leur côté ? Ils demandèrent à un groupe de Lévites de se lever pour louer le Seigneur. Ils firent entendre « la louange avec des ornements sacrés » (v. 21) et sortirent devant l'armée pour célébrer Jéhovah. Étaient-ils fous ? Ils n'avaient pas peur des pierres ni des flèches, ils chantaient des louanges à Dieu. C'est cela, l'accent de la victoire. Ils avaient l'accent de la victoire car ils savaient que Jéhovah leur avait donné la victoire, et que les ennemis étaient déjà battus. Ils savaient qu'ils avaient déjà gagné la bataille. Certains croient que quand arrivent les tentations, ils devraient lutter pour leur résister. Mais Dieu déclara : « Au moment où l'on commençait les acclamations et les louanges, l'Éternel plaça des embuscades contre les Ammonites et les Moabites et (ceux) des monts de Séir qui étaient venus contre Juda, et ils furent battus » (v. 22). Chaque fois que nous louons le Seigneur par des chants, les ennemis sont battus.

Quel fut le résultat ? « Lorsque Juda fut arrivé au poste d'où l'on aperçoit le désert, ils se tournèrent du côté de la multitude, et voici que ce n'étaient que des cadavres tombés à terre : personne n'avait échappé » (v. 24). Soit Dieu ne donne pas la victoire du tout, soit Il donne une victoire complète : personne n'échappe. Si cela dépendait de nous, nous laisserions peut-être cinq ou six personnes derrière nous. Mais Dieu n'en laissa pas une seule. Les mots « au moment où l'on commençait, » au verset 22, sont très significatifs. Au moment où le peuple se mit à chanter, le Seigneur plaça des embuscades contre les Ammonites, les Moabites et ceux des monts de Séir. Frères et sœurs, Dieu ne peut agir que lorsque nous commençons à louer. Chaque fois que nous commençons à Le louer, Dieu entre en action.

Frères et sœurs, je sais que nous faisons face à de nombreuses tentations, et je sais que nous subissons de nombreuses épreuves. Des faiblesses physiques, des circonstances adverses ou bien différentes difficultés peuvent intervenir. Il se peut que nous disions : « Que devrais-je faire ? Comment puis-je vaincre ? » Frères et sœurs, nous savons qu'il nous faudrait vaincre, mais notre accent est mauvais. Quand vient la tentation, nous devrions dire : « Alléluia ! » Quand viennent les épreuves, nous devrions dire : « Alléluia ! » Quand nous voyons venir des difficultés, nous devrions dire : « Alléluia ! » Une fois que nous crierons : « Alléluia, » les ennemis seront battus. Chaque fois que nous Le louerons, notre Dieu agira. Dès que nous nous mettons à chanter, Il entre en action.

Frères et sœurs, il ne suffit pas de reconnaître notre impuissance, et il ne suffit pas de croire que Dieu peut réussir. Il nous faut crier du fond du cœur : « Alléluia ! Dieu, je Te rends grâces car je subis des épreuves. Dieu, je Te rends grâces car je ne peux réussir. Dieu, je Te rends grâces car la victoire est à moi. » Josaphat continua à chanter car il croyait qu'il avait vaincu. Aux yeux de Josaphat, il n'y avait déjà plus que des cadavres. Par conséquent, il pouvait continuer à chanter. Il n'avait pas peur des pierres car il considérait ses ennemis comme étant déjà morts. Quand ils montèrent au poste d'observation et regardèrent, ils ne virent que des cadavres tombés à terre.

LOUER ET RENDRE GRÂCES DEUX FOIS

« Le quatrième jour, ils s'assemblèrent dans la vallée de Beraka, où ils bénirent l'Éternel ; c'est pourquoi l'on a appelé cet endroit du nom de la vallée de Beraka jusqu'à ce jour. Tous les hommes de Juda et de Jérusalem, ayant à leur tête Josaphat, partirent joyeux pour retourner à Jérusalem, car l'Éternel les avait remplis de joie aux dépens de leurs ennemis. Ils entrèrent à Jérusalem avec des luths, des harpes et des trompettes, jusqu'à la maison de l'Éternel » (v. 26-28). Nos louanges et nos actions de grâce se divisent en deux parties : nous louons le Seigneur et Lui rendons grâces avant la victoire, et après la victoire. La grande erreur que nous commettons aujourd'hui est de ne pas exprimer notre louange avant la victoire. Nous retenons cette louange et attendons pour voir ce qui va se passer. Nombre de frères et sœurs ont reconnu qu'ils ne pouvaient réussir et qu'ils ne tenteront pas de réussir. Ils ont cru aux actes de Dieu, et ont cru que Christ était leur victoire. Mais ils n'osent pas dire : « Alléluia, j'ai vaincu. » Un frère déclara qu'il devait attendre de voir si cela marcherait. Une sœur déclara qu'il lui fallait attendre de voir si cela produirait le résultat espéré. Ils disaient qu'ils loueraient Dieu le lendemain, s'ils voyaient quelque résultat. Mais Josaphat loua Dieu deux fois. Chaque vainqueur devrait louer Dieu deux fois : avant qu'il ne voie le résultat de ses propres yeux, et après l'avoir vu. Voilà l'accent de la victoire. Dès que nous cessons de louer Dieu, nous sommes battus et nous perdons notre victoire.

Nous demandons si oui ou non nous avons vaincu, mais je dois demander si oui ou non nous avons crié : « Alléluia. » « Alléluia » est l'accent de la victoire. Si l'accent est juste, la victoire est authentique. Nous pouvons fabriquer n'importe quoi, mais nous ne pouvons fabriquer l'accent de la victoire. Chez tout vainqueur on perçoit l'accent de l'exultation et de la louange continuelle. Nous pouvons dire d'où vient un homme par son accent. C'est aussi par son accent que nous pouvons dire si un homme a vaincu. Le signe de la victoire, ce sont les cris de « alléluia » et « loué soit le Seigneur. » Quand survient la tentation, le signe de la victoire, c'est la capacité de dire : « Alléluia ! Loué soit le Seigneur ! » Si une personne porte ses regards sur elle-même, elle ne peut louer le Seigneur. Seuls ceux qui regardent au Seigneur peuvent Le louer. Dès que nous porterons nos regards sur nous-mêmes, nous découvrirons notre impuissance, et nous serons incapables de dire : « Alléluia ! Loué soit le Seigneur. » Quand nous regardons le

Seigneur, nous pouvons dire : « Alléluia ! Loué soit le Seigneur. » Peu importe que les tentations aient augmenté, que les Moabites et les Ammonites soient plus nombreux qu'avant. Le combat est celui du Seigneur, et non pas le nôtre. Le Seigneur est responsable de tout. C'est pourquoi l'accent de la victoire se trouve dans nos cris d'exultation, nos louanges et nos actions de grâces au Seigneur. Nous n'avons pas à attendre d'avoir vraiment échoué, d'avoir été souillés et d'avoir péché avant de dire que nous sommes battus. Du moment que nous arrêtons de louer Dieu et de Lui rendre grâces, nous avons perdu notre victoire. Nous n'avons pas besoin de commettre de grand péché. Tant que nous ne nous glorifions pas de Sa victoire et tant que nous ne rendons pas grâces, nous avons perdu notre victoire. Frères et sœurs, la vie de vainqueur que Dieu a donnée s'exprime par des « alléluia » tous les jours, le vainqueur se réjouit tous les jours. Dès que ce signe disparaît, nous sommes battus.

MAINTENIR SA VICTOIRE DANS LA JOIE ET L'ALLÉGRESSE

Néhémie 8.10 est un verset qui nous est très familier : « La joie de l'Éternel est votre force. » La joie est l'une des caractéristiques de la vie que Dieu nous a donnée. Notre Seigneur Jésus vit dans une atmosphère de joie, d'exultation, de louange, et d'action de grâces. C'est la leçon que j'ai apprise au cours de ces quelques dernières années. Dans le passé, je savais que j'étais pardonné et que j'avais tenu bon, que je m'étais consacré au Seigneur, et Lui avais obéi. Mais je me sentais quelque peu amer, et je me plaignais un peu. Je ne pouvais rendre grâces au Seigneur. Chaque fois que nous ne pouvons Lui rendre grâces, nous sommes battus. Frères et sœurs, notre victoire se trouve dans notre joie. Chaque fois que nous rejetons notre joie et notre exultation, nous rejetons aussi notre victoire. Chaque fois que nous rejetons notre joie et notre exultation, nous sommes liés. Un frère témoigna que jamais il n'avait réalisé comme ces derniers jours que la joie procure la force. Chaque fois que nous ne sommes pas remplis d'exultation, que nous ne nous réjouissons pas, nous sommes déprimés. Il nous faut maintenir notre victoire dans la joie et l'exultation. La victoire est comme un poisson qui doit être maintenu dans l'eau. La victoire doit être maintenue dans la joie et l'exultation.

SE RÉJOUIR DANS LES ÉPREUVES ET LES TRIBULATIONS

Mais comment pouvons-nous nous réjouir ? Nous pouvons nous réjouir et louer Dieu avec joie pour bien des choses. Par exemple, si nous avons passé la porte de la victoire et de la puissance, nous pouvons nous réjouir et louer Dieu avec joie. Mais la Bible déclare que nous pouvons nous réjouir de nombreuses choses dont nous ne nous réjouissons pas en temps normal. Nous découvrirons ces choses dans la Bible.

On lit, dans 2 Corinthiens 8.2 : « Que dans une grande épreuve d'affliction, l'abondance de leur joie et leur profonde pauvreté ont abondé dans la richesse de leur libéralité. » Ce verset nous dit que les Macédoniens avaient une joie débordante au milieu de nombreuses épreuves et afflictions. Ils n'avaient pas qu'une ou deux gouttes de joie, mais ils débordaient de joie. Frères et sœurs, il nous faut sans cesse nous réjouir, et il nous faut avoir une joie débordante. Même au milieu de tribulations, nous devrions encore nous réjouir. La vie de Christ est une vie de victoire, et nous pouvons nous glorifier de Sa victoire. Même quand de grandes armées nous menacent et que de grandes tribulations nous attendent, nous pouvons toujours nous réjouir et rendre grâces au Seigneur. L'une des caractéristiques de la victoire est le débordement de louanges et d'action de grâces au milieu des tribulations.

Il y a un frère qui était cheminot. L'une de ses jambes fut arrachée par un train lors d'un accident. Lorsqu'il se réveilla à l'hôpital, on lui demanda s'il pourrait encore rendre grâces au Seigneur. Il répondit : « Je Lui rends grâces car seule une jambe a été arrachée. » Frères et sœurs, bien qu'il rencontrât des tribulations, il était capable de rendre grâces au Seigneur. C'est l'accent de la victoire : l'action de grâces et la louange au milieu de grandes tribulations.

On lit, dans Jacques 1.2 : « Considérez-le une joie complète, mes frères, quand vous serez exposés à diverses épreuves. » On lit, dans 1 Pierre 1.6 : « Vous en tressaillez d'allégresse. » Qu'est-ce que cela signifie ? On lit au verset 8 : « Lequel vous aimez sans l'avoir vu, en qui vous croyez sans le voir actuellement, exultant d'une joie ineffable et pleine de gloire. » On lit dans le chapitre quatre, aux versets 12 et 13 : « Bien-aimés, ne trouvez pas étrange le feu de tribulation qui est au milieu de vous, qui est venu sur vous comme une épreuve, comme s'il vous arrivait quelque chose d'étrange ; mais, dans la mesure où vous partagez les souffrances de Christ, réjouissez-vous, afin qu'au dévoilement de sa gloire, vous vous réjouissiez aussi avec exultation. » Ces quelques passages nous indiquent comment nous devrions nous comporter dans les jours de tribulations. L'épître de Jacques évoque les « diverses épreuves. » Cela inclue les épreuves auxquelles il faudrait faire face, et les simples imprévus, tout arrive d'un coup. Les ennemis arrivent, les amis arrivent, les incroyants arrivent, les frères arrivent et des choses naturelles ainsi que des choses absurdes se produisent. Toutes sortes d'épreuves surviennent, mais rien ne peut effacer notre joie. Je vous prie de vous rappeler que la Bible qualifie toujours la joie de *grande* et *complète*. Toutes les joies de Dieu sont grandes et complètes. On lit, dans 1 Pierre 1.6, que l'on exulte, tandis que l'affliction ne dure que « peu de temps. » Peut-il y avoir affliction ? Oui, cela est possible. En fait, l'affliction est inévitable. Tant que nous aurons des yeux, des larmes en couleront. Tant que nos glandes lacrymales seront présentes, des larmes en sortiront. Mais bien qu'il puisse y avoir des larmes, il y a aussi de l'allégresse. C'est pour cette raison que 1 Pierre 1.8 évoque « une joie ineffable et pleine de gloire. » Il n'y a pas moyen de décrire cette joie. Souvent, alors que nous n'avons pas encore séchés nos larmes, nous sommes déjà en train de crier : « Alléluia ! » Souvent, tandis que des larmes sont encore en train de couler, nos bouches rendent grâces à Dieu. Nombreux sont ceux dont les larmes sont mêlées à leurs actions de grâces et à leurs louanges. Mademoiselle M.E. Barber a écrit un hymne dont l'un des vers dit : « Que l'esprit Te loue, / Bien que le cœur soit déchiré. » Aujourd'hui, alors que nous vivons sur terre, notre cœur ne peut s'empêcher d'être parfois déchiré. Le cœur a ses sentiments, et cependant l'esprit peut encore louer le Seigneur. 1 Pierre 4.12 déclare qu'il faudrait nous réjouir non seulement au milieu des épreuves, mais aussi dans l'anticipation de ces épreuves. Cela signifie qu'il nous faudrait accueillir les épreuves en disant : « Grâces soient rendues au Seigneur, voici encore des épreuves. »

Certains frères froncent les sourcils dès que surviennent des épreuves. Ils murmurent : « Les voilà de nouveau ! » Mais Pierre nous dit de remercier Dieu avec exultation du fait que ces épreuves reviennent. Chaque fois que nous rendons grâces au Seigneur, nous sommes au-dessus des épreuves. Rien ne peut nous élever davantage au-dessus des tentations, des circonstances et des difficultés que la joie, l'action de grâces et la louange. C'est le vrai accent de la victoire, qui s'exprime chez un vainqueur.

Une sœur de Chefoo qui était entrée dans l'expérience de vainqueur subissait de rudes épreuves. Sa fille mourut en quelques heures, et son mari était loin. Les frères et sœurs allèrent la réconforter. Bien que ses yeux fussent pleins de larmes, son visage rayonnait de joie. Elle déclara : « Grâces soient rendues au Seigneur. Bien que je ne comprenne pas pourquoi mon enfant est morte, je suis toujours emplie de joie. » Les frères et sœurs tentaient de la réconforter. Au lieu de cela, ce fut elle qui les réconforta. Une telle joie ne peut être fabriquée. La victoire est maintenue par ce genre d'accent. On peut louer le Seigneur avec exultation même au milieu des épreuves.

Permettez-moi de dire quelques mots qui peuvent ne pas vous plaire : les chrétiens sont un modèle pour les autres sur terre. Dieu nous a placés sur terre en tant que modèles. Si nous pleurons quand les autres pleurent, si nous nous sentons frustrés quand ils se sentent frustrés, il n'y a pas de différence entre eux et nous. Où est alors notre victoire ? Nous devrions montrer au monde entier qu'au beau milieu des épreuves, nous avons la joie et la force. Nous pouvons leur sembler fous, mais ils auront faim du Christ qui nous rend si « fous. » Puisse le Seigneur nous accorder la grâce de manifester la victoire de Christ au milieu des tribulations.

On lit, dans Matthieu 5.11-12 : « Heureux serez-vous, lorsqu'on vous insultera, qu'on vous persécutera et qu'on répandra faussement sur vous toute sorte de mal, à cause de moi. Réjouissez-vous et exultez parce que votre récompense est grande dans les cieux. » Quand d'autres nous insultent, peut-être nous le supportons, quand ils nous persécutent, nous pouvons ne pas répondre. Mais il ne suffit pas de supporter et de se taire. Si nous nous contentons de cela, nous sommes déjà battus. Le monde aussi, en effet, est capable de faire cela. Les moines peuvent faire la même chose, ainsi que les disciples de Confucius. Nous devrions être différents d'eux. Quand d'autres nous insultent, nous devrions être capables de dire : « Grâces soient rendues au Seigneur. » Nous devrions considérer les insultes comme un sujet de joie et il devrait en être de même des persécutions. Si notre victoire est une victoire authentique, nous devrions nous réjouir et être dans l'exultation. Si la victoire consiste seulement à supporter des insultes, ce n'est qu'une œuvre humaine. L'œuvre humaine a pour résultat la répression, tandis que toute œuvre du Seigneur a pour résultat la joie et l'exultation.

Frères et sœurs, tout se joue dans notre façon de réagir. Aujourd'hui, la plus grande erreur est que l'homme considère l'endurance comme étant la plus grande des vertus. Quand d'autres nous insultent, pouvons-nous nous réjouir pleinement ? Quand d'autres nous insultent, nous contentons-nous de regarder fixement le plancher et de nous taire ? Nombreux sont ceux qui font l'expérience de la persécution. Il existe de nombreuses sœurs qui sont persécutées par leurs maris. Beaucoup de personnes font l'expérience de la calomnie et des mensonges. Comment réagissent-elles ? Elles prient pour que le Seigneur les garde de se mettre en colère ou d'en vouloir aux autres. Elles pensent qu'aussi longtemps qu'elles ne se mettent pas en colère et n'explosent pas, elles ont vaincu. Mais ont-elles vraiment vaincu ? Il est vrai qu'elles ont la victoire, mais ce n'est pas la victoire que le Seigneur donne. Si c'est la victoire du Seigneur, elles peuvent abondamment rendre grâces au Seigneur au milieu des insultes et des persécutions. Permettez-moi de répéter cela : chaque fois que nous découvrons que nous ne pouvons rendre grâces au Seigneur, nous sommes déjà battus. L'accent de la victoire est l'action de grâces et la louange.

Il y avait un homme assis dans le tramway à côté de l'un de

ses grands ennemis. Cet homme était un frère en Christ, et il pria le Seigneur en disant : « Seigneur, garde-moi. » Tandis qu'il priait, il restait aimable et conversait même avec son ennemi sur des sujets tels que les informations ou le sport. Mais en lui-même, il demandait constamment au Seigneur de faire descendre son ennemi du tramway avant lui, et de le rendre vainqueur pendant tout le parcours. Enfin, après une longue lutte, il parvint à sa destination et descendit du tramway. Il poussa un long soupir de soulagement et dit : « J'ai vaincu. » Mais quel genre de victoire est-ce là ? C'est une victoire trompeuse, une victoire fabriquée par l'homme, une victoire futile. S'il s'était agi de la victoire de Dieu, il n'aurait pas été nécessaire de demander au Seigneur de le garder ou de l'aider à endurer. Il lui aurait suffi de dire : « Dieu, je Te rends grâces de m'avoir placé ici. Puisque Tu m'as placé ici, peu importe que Tu m'y laisses plus longtemps. »

On lit, dans Philippiens 4.4 : « Réjouissez-vous toujours dans le Seigneur. » Quand la Bible parle de la joie, elle y associe toujours l'un des mots suivants : *grande, complète* ou *toujours*. *Toujours* signifie tout le temps. Paul était en train de dire : « Avez-vous entendu cette parole ? Si vous ne l'avez pas encore entendue, laissez-moi vous la répéter : « Je le répète, réjouissez-vous. » Si nous ne la comprenions pas encore, il la répéterait de nouveau — il dirait encore que nous devrions nous réjouir. La vie que Dieu nous donne est une vie de joie. Se réjouir est la vie quotidienne d'un chrétien. Il peut y avoir tribulations et épreuves, mais il y a toujours l'exultation. Le contraire de se réjouir est d'être inquiet. Nombreux sont ceux qui sont inquiets pour leurs enfants, leur argent ou leur entreprise. Mais la Parole du Seigneur dit : « Ne vous inquiétez de rien » (Ph 4.6). Nous pensons que l'inquiétude est justifiée, mais le Seigneur déclare : « Ne vous inquiétez de rien. » C'est parce que nous devrions toujours nous réjouir.

Si nous ne nous réjouissons pas pendant une journée, nous avons péché ce jour-là. Un jour, lors d'une conférence, un frère prêchait sur le fait de ne s'inquiéter de rien. En entendant cela, une sœur se mit en colère. Elle pensa : « Comment peut-on ne pas s'inquiéter ? Si les frères s'inquiétaient un peu plus, ils pourraient nous servir de la nourriture meilleure. » (Les frères étaient responsables des repas pendant cette conférence.) Mais le Seigneur ne pouvait pas la lâcher. Elle finit par voir que l'inquiétude était un péché, et elle vainquit.

Je peux en dire beaucoup plus sur ce sujet. Dans 2 Corinthiens 12.10, Paul déclara : « Je me plais dans les faiblesses, dans les insultes, dans les besoins, dans les persécutions, dans les détresses. » Paul se réjouissait dans les faiblesses, dans les insultes, dans les besoins, dans les persécutions et dans les détresses. Frères et sœurs, nous ne savons pas ce qui va nous arriver. Nous savons cependant que tant que nous vivrons sur cette terre, les événements ne seront pas toujours conformes à ce que nous aurions souhaité. Certains sont malades, d'autres ont des membres de leur famille malades. Certains ont des parents qui sont en train de mourir, et d'autres font face aux persécutions. Qu'allons-nous faire ? Nous dirons peut-être : « Seigneur, je vais endurer, » mais dire cela signifie que nous avons échoué. Si nous disons : « Seigneur, je Te rends grâces, » nous serons victorieux, et Christ se manifestera en nous. Nous donnerons au Seigneur une occasion de démontrer Sa puissance, et nous nous réjouirons. C'est notre vie quotidienne sur terre. Nous devrions constamment nous réjouir et rendre grâces au Seigneur.

On lit, dans 1 Thessaloniciens 5.18 : « Rendez grâces en toutes choses. » Nous devrions rendre grâces en toutes choses. On lit, dans Colossiens 3.17 : « Quoi que vous fassiez en parole ou en œuvre, faites tout au nom du Seigneur Jésus, en rendant grâces par lui à Dieu le Père. » Ces deux passages des Écritures renferment tout. Tout ce que nous avons pu ne pas trouver dans les autres passages est inclus dans ces deux versets. Je rends grâces au Seigneur. Je peux dire : « Alléluia. » D'autres peuvent se demander ce qui nous arrive, mais nous pouvons rendre grâces en toutes choses et louer le Seigneur pour tout. Frères et sœurs, si nous faisons cela, nous vaincrons toute tentation, et nous résisterons à toute épreuve. Aucune tribulation ni épreuve ne nous affecteront. Ceux qui suivent cette voie trouveront la force de surmonter leurs tentations. Nous pouvons rendre grâces au Seigneur pour les tentations car nous avons obéi au Seigneur.

Certains peuvent penser que je suis contre la persévérance. La persévérance est précieuse, et il est juste de persévérer. Cependant, le genre de persévérance que nous voulons n'est pas celle qui vient en grinçant des dents. Colossiens 1.11 nous dit : « Étant puissament fortifiés, selon la puissance de sa gloire, en vue d'une entiere endurance et longanimité avec joie. » Nous endurons et souffrons avec joie. Nous n'endurons pas à contrecœur ou avec amertume. L'accent quotidien de la vie chrétienne est celui de l'endurance et de la longanimité dans la joie. Nous rendons grâces en toutes choses, et nous louons le Seigneur pour toute chose. C'est la vie au troisième ciel.

LA VICTOIRE DU SEIGNEUR NOUS REND PLUS QUE VAINQUEURS

Pourquoi la vie de vainqueur doit-elle se manifester par l'exultation ? Pourquoi devons-nous nous réjouir avant de pouvoir dire que nous avons la vie de vainqueur ? On lit, dans Romains 8.37 : « Mais dans toutes ces choses, nous sommes plus que vainqueurs. » Dieu ne donne qu'une sorte de victoire, la victoire qui nous rend plus que vainqueurs. Toute victoire remportée de justesse n'est pas une victoire du Seigneur. La victoire que le Seigneur donne est la victoire qui nous rend plus que vainqueurs. La victoire remportée de justesse n'est pas une victoire du tout. La victoire du Seigneur est toujours une victoire qui nous rend plus que vainqueurs, et le seul moyen de la remporter est de se réjouir.

Frères et sœurs, notre coupe déborde. Tout ce que Dieu donne déborde. Tout ce qui ne déborde pas n'est pas de Dieu. Voici le genre de victoire que Dieu donne : « Si quelqu'un te frappe sur la joue droite, tends-lui aussi l'autre. Si quelqu'un veut plaider contre toi, et prendre ta tunique, laisse-lui encore ton manteau. Si quelqu'un te force à faire un mille, parcours-en deux avec lui » (Mt 5.39-41). La victoire qui déborde est la victoire de Dieu. Si l'on vainc de justesse, c'est une victoire fabriquée par l'homme : c'est le produit de l'effort humain.

Frères et sœurs, c'est l'accent de la victoire. Puisse Dieu nous ouvrir les yeux pour que nous voyions que toute victoire qui ne nous rend pas plus que vainqueurs n'est qu'une imitation de la victoire. Tandis que nous réprimons et luttons, nous ne faisons qu'imiter la victoire. Si Christ vit en nous, nous nous réjouirons en toute circonstance, et nous rendrons grâces au Seigneur. Nous dirons à jamais : « Alléluia ! Grâces soient rendues au Seigneur. »

Chapitre Onze

LA CONSÉCRATION

Références bibliques : 2 Co 5.14-15 ; Rm 6.13, 16 ; 12.1-2 ; 6.19, 22

C'est la dernière soirée de notre conférence sur « La Vie de vainqueur. » Il y a une chose qu'il nous faut mentionner. Si nous en restions aux messages précédents, cela ne nous mènerait pas loin. Cependant, nous n'aurions pu évoquer le sujet de ce soir plus tôt, car il n'aurait pas été juste de le faire : nous allons parler de la consécration.

La première chose à faire après avoir fait l'expérience de la vie de vainqueur est de nous consacrer. Bien sûr, cela devrait être la première chose que fait une personne après sa conversion. Cependant, nombreux sont ceux qui ne se sont jamais consacrés bien qu'ils soient sauvés. C'est pourquoi, après être entrés dans l'expérience de la vie de vainqueur, il faut qu'ils se consacrent. Il y a ceux qui se sont consacrés au Seigneur après leur conversion. Cependant, ils ont eu des hauts et des bas au cours des années, et leur zèle est émoussé. C'est pourquoi ils ont également besoin de se consacrer. Je n'ose pas dire que la consécration est le premier pas qui suit notre victoire ou la première manifestation de notre victoire. Je peux seulement dire que puisque le Seigneur est mort pour nous et vit pour nous, la première chose à faire après avoir vaincu serait de nous consacrer.

Certains ont dit que nous devrions nous consacrer avant de vaincre, et que la victoire est impossible sans une consécration préalable. Cependant, on lit dans Romains 6.13 : « Et ne présentez, pas vos membres au péché comme des armes d'injustice ; mais présentez-vous vous-mêmes à Dieu comme étant vivants de morts que vous étiez, et présentez à Dieu vos membres comme des armes de justice. » Cela nous montre que la consécration vient après que nous avons fait l'expérience de la vie de vainqueur. C'est un fait évident : une personne ne peut se consacrer avant d'avoir fait l'expérience de la mort et de la résurrection. Seuls ceux qui sont morts et ressuscités peuvent se consacrer. Au cours de ces derniers jours, nous avons parlé de notre crucifixion avec Christ et du fait qu'Il vit en nous. C'est nous qui sommes morts avec Christ et qui vivons avec Lui. Donc, d'après Romains 6.13, nous voyons qu'un chrétien se consacre après avoir fait l'expérience de la vie de vainqueur. Si une personne n'a pas fait l'expérience de la vie de vainqueur, elle ne peut se consacrer, et même si elle le faisait, Dieu n'accepterait pas sa consécration, car Il ne veut rien qui s'apparente à Adam ou à la mort.

Si nous n'avons pas fait l'expérience de la vie de vainqueur, notre consécration n'est pas fiable. Aujourd'hui, nous pouvons nous consacrer, et demain, nous pouvons ne plus y penser. Aujourd'hui, nous pouvons faire un serment devant le Seigneur, Lui disant que nous ferons ceci et cela, mais demain, nous pouvons ne plus y penser. Il y avait une missionnaire qui assista à sept conventions de Keswick. Elle disait qu'assister chaque année à la Convention de Keswick était comme remonter le ressort à l'intérieur d'une montre. La montre se mettait à marcher au ralenti, et elle la remontait de nouveau. Chaque année, cette sœur allait se faire « remonter, » et chaque année, elle s'apercevait qu'elle se mettait de nouveau à marcher au ralenti. C'est la même chose pour de nombreux chrétiens. Ils font de grandes promesses devant Dieu, mais une fois retournés à leurs occupations, tout est oublié. C'est pourquoi je dis que nous ne pouvons nous consacrer. Nous n'avons pas la force de nous consacrer.

Si nous n'avons pas fait l'expérience de la vie de vainqueur, Dieu n'acceptera pas notre consécration même si nous nous consacrons vraiment, car tout ce que nous avons vient d'Adam et est mort. Nous disons « merci » aux non-croyants et refusons d'accepter leurs cadeaux. C'est la même chose avec Dieu. Il ne peut pas accepter nos cadeaux. Seul ce qui vient du Seigneur peut être consacré au Seigneur. Rien de ce qui vient de nous-mêmes ne peut l'être.

Il faut nous rendre compte que la première chose à faire, après avoir expérimenté la vie de vainqueur, est de nous consacrer au Seigneur. Maintenant, le moment est venu de nous consacrer au Seigneur, nous en avons l'occasion. Si nous ne nous consacrons pas sur-le-champ, nous reculerons, et nous échouerons de nouveau dans quelques jours.

LA BASE ET LE MOTIF DE LA CONSÉCRATION

La consécration est évoquée non seulement dans Romains 6, mais aussi dans Romains 12. Pourquoi devons-nous nous consacrer ? Paul nous exhorta par les compassions de Dieu. Que sont les compassions de Dieu, Sa miséricorde ? Romains 1 à 8 évoque les compassions et la miséricorde de Dieu. En termes de doctrine, le chapitre douze vient immédiatement après le chapitre huit. Les compassions et la miséricorde de Dieu sont évoquées dans les huit premiers chapitres. Auparavant, nous étions pécheurs, et le Fils de Dieu vint verser Son sang pour nos péchés. Les chapitres trois et quatre parlent du sang, le chapitre cinq parle du pardon, tandis que les chapitres six à huit parlent de la croix. D'un côté, le sang a été versé pour le pardon des péchés, nous sommes pardonnés par le sang. D'un autre côté, la croix sert à la crucifixion du vieil homme, nous sommes libérés par la croix. Grâces soient rendues au Seigneur, car Il fut crucifié sur la croix afin de mourir à notre place, et Il vit désormais aussi à notre place. Sur la base de ces compassions et de cette miséricorde, nous sommes exhortés à nous consacrer à Dieu.

Frères et sœurs, Dieu nous a créés dans un but précis, et Il nous a également sauvés dans un but précis. L'intention de Dieu est que nous manifestions la vie de Son Fils et ayons part à la gloire de Son Fils. Dans l'éternité passée, Dieu avait un dessein : Il ne voulait pas engendrer seulement un Fils unique, mais de nombreux fils. C'est pourquoi on lit, dans Romains 8.29 : « Car ceux qu'il a connus d'avance, il les a aussi prédestinés à être rendus conformes à l'image de son Fils, afin qu'il soit le premier-né entre beaucoup de frères. » Dieu nous a prédestinés à être rendus conformes à l'image de Son Fils. Puis Il nous a achetés et sauvés afin de nous gagner à Lui. Il nous gagne à Lui de deux façons : d'un côté, Dieu envoya Son Fils mourir pour nous et nous racheter. D'un autre côté, en ce qui concerne notre rédemption, nous sommes Ses esclaves. Rendons grâces à Dieu, car Il nous a achetés ! C'est nous que Dieu a achetés. Dieu dit à Abraham : « À l'âge de huit jours, tout mâle parmi vous sera circoncis, dans (toutes) vos générations, qu'il soit né dans la maison ou qu'il soit acquis à prix d'argent de la part d'un étranger qui n'est pas de ta descendance » (Gn 17.12). Alléluia ! Nous avons été engendrés par Dieu, et nous avons été achetés par Dieu.

Nous avons été achetés par Dieu, et nous appartenons à Dieu. Cependant, Il nous laisse libres. En ce qui concerne Son droit souverain et en ce qui concerne la rédemption, nous appartenons à Dieu, mais Il ne nous force pas à faire quoi que ce soit. Si nous voulons servir mammon, Il nous laisse faire, et si nous voulons servir le monde, Il ne nous en empêche pas. Si nous voulons servir nos ventres ou des idoles, Il nous permet de le faire. Dieu ne bouge pas, Il attend jusqu'au jour où nous déclarons : « Dieu, je suis Ton esclave non seulement parce que Tu m'as acheté, mais aussi parce que je veux de plein gré être Ton esclave. » Romains 6.16 parle d'un principe de consécration extrêmement précieux. Je vous prie de vous rappeler que nous ne sommes pas les esclaves de Dieu simplement parce qu'Il nous a achetés. « Ne savez-vous pas qu'en vous présentant comme esclaves à quelqu'un pour lui obéir, vous êtes esclaves de celui à qui vous obéissez ? » D'une part, nous sommes Ses esclaves car Il nous a achetés, mais d'autre part, nous sommes Ses esclaves parce que nous avons choisi de l'être. Frères et sœurs, en ce qui concerne la loi, nous sommes devenus Ses esclaves le jour où nous avons été rachetés. Mais en ce qui concerne notre expérience, nous ne devenons Ses esclaves qu'après nous être consacrés à Lui. En ce qui concerne le droit souverain de Dieu, nous sommes devenus Ses esclaves le jour où nous avons été rachetés. Mais en ce qui concerne l'expérience, nous devenons Ses esclaves le jour où nous lui disons volontairement : « Je me consacre à Toi. » « Ne savez-vous pas qu'en vous présentant comme esclaves à quelqu'un pour lui obéir, vous êtes esclaves de celui à qui vous obéissez ? » (v. 16). C'est pour cette raison que personne ne peut être le serviteur de Dieu sans en être conscient. Nous devons nous consacrer à Dieu avant de pouvoir être Ses esclaves. Cette consécration est une question de choix volontaire de notre part. Dieu ne nous force pas, et Paul ne nous force pas non plus. Il nous a exhortés et implorés. Dieu ne nous forcera pas du tout. Il veut que nous nous consacrions volontairement à Lui.

Frères et sœurs, la vie de vainqueur a un rapport profond avec le salut. Lors de notre conversion, le désir de nous consacrer à Dieu nous est venu spontanément. La vie que nous avons reçue nous oblige à nous consacrer. Toute personne sauvée a l'impression qu'elle devrait vivre pour le Seigneur, et cependant, elle n'a pas la force de le faire. Elle se laisse séduire par beaucoup de choses qui l'empêchent de vivre pour le Seigneur. Mais rendons grâces à Dieu car Il nous a donné Christ afin que nous puissions nous consacrer à Lui. Quand nous étions morts dans le péché, nous ne pouvions pas nous consacrer à Lui. Si nous continuons à vivre dans le péché après avoir été sauvés, nous ne pouvons toujours pas nous consacrer à Lui. Mais maintenant que Christ est devenu notre vie et notre sainteté, nous pouvons volontairement nous consacrer à Dieu.

Un jour, Monsieur Panton me parla d'une jeune esclave noire sur le point d'être vendue aux enchères. Deux hommes faisaient des offres pour l'acquérir, et le prix augmentait. Ces deux hommes étaient mauvais, et la jeune esclave savait qu'elle souffrirait, quelles que soient les mains entre lesquelles elle tomberait. Elle pleurait et se lamentait. Soudain, un autre homme apparut et se joignit aux enchères. Les deux premiers hommes ne pouvaient offrir autant que le troisième, et la jeune fille finit par être achetée par ce dernier. Il fit appel sur-le-champ à un forgeron, brisa ses chaînes et déclara qu'elle était libre en ajoutant : « Je ne t'ai pas achetée pour être mon esclave. Je t'ai achetée pour te libérer. » Sur ces mots, il s'en alla. La jeune fille était abasourdie. Au bout de deux minutes, elle se ressaisit et courut à l'homme pour lui dire : « À partir de ce jour et jusqu'à ma mort, je serai ton esclave. » Frères et sœurs, c'est l'amour du Seigneur envers nous. Cet amour nous contraint à Lui dire : « À partir de ce jour, je serai Ton esclave. » Frères et sœurs, Dieu nous a achetés, nous a crucifiés, et nous a élevés. Puisque nous avons goûté à Ses compassions et à Sa miséricorde, nous devrions nous consacrer à Lui.

Romains 6 nous dit de nous consacrer, c'est-à-dire de consacrer nos membres à Dieu, tandis que Romains 12 nous dit de Lui consacrer notre corps. Ces deux consécrations incluent de nombreuses choses. Au cours de ces onze derniers jours, nous avons parlé de lâcher prise et de croire, et nous avons souligné le fait que nous satisferons aux exigences de Dieu et manifesterons Sa vie lorsque nous ferons cela. Dieu exige que nous nous consacrions à Lui de manière absolue. C'est une exigence qui embrasse tout. Mais nous ne pouvons le faire de nous-mêmes : nous ne pouvons le faire que par le Christ qui vit en nous. Auparavant, nous ne pouvions le faire, mais nous pouvons désormais le faire grâce à Christ. Nous avons reçu Sa miséricorde, c'est pourquoi nous pouvons nous consacrer.

Lorsqu'un Hébreu achetait un esclave, l'esclave devait servir le maître pendant six ans. La septième année, l'esclave pouvait sortir libre. Cependant, s'il affirmait aimer son maître et ne voulait pas sortir libre, le maître le faisait approcher des juges et du montant de la porte, et lui perçait l'oreille avec un poinçon. Alors, l'esclave servait son maître pour toujours (Ex 21.2-6). Frères et sœurs, Dieu nous a sauvés et nous a achetés avec le sang. Il ne nous a pas achetés avec de l'or corruptible, mais avec le sang précieux de Son Fils. De nombreux chrétiens sentent qu'il leur faut servir Dieu par acquit de conscience. Mais quand nous verrons comme le Seigneur est précieux, nous choisirons volontairement de nous consacrer à Lui. Quand nous dirons au Seigneur que nous voulons être Ses esclaves, Il nous fera approcher du battant ou du montant de la porte, et Il nous percera l'oreille avec un poinçon. Le montant de la porte est l'endroit où le sang de l'Agneau pascal a été appliqué. Aujourd'hui, nous sommes amenés à y saigner aussi : nous sommes aussi menés à la croix. Nous aimons le Seigneur et choisissons d'être Son esclave pour toujours. Parce que nous savons qu'Il nous aime, nous sommes prêts à Le servir pour toujours. Nous n'avons pas d'autre choix que de déclarer : « Seigneur, Tu m'as aimé, et sauvé et libéré ! Seigneur, je T'aime et ne puis m'empêcher de Te servir pour toujours ! »

CHOSES À CONSACRER

Les personnes

La première chose qu'il nous faudrait consacrer sont les personnes que nous aimons. Si un homme n'aime pas le Seigneur davantage que ses parents, sa femme, ses enfants et ses amis, il n'est pas digne d'être le disciple du Seigneur. Si vous vous êtes consacrés au Seigneur, il ne devrait y avoir personne, dans ce monde, qui puisse occuper votre cœur, et rien qui puisse accaparer votre cœur plus longtemps. Dieu vous sauve afin de vous gagner pleinement à Lui. Des chagrins nombreux vous font reculer. Bien des sentiments humains cherchent à vous accaparer de nouveau. De nombreux déchirements de cœurs vous persuadent de faire demi-tour. Il vous faut dire : « Seigneur, toutes mes relations avec les hommes sont sur l'autel. Mes relations avec le monde entier sont terminées. »

Lorsque la femme d'un frère fut malade, et que d'autres lui demandèrent de prier pour elle, il répondit : « Dieu ne m'a pas encore dit de prier pour elle ! » Quand quelqu'un lui demanda s'il serait affligé au cas où sa femme viendrait à mourir, il répondit : « Pour moi, elle est déjà morte. » Un autre frère avait un bon ami, et Dieu attendait de lui qu'il abandonne cet ami. Il ne pouvait qu'obéir. Il dit au Seigneur : « Si c'est ce que Tu désires, je suis prêt à l'abandonner. »

Dieu nous a donné Christ en tant que notre vie de vainqueur, afin que non seulement nous connaissions Sa volonté, mais aussi que nous y obéissions. Il ne faut pas que nous pensions que la vie de vainqueur ne fait que nous délivrer du péché (c'est le côté négatif). La vraie vie de vainqueur nous permet de communier avec Dieu et d'obéir à Sa volonté (c'est le côté positif). Dieu nous donne Sa vie de vainqueur afin que nous puissions atteindre Son objectif, et non pas afin qu'Il puisse atteindre le nôtre. Aucun chrétien ne peut s'accrocher à une autre personne. Ce soir, si nous n'avons pas consacré à Dieu ceux que nous aimons, nous ne pouvons satisfaire Dieu. Nous devons nous détacher des gens. Il nous faut dire : « Qui d'autre ai-je au ciel ? En dehors de toi, je n'ai aucun plaisir sur la terre » (Ps 73.25). Il nous faut dire : « Je servirai le Seigneur, mon Dieu, de tout mon cœur, de toute ma pensée, et de toute mon âme. »

J'aimais Mademoiselle M. E. Barber car c'était une personne qui aimait sincèrement le Seigneur de tout son cœur, de toute sa pensée et de toute son âme. Après sa mort, j'ai trouvé dans sa Bible, à côté du verset « Tu aimeras le Seigneur ton Dieu de tout ton cœur, de toute ton âme et de toute ton intelligence » (Mt 22.37), la note suivante : « Seigneur, je Te remercie de l'existence d'un tel commandement. » Nous pensons souvent qu'il est pénible que Dieu nous donne tant de commandements dans Sa Parole. Mais nous devrions dire : « Seigneur, je Te remercie parce qu'un tel commandement existe. »

Même si le Seigneur vous a donné quelqu'un, Il ne vous permettra pas de lui être attaché. Il ne vous permettra pas d'être attaché à votre femme, vos enfants ou vos amis. Même l'Isaac que Dieu avait promis dut être mis sur l'autel. De nombreux chrétiens ont échoué car leurs cœurs sont accaparés par des personnes.

Notre situation

Il nous faut non seulement consacrer les personnes, mais aussi notre situation. Nous nous décidons souvent à faire de nombreuses choses et sommes déterminés à les accomplir. Mais nous n'avons pas recherché la volonté de Dieu. Un frère était déterminé à recevoir la meilleure note à son examen de fin d'année et à être parmi les meilleurs de sa classe à l'université. Tout son temps et toute son énergie étaient dépensés dans ses études. Après être entré dans l'expérience de vainqueur, il remit ce problème au Seigneur. À partir de ce moment, il fut prêt à suivre Dieu même si cela signifiait arriver dernier à son examen.

Frères et sœurs, vous pensez peut-être qu'il est légitime de passer tout votre temps à vous occuper de votre carrière, mais si vous n'avez pas de communion intime avec le Seigneur, votre carrière ne vous profitera en rien. Vous chérissez quelque espoir pour votre carrière et n'êtes pas prêts à le lâcher. Vous voulez à tout prix que votre attente soit comblée. Si vous êtes dans ce cas, il faut vous consacrer. Vous ne pouvez permettre à quoi que ce soit de vous entraver. Beaucoup de frères et sœurs fondent leur espérance sur la poursuite des études, ils espèrent faire mieux que les autres. C'est un souhait mêlé à la fierté. Je ne dis pas que vous devriez abandonner vos études, mais je dis qu'il vous faudrait tout laisser derrière vous si le Seigneur vous appelle.

Il y avait un frère qui était orphelin et qui grandit au sein d'une famille pauvre. Il avait une très belle écriture, et il était aussi très doué en musique. À l'orphelinat, tandis que d'autres apprenaient l'ébénisterie et la maçonnerie, il fut capable d'aller au lycée. Il recevait des prix à chaque semestre. Après deux ans d'université, l'école décida de l'envoyer à l'Université St. John de Shanghai pour deux ans, puis en Amérique à condition qu'il revienne, après ses études à l'étranger, pour se mettre au service de son école. Sa mère ainsi que son oncle lui écrivirent pour le féliciter. Deux mois avant la date prévue de son départ, il se convertit, et nombre de ses espoirs passés furent brisés. En même temps, il se consacra au Seigneur. Je lui demandai ce qu'il voulait faire. Il répondit qu'il avait décidé de partir et était prêt à signer le contrat. Il me dit : « Tu as été mon camarade de classe pendant huit ans. Ne savais-tu rien de mes aspirations pendant tout ce temps ? » Alors que nous étions sur le point de nous séparer, je dis : « Aujourd'hui, nous sommes encore frères. Mais je crains bien que, quand tu reviendras d'Amérique, tu ne sois plus mon frère. » En entendant cela, il se plaça devant le Seigneur et pria ainsi : « Dieu, Tu connais mes aspirations. Je sais que Tu m'as appelé, mais je ne peux abandonner mes aspirations. Cependant, si tel est Ton désir, je suis prêt à aller dans les villages pour prêcher l'Évangile. » Après avoir prié, il alla voir le proviseur et lui dit qu'il avait décidé de ne pas signer le contrat, et qu'il ne partait plus. Le proviseur lui demanda s'il était souffrant, et il répondit : « Le Seigneur m'a appelé à prêcher l'Évangile pour Lui. » Quatre jours plus tard, son oncle, ses cousins et sa mère vinrent. La mère dit en pleurant : « J'ai lutté toutes ces années depuis la mort de ton père, dans l'espoir qu'un jour tu te distinguerais des autres et subviendrais à mes besoins. Aujourd'hui, l'occasion se présente, et cependant, tu la rejettes. » Alors que la mère continuait de pleurer, l'oncle poursuivit : « Avant que tu sois admis dans cet orphelinat, c'est moi qui t'ai élevé. J'ai aussi pris soin de ta mère.

Maintenant, tu as une dette envers nous. Tes cousins n'ont même pas l'argent nécessaire pour aller à l'école, et toi tu ne veux pas saisir cette occasion formidable. » Ils vinrent également me voir pour me dire : « Monsieur Nee, vous n'avez pas besoin de subvenir aux besoins de vos parents, mais il faudra qu'il subvienne aux nôtres. » Notre frère était pressé des deux côtés. Il demanda au Seigneur ce qu'il devait faire. Puis il se rendit compte qu'il ne devait que peu aux hommes, mais qu'il devait bien plus au Seigneur. Il promit d'aider sa mère et son oncle, mais il leur dit également qu'il ne pouvait satisfaire leurs aspirations, et qu'il lui fallait obéir au Seigneur.

Frères et sœurs, nous devrions tous consacrer notre situation au Seigneur. Je ne dis pas que nous devons tous nous consacrer au pastorat. Je dis que chacun d'entre nous doit tout consacrer au Seigneur. Qu'est-ce que la consécration ? Que signifie se donner en offrande ? C'est déclarer : « Seigneur, je ferai Ta volonté. » Nombreux sont ceux qui pensent que se consacrer signifie s'offrir à Dieu pour devenir pasteur. Non, nous nous consacrons à Dieu pour accomplir Sa volonté. Beaucoup se rendent compte, par une consécration authentique, qu'ils devraient continuer d'accomplir fidèlement leur travail séculier, et pourvoir aux besoins de l'œuvre de Dieu. En conséquence, ils abandonnent le pastorat. Beaucoup d'autres sont poussés par les besoins du moment et les besoins des pays frontaliers à se consacrer à la prédication de l'Évangile. Au cours de ces quelques dernières années, nous avons été à court de collaborateurs. Si Dieu doit œuvrer parmi nous, cela signifie que bientôt de nombreux frères et sœurs se consacreront au Seigneur en vue d'un ministère à plein temps. Ils découvriront qu'il leur faut consacrer au Seigneur tout ce qui concerne leur situation.

Les objets

Nous devons consacrer non seulement les personnes et les affaires, mais aussi tous les objets. Certains doivent consacrer leurs bijoux. D'autres peuvent avoir des maisons ou des vêtements à consacrer. Certains n'ont peut-être qu'une toute petite chose à consacrer, mais ils ne peuvent permettre à cette petite chose de devenir un obstacle pour eux. Certains conservent peut-être quelques bagues en or ou quelques parures de perles. Il n'y a pas de loi concernant tout cela, mais si nous voulons vivre une vie consacrée, les parures en or doivent probablement disparaître, ainsi que les vêtements à la mode, et peut-être aussi notre argent. Beaucoup dilapident leur argent et ainsi déplaisent au Seigneur. Beaucoup encore économisent leur argent et, de la même manière, déplaisent au Seigneur. Le gaspillage, tout comme le fait d'économiser, n'ont pas lieu d'être, aux yeux du Seigneur. Nous ne devrions pas dépenser tout notre argent d'un seul coup. Nous devrions le transférer sur le compte du Seigneur. Le Nouveau Testament ne mentionne rien au sujet de la dîme, il nous est seulement dit de tout remettre entre les mains du Seigneur. Le jour où nous rapportons notre paye à la maison, nous devrions dire au Seigneur : « Dieu, tout cet argent est à Toi. Rends-moi ce dont j'ai besoin pour mes dépenses ménagères. » Il ne s'agit pas de dépenser un certain montant, puis de garder le reste pour Dieu. Je n'ose pas affirmer que Dieu prendra parfois (ou ne prendra pas) tout ce que vous avez. Mais je dirais que si nous avons véritablement tout consacré à Dieu, ce qui est consacré Lui appartient.

Nombre de frères et sœurs ont des meubles dans leurs maisons, des vêtements dans leurs armoires ou des possessions entre leurs mains qui conviennent peu à des enfants de Dieu. Une fois que le Seigneur nous a montré ces choses, nous devons les consacrer. Aujourd'hui, nous avons avec nous quelques frères et sœurs d'un certain âge. Il vous faut être prudents sur la manière de rédiger votre testament. Ce que vous écrivez montrera quel sorte de chrétien vous êtes. Dieu nous a sauvés. Puisque tout notre argent appartient à Dieu, nous ne devrions pas remettre cet argent dans le monde. Si nous mettons de l'argent de côté pour nos enfants et leur permettons de remettre notre argent dans le monde, nous ne faisons pas ce qu'il fallait faire. Dieu nous a séparés du monde, ainsi que nos possessions. Nous ne devrions pas leur permettre de retourner dans le monde. Quand les Israélites quittèrent l'Égypte, ils n'y laissèrent même pas un animal. Il devrait en être de même pour nous. Bien sûr, nous sommes incapables de faire cela, mais rendons grâces à Dieu car avec Lui tout est possible. On lit, dans Philippiens 4.13 : « Je peux tout faire en celui qui me fortifie. » Cela signifie que dès que le Seigneur nous stimule, nous sommes capables de tout faire. Il nous est impossible de tout consacrer, mais nous pouvons le faire par Celui qui nous fortifie. Puisque Christ est notre vie, nous pouvons le faire.

Beaucoup de jeunes frères et sœurs peuvent consacrer ce qu'ils ont quand ils n'ont que peu. Quand ils s'enrichissent, leurs offrandes diminuent. Si le Seigneur gagne notre cœur, Il devrait aussi gagner notre porte-monnaie. Si le cœur se referme, cela signifie que le porte-monnaie est fermé. Si le porte-monnaie n'est pas ouvert, le cœur ne pourra jamais s'ouvrir.

Nous-mêmes

Nous devrions consacrer des personnes, des affaires et des objets, mais la dernière chose à consacrer est nous-mêmes. Il faut que nous nous consacrions à Dieu. Nous devrions dire : « Dieu, je me consacre à Toi pour agir selon Ta volonté. » Frères et sœurs, nous ne savons pas ce qui nous attend. Mais nous savons que Dieu a un dessein pour chacun d'entre nous. Cela peut ne pas être des bienfaits, et cela peut ne pas être des souffrances. Mais il faut nous consacrer à Sa volonté. Nous devrions être prêts à accepter Sa volonté, que celle-ci s'accompagne de bienfaits ou de souffrances. Nombreux sont ceux qui sont prêts à être utilisés par Dieu ; ils sont emplis de l'Esprit et vivent continuellement la vie de vainqueur car ils se sont consacrés au Seigneur.

Quelle sorte de consécration est-ce là ? C'est une consécration dans laquelle nous présentons notre corps en tant que sacrifice vivant. La Bible n'évoque jamais la consécration du cœur, elle évoque seulement la consécration du corps. Aucune personne qui s'est consacrée ne peut laisser son corps non consacré. Nous avons consacré tout notre être au Seigneur. C'est pourquoi notre bouche ne nous appartient pas. Nos oreilles ne nous appartiennent pas, et nos yeux, nos mains, nos pieds et même notre corps ne nous appartiennent pas. Désormais, nous ne sommes que les administrateurs du Seigneur. Désormais, nos pieds appartiennent au Seigneur, et nous ne pouvons plus les utiliser pour nous-mêmes. Lorsqu'un jeune homme mourut, son vieux père ordonna à ceux qui portaient le cercueil de faire très attention, car ce corps avait servi de temple au Seigneur pendant vingt ans. Cependant, nous ne devrions pas attendre d'être morts pour que nos corps soient consacrés au Seigneur. Aujourd'hui, le Saint-Esprit vit déjà en nous. On lit, dans 1 Corinthiens 6.19 : « Ou ne savez-vous pas que votre corps est un temple du Saint-Esprit qui est en vous, que vous avez reçu de Dieu et que vous ne vous appartenez pas à vous-mêmes ? » Un hymne dit : « Que mes mains exécutent Ses commandements ; / Que mes pieds courent dans Ses pas. /... Tout pour Jésus ! Tout pour Jésus ! / Que mes lèvres proclament Ses louanges. » C'est ce que signifient la consécration, consacrer nos corps. Personne ne devrait dire que son corps lui appartient. Chaque jour de notre vie est pour le Seigneur, et tout notre corps est pour le Seigneur : nous ne sommes que Ses administrateurs.

Un dimanche matin, dans un autre pays, quelqu'un faisait passer le plateau de la quête. Lorsque le plateau arriva à une jeune fille de treize ans, elle demanda plusieurs fois à ce que le plateau soit baissé. Lorsque le plateau se retrouva par terre, elle se mit dessus. Elle n'avait pas d'argent, et c'est pour cette raison qu'elle avait décidé de se donner en offrande.

Aujourd'hui, nous ne devrions pas consacrer uniquement des personnes, des affaires et des objets au Seigneur, mais aussi nous consacrer à Lui. Quand nous allons au culte et mettons de l'argent dans le tronc, il nous faudrait nous y mettre aussi. Quand nous ne nous abandonnons pas à Dieu, Dieu n'accepte pas notre argent. Dieu ne veut pas ce qui est « à nous » avant de nous avoir « nous ». Dieu doit d'abord nous avoir avant d'avoir ce qui nous appartient. Il existe de nombreuses personnes qui vont se consacrer au Seigneur, et le Seigneur ne leur demandera pas forcément d'être pasteurs. Il se peut qu'Il veuille que certains soient de bons hommes d'affaires. Chaque coin du monde a besoin de lumière, et nous ne pouvons choisir notre propre travail. Nous devrions dire au Seigneur : « À partir de maintenant, je décide d'agir selon Ta volonté. »

RÉSULTAT DE LA CONSÉCRATION

Quel est le résultat de la consécration ? Le premier résultat est décrit dans Romains 6, et le deuxième est décrit dans Romains 12. Nombreux sont ceux qui ne connaissent pas la différence entre les deux. En fait, il y a une grande différence. Dans Romains 6, la consécration est pour notre propre bénéfice : c'est pour porter les fruits de la justice. Dans Romains 12, la consécration est pour le bénéfice de Dieu : c'est pour l'accomplissement de la volonté de Dieu. Dans Romains 6, le résultat de la consécration est que nous sommes délivrés du péché et devenons esclaves de Dieu, afin de porter du fruit pour aboutir à la sanctification. C'est ce que signifie manifester la vie de vainqueur jour après jour. Dans Romains 12, le résultat de la consécration n'est pas seulement la satisfaction de Dieu, mais aussi le discernement de la volonté de Dieu, à la fois bonne, agréable et parfaite.

Frères et sœurs, il n'est pas suffisant de lâcher prise, de croire et de louer Dieu. Il y a un dernier point : il nous faut nous remettre entre les mains du Seigneur avant qu'Il puisse exprimer Sa sainteté à travers nous. Dans le passé, nous n'avons pas eu la force de nous consacrer. Mais après être entrés dans l'expérience de vainqueur, nous pouvons nous consacrer. Je vous prie de vous rappeler que dans le passé, nous étions incapables de nous remettre entre les mains de Dieu. Maintenant, il ne s'agit plus d'être capable ou incapable : c'est une question de bonne volonté ou mauvaise volonté concernant le fait de nous remettre entre Ses mains. Auparavant, il s'agissait d'une question d'incapacité. Désormais, c'est une question de mauvaise volonté.

En Australie, il y avait un frère qui s'était pleinement consacré au Seigneur. Alors qu'il était dans un train, quelques amis décidèrent de jouer aux cartes. Ils étaient trois, et il leur manquait une quatrième personne. Ils invitèrent donc ce frère à se joindre à elles. Il répondit : « Désolé, mes amis. Je n'ai pas mes mains avec moi. Ces mains ne sont pas les miennes mais celles d'un Autre. Elles sont simplement attachées à mon corps. Je n'ose pas les utiliser. »

À partir de maintenant, nos mains, nos pieds et notre bouche appartiennent au Seigneur. Nous n'osons pas nous en servir nous-mêmes. Chaque fois que viennent les tentations, nous devons dire que nous n'avons pas nos mains avec nous. C'est la consécration de Romains 6. Quand nous nous consacrerons de cette manière, nous serons sanctifiés et porterons le fruit de la sanctification. C'est pourquoi nous consacrer est la première chose à faire après l'expérience de vainqueur, et c'est aussi les prémices de l'expérience de vainqueur.

Dans Romains 12, la consécration est quelque chose que nous faisons pour Dieu. Il y est dit que nous devrions offrir notre corps à Dieu comme sacrifice vivant. Il y est dit aussi qu'une telle consécration est sainte et Lui est agréable. De ce fait, il faut nous rappeler que la consécration du chapitre douze a pour objectif de servir Dieu.

Le chapitre six concerne la sanctification personnelle, tandis que le chapitre douze concerne l'œuvre de Dieu. Le chapitre six parle de la consécration, et il parle également de la sanctification ainsi que du fruit de la sanctification. Le chapitre douze parle également de la sainteté ou d'être saint. Qu'est-ce que la sanctification, et qu'est-ce que la sainteté ? Être sanctifié ou être saint signifie être mis à part pour une certaine personne, afin de la servir. Auparavant de nombreux objets, personnes et affaires influaient sur nous. Auparavant, nous vivions pour nous-mêmes. Maintenant, nous vivons pour Dieu seul.

Un jour, je rentrais du Parc de Hsiao-feng. J'étais sur le point de monter dans un autobus quand le chauffeur me dit de descendre. En regardant attentivement, je découvris que ce n'était pas un autobus ordinaire, mais un autobus affrété. Tout chrétien devrait être « affrété. » Malheureusement, de nombreux chrétiens sont « publics. » Cependant, en réalité nous ne sommes pas publics mais « affrétés, » entièrement à la disposition de Dieu pour accomplir Sa volonté, et mis à part. Romains 12 nous montre que notre travail, notre mari, nos enfants, notre argent et nos trésors sont pour Dieu seul, ils sont réservés à l'usage de Dieu. Quand nous nous tenons à la disposition de Dieu seul, quand nous nous offrons à Lui seul, nous devrions croire qu'Il nous accepte car c'est ce que Dieu recherche. Le dessein de Dieu n'est pas que nous soyons zélés pour un court instant. Si un homme ne se consacre pas au Seigneur, Celui-ci ne sera pas satisfait. À moins qu'un homme ne se consacre pleinement au Seigneur, Dieu n'est pas satisfait. Dieu n'est satisfait qu'au moment où l'homme oint le Seigneur de parfum. Il n'est satisfait qu'au moment où nous mettons tout ce que nous avons pour vivre dans le tronc (Luc 21.4). Tout doit Lui être offert.

Frères et sœurs, rendons grâce à Dieu parce que nous sommes ressuscités d'entre les morts. Nous avons reçu la miséricorde de Dieu. Cette consécration est agréable à Dieu, et elle est raisonnable. Tout chrétien devrait se consacrer. C'est faux de supposer que seuls des chrétiens spéciaux devraient se consacrer. Son sang nous a achetés, et nous sommes à Lui. Son amour nous presse, et nous vivons pour Lui.

Je vous prie de noter le genre de consécration dont il est fait mention ici. Nous sommes des pierres vivantes. Bien que nous nous consacrions, nous sommes toujours vivants. Nous sommes des sacrifices vivants. Dans l'Ancien Testament, les sacrifices étaient tués au couteau, mais nous sommes des sacrifices vivants.

Le résultat de notre consécration à Dieu se trouve dans Romains 12.2 : « Ne vous façonnez pas à l'image de cet âge, mais soyez transformés par le renouvellement de l'intelligence, afin que vous discerniez quelle est la volonté de Dieu, ce qui est bon, agréable et parfait. » Aujourd'hui, c'est notre but ultime. Au cours de la conférence de janvier de l'année dernière, nous avons vu que Dieu avait un dessein éternel qui était accompli à travers Son Fils. Dans ce dessein, Dieu créa tout à travers Lui. La rédemption fait partie de ce dessein, la défaite de Satan fait partie de ce dessein et le salut des pécheurs fait partie de ce dessein. Il nous faut connaître le dessein éternel de Dieu avant de pouvoir accomplir ce que Dieu veut que nous accomplissions. Nous ne sommes pas ici uniquement pour le salut des pécheurs : nous sommes ici pour l'accomplissement du dessein éternel de Dieu. Toute œuvre doit être liée au dessein éternel de Dieu.

Si nous ne nous consacrons pas, nous ne nous rendrons jamais compte que cette volonté est bonne. Aujourd'hui ces mots mêmes de « dessein de Dieu » effraient et gênent beaucoup de personnes. Les chrétiens ont peur d'entendre parler de la volonté de Dieu. Cependant, Paul déclara qu'après avoir présenté son corps, un homme discernera ce qu'est la volonté bonne, agréable et parfaite de Dieu. Nous pouvons chanter que la volonté de Dieu est bonne ! Nous pouvons dire alléluia parce que la volonté de Dieu est bonne ! La volonté de Dieu est bonne et non pas malveillante. Dieu veut notre bien. Nous sommes trop peu clairvoyants. La volonté de Dieu est bonne. Un jour, un frère a énoncé une très bonne prière : « Quand nous avons demandé du pain, nous pensions que Tu nous donnerais une pierre, et quand nous avons demandé du poisson, nous pensions que Tu nous donnerais un serpent. Quand nous avons demandé des œufs, nous pensions que Tu nous donnerais un scorpion. Mais quand nous avons demandé des pierres, Tu nous as donné du pain ! » Souvent, nous ne comprenons pas l'amour de Dieu. Nous ne comprenons pas Sa volonté. Nous ne nous rendons pas compte que Ses intentions envers nous sont bonnes et excellentes. Sur le moment nous nous plaignons peut-être souvent de ce qui nous arrive, mais quelques années plus tard il nous faut Lui rendre grâces pour ces choses. Pourquoi ne Lui rendrions-nous plutôt pas grâces aujourd'hui ?

La volonté de Dieu n'est pas seulement bonne mais également parfaite. Dieu veut le bien de ceux qui L'aiment. Si nous savons cela, nous ne rejetterons pas Sa volonté. Lui présenter notre corps est saint et Lui est agréable. De plus, nous découvrirons que Sa volonté nous est agréable, et que Sa volonté est bonne et parfaite.

Ce soir se terminent nos réunions, et je vous demanderai de faire une dernière chose, c'est-à-dire de déclarer au Seigneur : « Dieu, je suis tout à Toi. Désormais, je ne vivrai pas pour moi-même. »

Frères et sœurs, nous avons déjà examiné toutes les conditions nécessaires à la victoire. La consécration est le dernier point de la vie de vainqueur. C'est aussi la première chose à faire après avoir fait l'expérience de la vie de vainqueur. Une fois que nous nous sommes consacrés, nous devrions croire que Dieu a accepté notre consécration. Une fois que nous nous serons consacrés, nous deviendrons des personnes consacrées. Nous pouvons nous sentir froids ou enthousiastes, mais du moment que nous nous sommes réellement consacrés à Dieu dans notre cœur, tout ira bien. Je dis cela afin de nous aider à ne pas vivre selon nos sentiments. À

Chefoo, un frère se consacra au Seigneur, mais il sentait que quelque chose n'allait pas entre le Seigneur et lui. Il pensa qu'il lui fallait se consacrer de nouveau. Je lui dis qu'une femme mariée qui constate, un jour, qu'elle est brouillée avec son mari ne se remarie pas avec lui. Même si quelque chose ne va pas entre le Seigneur et nous, nous ne pouvons nous consacrer qu'une seule fois. À partir de ce moment, nous appartenons au Seigneur, et nous ne pouvons servir que Lui seul.

AUTRES LIVRES DISTRIBUÉS PAR
Le Courant de Vie

Watchman Nee

Les Affaires de l'église
Autorité et soumission
Le Cantique des cantiques
Le Caractère de l'ouvrier du Seigneur
Christ est toutes les réalités et choses spirituelles
Comment étudier la Bible
Le Dieu d'Abraham, d'Isaac et de Jacob
L'Église glorieuse
Entretiens supplémentaires sur la vie d'église
L'Évangile de Dieu, volumes 1 et 2
Les Faits, la foi et l'expérience
La Foi chrétienne normale
La Libération de l'esprit
Messages pour l'édification des nouveaux croyants, vol. 1 à 3
Le Ministère de la Parole de Dieu
Le Ministère de prière de l'église
Le Mystère de Christ
La Nouvelle alliance
L'Orthodoxie de l'église
Le Plan éternel de Dieu
Questions relatives à l'évangile
Le Saint-Esprit et la réalité
Série de sujets pour nouveaux croyants
Le Témoignage de Watchman Nee
Les Vainqueurs de Dieu
La Vie chrétienne normale de l'église
La Vie de vainqueur

Witness Lee

L'Arbre de vie
Biographie de Watchman Nee, un serviteur de Dieu qui reçut la révélation divine dans l'âge présent
Christ contraire à la religion
Le Christ tout-inclusif
La Connaissance de la vie
L'Économie de Dieu
L'Économie divine
L'Esprit avec notre esprit
Étude de vie de 1 Corinthiens, volumes 1 à 3
Étude de vie de 2 Corinthiens, volumes 1 et 2
Étude de vie de 1, 2, 3 Jean et Jude, volumes 1 et 2
Étude de vie de 1 Pierre, volumes 1 et 2
Étude de vie de 1 et 2 Thessaloniciens
Étude de vie de 1 et 2 Timothée, Tite et Philémon

Étude de vie des Actes, volumes 1 et 4
Étude de vie de Apocalypse, volumes 1 à 4
Étude de vie de Colossiens, volumes 1 à 3
Étude de vie de Daniel
Étude de vie d'Éphésiens, volumes 1 à 4
Étude de vie d'Ésaïe, volumes 1 à 3
Étude de vie d'Exode, volumes 1 à 8
Étude de vie de Galates, volumes 1 et 2
Étude de vie de Genèse, volumes 1 à 5
Étude de vie d'Hébreux, volumes 1 à 4
Étude de vie de Jean, volumes 1 et 2
Étude de vie de Jacques
Étude de vie de Luc, volumes 1 et 3
Étude de vie de Marc, volumes 1 à 4
Étude de vie de Matthieu, volumes 1 à 6
Étude de vie de Philippiens, volumes 1 à 3
Étude de vie de Romains, volumes 1 à 4
Étude de vie de Zacharie
L'Expérience de Christ comme vie pour l'édification de l'église
L'Expérience de la vie
La Formation des enseignants
Le Genre de vie nécessaire à l'édification des réunions en petits groupes
Un Jeune homme dans le plan de Dieu
Leçons de vie, volumes 1 à 4
Livre de leçons, niveau 3 : Les deux Esprits – les deux Esprits : l'Esprit divin et l'esprit humain
Livre de leçons, niveau 4 : La vie : Connaître et faire l'expérience de la vie
Livre de leçons, niveau 5 : L'église : La vision et l'édification de l'église
Le Ministère céleste de Christ
Le Ministère complétant de Paul
Le Ministère réparateur de Jean
Le Nouveau chemin pour l'accroissement et l'expansion de l'église
La Pensée centrale de Dieu
Points clés pour les réunions de maison
La Propagation de la vérité dans le recouvrement du Seigneur
La Révélation cruciale de la vie dans les Écritures
La Révélation fondamentale dans les Saintes Écritures
Les Réunions de maison
La Situation mondiale et la direction de l'avance du Seigneur
La Situation mondiale et l'avance de Dieu
La Vie et le chemin pour pratiquer la vie de l'église
La Vérité, la vie, l'église et l'évangile : les quatre grands piliers dans le recouvrement du Seigneur

Le Courant de Vie
http://www.courantdevie.fr
268 boulevard Gambetta, 59200 Tourcoing